현직 FIT전문 관광통역안내사 집필!

관광통역안내사 영어 면접 한번에 합격하기

셀프 모의면접 음원파일 제공

대한민국 국가대표 브랜드
국가자격 시험문제 전문출판
에듀크라운
국가자격시험문제 전문출판
최고의 적중률!! 최고의 합격률!!
크라운출판사
국가자격시험문제 전문출판
http://www.crownbook.co.kr

루씨 Lucy(백근영)

現) 관광영어 교육 전문 “라이프투어스쿨” 대표 (www.lifetourschool.com)
現) 관광통역안내사 및 콘텐츠 크리에이터 활동
現) 한국문화교류 커뮤니티 운영
現) 윤선생 본사 연구소 근무
저서) 오픽 스터디 나인
국제영어대학원대학교 영어교재개발학과 석사 졸업
2016 세계교재개발학회(MASTDA)
“Developing a coursebook for Korean EFL tour guides”
영국 리버풀대학교 발표
오픽, 영어회화, 영어 학습법, 기업, 대학, 학원 단체 강의 다수

〈SNS 및 이메일〉
블로그 : https://blog.naver.com/dbwls0034
(지속적으로 스터디 자료가 업데이트 되고 있음)
이메일 : geunsss@gmail.com

이 책을 펴내며…

매년 관광통역안내사(이하 관통사) 영어면접 수업을 하면서 고민하는 것이 있습니다.

“어떻게 하면 더 쉽고 재미있게 이 공부를 할 수 있을까?” 하는 것입니다.

이 시험을 한 문장으로 정의하면 **“영어와 여행을 좋아하는 사람이 자랑스러운 우리나라를 영어로 소개하는 방법에 대해 공부하는 것”**이라 생각합니다.

시험공부를 하시는 분들이 방대한 자료와 어려운 용어들에 압도되어 공부 과정 자체가 힘들어지지 않기를 바라는 마음과 앞서 말한 고민이 겹쳐져 이 교재를 집필하게 되었습니다.

관통사 영어면접 공부는 최우선적으로 즐거워야 한다고 생각합니다.

우리 삶에 깊게 뿌리 내려 있는 한국의 문화와 역사, 꽤 오랜 시간 배워온 영어. 이 두 가지를 융합하는 공부가 바로 관통사 자격증 공부입니다.

의미 있는 목표를 세우신 여러분들의 여정이 즐거울 수 있도록 도와드리겠습니다.

관통사 공부를 통해 여러분들의 영어실력 또한 크게 상승할 것이라 생각합니다.

관통사 시험은 200여 개에 달하는 주제들에 대해 평균 2분정도 영어 스피킹을 연습하는 시험입니다. 이번의 공부가 여러분의 영어 성장에 큰 밑거름이 될 것이라고 확신합니다.

지난 10년간 관광 & 영어교육 프로그램을 운영해오고 있습니다.

영어를 꽤 오랜 기간 공부했다 하더라도 많은 사람들이 한국 문화를 영어로 소개하라고 했을 때, 자신 있게 답변을 이어나가지 못하는 경우가 많았습니다. 외국인과의 미팅 자리에서 한국에 대한 주제로 대화를 나누다 보면 몇 마디 나누지 못하고 대화가 고갈되는 경우도 많이 보았습니다.

그 이유는 영어 자체는 오랫동안 공부했지만 **한국을 알리는 콘텐츠를 영어로 말하는 방법**을 익히지 않았기 때문입니다.

이번 기회에 차근차근 공부하셔서 관통사 자격증을 취득했을 때, 한국에 대해서 신나게 영어로 소통할 수 있는 능력을 가진 자신의 모습을 기대해보아도 좋을 것 같습니다.

관통사는 무한한 개인의 성장과 보람을 안겨주는 직업입니다.

또한, 지식과 재능을 관광객들에게 나누며 선한 영향력을 퍼뜨리는 역할을 합니다. 관통사 활동을 통해 매 년 배우고, 성장하고, 더 즐거운 라이프스타일을 가꾸어 나갈 수 있습니다.

같은 길을 걸어가는 동료로서, 여러분들의 과정을 진심으로 응원합니다.

한국 관광산업의 발전에 크게 기여하게 될 예비 관통사 분들의 배움에 이 교재가 작게나마 도움이 될 수 있기를 바랍니다.

감사합니다.

저자 문의 : www.lifetourschool.com / geunsss@gmail.com

목차

Part
01

관광통역안내사 준비

Chapter 01 교재활용법 책 활용법 + 나만의 투어 콘텐츠 만들기

관광통역안내사로서 소통 능력, 외국어 구사 능력 모두 중요하지만, 또 하나 중요한 것은 다양한 지식 콘텐츠를 소화하고 내재화시켜서 나 자신이 관광, 문화, 역사 전문가로서의 경쟁력을 갖추는 것입니다. 책에 있는 면접용 질문들, 답변들만 봐서는 한계가 있다는 것을 저도 잘 알기에 "나만의 투어 콘텐츠 만들기" 라는 코너를 마련해 보았습니다. 교재에 있는 지식과 내가 직접 찾은 지식 콘텐츠를 내재화시켜서 "나만의 투어 콘텐츠"를 만드는 연습을 해볼까요? 앞으로 실전에서 활동하기 위해 내공을 쌓는다고 생각하면 될 것입니다. 항상 배움을 꾸준히 실천해야 하는 직업입니다.

1 책에서 다룬 text에 자기 콘텐츠 추가하기

자기 콘텐츠란?

나만의 콘텐츠를 만들어야 한다! 라는 말 요즘 자주 들리는 말이죠? 관통사 준비에도 이 말은 아주 중요한 부분입니다. 내 안의 이야기를 상대에게 전달하고 소통해야 하는 일을 하는 직업입니다. 평소에 공부하던 영어책 속의 글은 그 책의 저자가 직접 쓴 글이지 학습자 분들의 글이 아닙니다. 교재 속의 '타인이 쓴 영어'를 자신의 것으로 만들기 위해서는 자신만의 영어로 재구상(paraphrasing)하고 또 새로운 내용을 첨가해보는 훈련이 필요합니다. 이를 '자기 콘텐츠 만들기' 라고 이름 붙이겠습니다.
책에서 본 것을 응용해서 자신의 이야기로 만들어 보면 신기하게도 절대 잊어버리지 않고 실생활에서 활용까지 가능하답니다.

7단원 첫 번째 문제, 경복궁을 공부했다면 이 스크립트 내용만 공부하시지 말고 직접 자신만의 콘텐츠를 덧붙여 보는 작업을 꼭 해보세요. 모든 스크립트 하단에 "나의 면접답변 flow 키워드" 공간을 마련한 것도 이 이유입니다.

경복궁에 대한 글을 가지고 공부를 어떻게 하면 효율적인지 예시를 보여드리겠습니다.

Tell me briefly about Gyeongbokgung

Constructed in 1394, *Gyeongbokgung* Palace was the main site of government activities of Joseon dynasty which ruled Korea **from 1392 to 1910**. It is the most *magnificent palace* of the 600-year Joseon Dynasty. The name of the palace, *Gyeongbokgung*, is translated in English as **a palace of shining happiness**. It was damaged during the *colony of Japanese Imperialism*, however, the *restoration work* began and became what it is today. When you go in, **what you can see first is Geunjeongjeon**. It is a building where the king had an appointment with officials and foreign visitors. So it was a main formal hall in the palace. The next building you can see is *Gyeonghoeru*. **This Pavilion built on the pond west of Gang-nyeong-jeon** was where the king *is capable of* handling national affairs only when he has the right people around him. It was used on joyous occasions. It *is notable for* its *architectural excellence*. As you walk through **the yard behind the pavilion, you can see Hang-won-jeong** and it is also a pavilion constructed on **artificial islets** with a beautiful bridge. It is very awesome to take a walk like a king. There's also *a changing of guard ceremony* which takes place daily at the front gate and the center.

스피킹 연습을 위한 읽기 학습법

부제 : 교재 내용을 나의 면접 스피킹 연습에 활용하는 법

흔히, 영어로 말을 못 하는 경우는 두 가지로 분류가 된다고 생각합니다. 첫 번째는 영어 표현을 모르거나 생각이 떠오르지 않아서, 그리고 두 번째는 그 주제에 대해 아는 것이 없어서 입니다. 일상 회화영어를 잘 하는 사람들도 두 번째의 이유 때문에 영어 시험에서 좋지 못한 성적을 받는 경우를 많이 봤어요. 관통사 면접은 두가지 모두를 갖춰야 하는 시험인 것 공감하시나요?

여러분들께 시험공부를 좀 더 쉽고, 효율적으로 하기 위한 꿀팁을 드리려고 합니다. 이 학습법은 이 시험 뿐만 아니라 영어공부에 두루두루 적용이 가능한 것이니, 이번에 익힌 뒤에 잘 활용해보시길 바랍니다.

우선, 앞으로 영어공부를 위한 text를 보게 되면 (교재, 소설, 잡지, 신문, 인터넷 등 모두 해당됩니다.) 두 가지만 중점적으로 표시하면서 읽으면 된답니다.

1) 언어적 키워드

닭볶음을 요리하기 위해 마트에 가면 닭, 당근, 파, 당면 등등 내가 필요한 재료를 장바구니에 넣습니다. 내가 필요한 재료들을 골라 담는 것과 같은 이치라고 보시면 됩니다. 영어 텍스트 속에서 나에게 필요한 재료들을 장 보듯이 골라 담는다고 생각하시면 됩니다. 이 작업을 '언어적 키워드 추출'이라고 하겠습니다.

2) 정보 키워드

우리가 텍스트 reading을 하는 이유가 정보를 얻기 위한 목적이 클 것입니다. 물론, 만화책이나 소설 등을 재미로 읽는 경우는 다르지만 특히, 관통사 공부를 위한 자료들은 역사, 문화, 생활 등에 걸친 다양한 정보를 담고 있습니다.

내가 새로 배우게 된 정보들을 수집하는 작업을 '정보 키워드 추출'이라고 하겠습니다.

위의 경복궁에 대한 예시 텍스트를 보시면

저는 '언어적 키워드'는 ***밑줄 및 기울임 효과로 표시***했고, '정보적 키워드'는 볼드체를 주었습니다.

그래서 정리를 "해보자면"

1) 영어적 표현에서 내가 배울 것들

- Imperialism → 제국주의
- magnificent palace → 웅장한 궁전
- colony of Japanese → 일본 식민지
- restoration work → 복원 작업
- is capable of → ~할 수 있는
- architectural excellence → 건축적 우수함
- is notable for → ~로 유명한
- changing of guard ceremony → 수문장 교대식

2) 내용 부분에서 내가 배울 것들

- Constructed in 1394 → 1394년에 경복궁이 지어짐
- from 1392 to 1910 → 조선 통치가 1392년부터 1910년까지 였구나
- a palace of shining happiness → 오, 경복궁에는 이런 뜻이 담겨 있었구나
- what you can see first is Geunjeongjeon → 가장 먼저 볼 수 있는 건물이 근정전이구나
- This Pavilion built on the pond west of Gang-nyeong-jeon → 강녕전 서쪽의 연못위에 세워진
- the yard in the back, you can see Hang-won-jeong → 경복궁 뒷 편으로 가면 향원정이 있구나.
- artificial islets → 향원정이 연못 위에 인공적으로 만들어진 곳이였군!

1) '언어적 키워드'를 정리하고 나서 이 표현들을 스피킹에 활용하려는 연습을 많이 해보는 것을 추천합니다. 효과적으로 말하는 방법의 하나는 "의미 있는 자료를 익히고"(meaningful input) "의미 있게 스피킹" 해보는 것! (meaningful output) 여러분이 찾은 표현들을 교재 기출문제 답변 하단 키워드 칸에 적어 놓고 스피킹 연습 할 때 사용해 보세요.

2) '정보 키워드' 부분은 "새로운 지식을 익히는 것" 이라고 생각하면 쉬울 거예요. 전체 텍스트에서 필요한 정보를 추출해서 "내 것"으로 만드는 것을 습관화시켜 보세요. 어느 순간 여러분들의 영어스피킹 스토리가 더 깊고 풍성해짐을 느낄 수 있으실 겁니다.

2 완성된 '자기 컨텐츠'로 스토리텔링 연습하기

완성된 '자기 콘텐츠'가 무수히 있더라 하더라도 말하기 연습을 하지 않는다면 완전히 내 것이 되지 않습니다. 유창성(fluency)을 훈련하고 갈고 닦기 위해서는 연습이 최고의 처방전입니다.

스터디 친구들과 함께 연습하기

말하기 연습은 스터디가 효과적이죠. 즉각적으로 피드백을 받을 수도 있고, 남 앞에서 말하는 연습은 많이 할수록 실력이 쌓이기 때문입니다. 그리고 말하는 과정을 통해서 눈으로만 익혔던 내용들이 말로, 소리로, 함께 익혀지면서 상호작용이 극대화 됩니다. 스터디를 하시게 된다면 말하는 연습을 최대한 많이 해보시길 추천합니다. 스터디 친구들과 연습할 때는 "꼬리질문" 연습에 비중을 두면 효과적입니다. ***경복궁에 대해서 설명해보세요. → 경복궁에 얽힌 전설을 아십니까? → 그렇다면 경복궁 주변에는 어떤 관광지가 있을지 알려주시겠어요?*** 이런 식으로 말이죠. 처음에는 상대방 앞에서 발표하는 것이 떨릴지 몰라도 반복하다 보면 전문가에 가까워진 자신의 모습을 발견할 수 있을 것입니다.

키워드(keyword)를 통해 스토리를 연상해가며 이야기하는 연습하기

키워드를 활용하여 문장을 연상해서 말해보고 문장의 흐름을 이용해 스토리텔링 연습을 해보는 것도 좋은 방법입니다. 단순 암기를 통해 영어 스토리를 외워버릴 수도 있지만 이 방법은 어학공부에 있어 치명적인 역효과를 내기 십상입니다. 암기한 문장이 실전에 가서 기억이 완벽하게 나지 않을 경우에는 당황하여 더 큰 실수를 유발하고 더 이상 문장을 구상해내는 응용력이 생기지 않습니다. 키워드 연상법을 활용하여 머릿속에 떠오르는 단어, 문장구조, 전체 내용 프레임 등을 자유자재로 이야기 할 수 있는 능력을 기르는 트레이닝을 해봅시다.

마지막으로 관련 주제에 대한 나의 경험담, 생각, 의견 등을 자연스럽게 추가하여 전체 답변을 자연스럽게 스토리텔링 하는 훈련도 잊지 말고 한다면 더이상 당황하는 일이 사라질 것입니다.

Ex) 자기컨텐츠-주제 : 템플스테이 소개하기

Temple stay is a popular cultural experience program for foreigners in Korea.
This program helps foreigners to understand **Korean Buddhism culture** better.
When they experience a temple stay, they get to know the overview of the temple's **history, tradition, and the typical routines of monks**. There is a **one-day, several day, and night program** for temple stays. Depending on their time and schedule, they can choose whatever they want to enjoy their temple stay. Buddhism culture is unique to other foreigners, especially from **western countries**. People tend to enjoy experiencing aspects of culture different from their own home country. A temple stay is good for taking a peaceful rest and experiencing **meditation** which helps people release their stress these days. Temple stays includes various types of practices that foreigners can directly experience such as ***Yebul, Chamseon, Dadoh, and BalwooGongyang***. *Yebul* means the ceremony that is being conducted in the temple.

Chamseon is meditation. *Dahdoh* means tea ceremony. *Balwoo Gongyang* is the temple's mill service. These 4 things are the main programs that are included in a temple stay. Temples are normally surrounded by **beautiful nature** so participants can enjoy a nice landscape, even in Seoul. The famous temples in Seoul for temple stays are **Gilsangsa, Jogyesa, and Bongeunsa**.

방법 1. Keyword 학습법

키워드 추출 (in other words, 나만의 말하기 노트)

Temple stay – 인기있는 프로그램!
Korean Buddhism culture
history, tradition and typical routines of monks
one-day and several days and night program
western countries – 신기한 경험들
meditation
Yebul, Chamseon, Dahdoh and Balwoo Gongyang. – 이런 것들을 한다는 거지
beautiful nature
Gilsangsa, Jogyesa, and Bongeunsa.
이렇게 추출한 키워드를 메모하고, 키워드만 보고 연상해서 말하기 연습하는 것입니다.

[나만의 투어 키워드] – 간단 스크립트, 설명 순서, 용어들 간단하게 기록하기

나의 면접 답변 flow 키워드

모든 문제 아래에 이렇게 빈칸을 만들어 놓았습니다. 꼭! 이 공간을 잘 활용해보세요.

방법 2. BRAINSTROMING 학습법

한 주제에 대해 다양한 Sub-Topic을 브레인스토밍하여 연상을 해보는 것을 권합니다. 마인드맵핑(mind mapping)과 비슷한 개념입니다. 한 가지 주제를 가지고 연관되어 연상되는 것들을 적어 보는 것입니다. 제가 강연, 수업 준비를 하거나 심지어 마음속 생각 정리를 할 때도 사용하는 효과적인 방법입니다. 영어 말하기를 할 때 겪는 딜레마 중 하나가 바로 질문을 받았을 때 할 말이 없어서 말을 잇지 못하는 경우가 있답니다. 자기 컨텐츠를 만든 뒤, brainstorming을 통해 관련 주제에 대한 다양한 sub-topic들을 생각해서 structure를 구성해보는 연습을 해보시길 바랍니다. 말문이 막히더라도 금방 다른 이야깃거리로 전향한 뒤 순발력 있게 스토리텔링 할 수 있도록 말입니다.

Ex) 템플스테이 brainstorming structure 예시

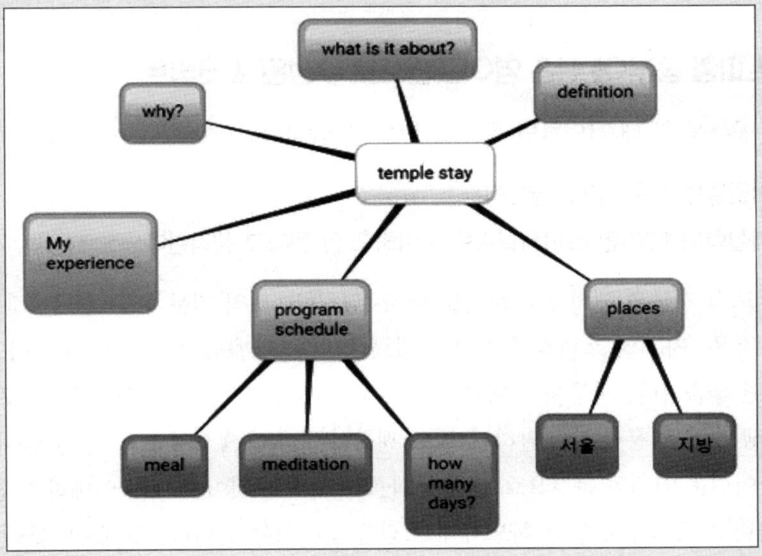

템플스테이 정의 - 무엇을 하는지 - 프로그램 일수 - 프로그램 내용 - 인기 있는 이유 - 주변 경관 - 서울의 유명한 절

마인드맵핑 참고 사이트 : http://bubbl.us/

3 이 교재의 특징 4가지

❶ 영어스피킹 공부에 쉬운 영어표현으로 구성된 스크립트

스피킹 공부를 할 때 기억하면 좋은 2가지가 있습니다.

(1) 원어민들은 쉬운 영어로 말한다.

(2) 독해실력이 10이면 스피킹실력은 5 이하도 안 된다고 생각한다.

어려운 토익 지문은 해석해서 문제를 풀 수 있지만, 토익 지문처럼 말하는 것은 쉽지가 않습니다. 이 경우, 자신의 스피킹 유창성/순발력/정확도 레벨을 처음에 인지를 하고 스피킹 공부를 시작하면 좋습니다. 관통사 영어면접 공부를 하다 보면 '이렇게 쉬운 문장으로 말하라고? 이런 초등학생 수준의 문장으로 말하기 해도 괜찮아?' 라고 생각이 드실 수 있습니다. 관통사 영어 시험은 어려운 어휘와 문장으로 한국 문화를 묘사하는 것이 아니라 이해하기 쉽게 그 주제에 대해 얼마나 스토리텔링을 잘 하느냐에 초점을 맞추셔야 합니다. 교재 콘텐츠 주제의 특성상 입에 익지 않는 표현들도 있겠지만, 영어 말하기에 쉬운 표현들로 본문 텍스트를 구성하고자 하였습니다. 읽고 독해하기에는 쉬워보일지 몰라도 바로 한 주제에 대해 유창하게 처음부터 끝까지 말해보려고 하면 보는 것만큼 쉽지는 않으실 거예요.

관통사 2차 면접 시험은 100% 구술 시험으로 진행되어 왔습니다. 한두개의 한국어 답변 질문이 섞여있고, 거의 영어로 묻고 영어로 답변합니다. 한 주제에 대한 질문을 받았을 때 영어로 어떻게 답하는 것이 좋을까요? 관광가이드는 내가 알고 있는 지식들을 백과사전처럼 읊는 역할을 하는 것이 아니라 나의 지식 콘텐츠를 상대방이 재밌게 듣고 여행할 수 있게 하는 역할을 합니다.

공부할 때, "내가 지금 외국인 관광객에게 설명하고 있다!" 라는 느낌 그대로 연습하시는 것을 추천합니다. 이는 실제로 제가 영어면접 교육을 지도할 때 알려드리는 방향과 일치합니다.

❷ 스크립트 음원 녹음 파일 제공

스크립트를 영어로 직접 들어보며 다양하게 활용할 수 있도록 mp3파일을 제공합니다. 음원파일을 활용하는 방법은 크게 3가지입니다.

특히, 교재 뒤에 수록된 관광영어 필수 영작 100문장에 대한 음원파일도 준비되어 있으니 다양한 방법으로 학습에 활용해보시길 바랍니다.

음원 파일을 통해 shadowing + memory spanning training + recording 하면서 순발력(spontaneity) & 유창성(fluency) 훈련하기로 self-study 해보십시오.

3 음원 파일 활용 방법

◎ 섀도잉(shadowing) 학습법

shadow, 그림자라는 뜻처럼 음원 파일을 그림자처럼 이어서 쭉 따라 읽는 방법을 말합니다. 제공되는 음성 파일을 들으면서 섀도잉을 한다면 분명 자신의 발음을 교정하는 것에도 도움이 됩니다. 섀도잉은 귀에 들리는 영어를 뇌로 인지하고 바로 입으로 내뱉는 과정을 통해 순발력을 키울 수 있는 훈련법입니다. 또한 이는 유창성(fluency)을 기르는 방법 중 하나이기도 합니다.

◎ memory spanning 학습법

일명 단기 기억 늘리기 학습법으로써, 한 문장씩 짧게 끊어 들은 뒤 바로 기억하고 입으로 내뱉는 방법입니다. 문장을 한 문장을 들은 뒤, 그것을 재빠르게 기억한 뒤 바로 내뱉는 식으로 학습하면 됩니다. 이 방법 역시 순간 기억력 증대와 순발력, 유창성 향상에 큰 도움을 줍니다. 음원 파일로 연습해 보십시오.

◎ recording 학습법

자신의 영어 스토리텔링을 녹음하고 self-check하는 방법입니다. 외국어 학습에 있어서 recording은 정말 효과적인 방법입니다.
영어 공부할 때 겪게 되는 가장 큰 딜레마 중 하나가 빨리 실력이 늘지 않는다는 것인데, 녹음을 한 뒤 스스로 평가하는 학습을 하게 되면 본인의 실수가 바로 인지가 되어 쉽게 고쳐지고 실력향상이 빨라지는 장점이 있습니다. 녹음을 할 때, 단순히 스크립트를 보고 읽는 것이 아니라 [키워드만 보고 말하기 + 음원 파일을 통한 학습법]을 통해 영어문장에 대한 이해도와 문장 구사력이 높아져 전반적으로 순발력(spontaneity)과 유창성(fluency)의 향상을 기대할 수 있습니다. 그리고 모의면접 연습을 할 때는 녹음보다 영상촬영 하는 것을 더욱 더 추천드립니다.

❹ 용어의 중요성

각 문항 스크립트 하단에 단어 박스로 관광 용어를 정리했습니다. 그리고 뒷부분에는 작문연습을 할 수 있는 100문장 writing코너가 있습니다. 관광 해설, 관광 가이드 공부를 할 때 자주 사용하는 용어들로 작문 연습을 직접 해볼 수 있어서 영어 실력 향상에 많은 도움이 될 것입니다. 어휘를 많이 알고, 그 어휘를 잘 활용할 수 있을 때 영어 실력이 빠르게 늘어납니다.

또한, 스크립트마다 '나의 면접답변 flow 키워드'란을 마련해두었습니다. 스크립트를 공부한 후, 어떤 스토리텔링을 해나갈지 flow 키워드를 꼭 적어보세요. 그리고 키워드를 보면서 스피킹 연습을 해보세요. 논리적으로 말하기 연습에 도움이 될 겁니다.

참고로 관광 용어들을 추가로 더 찾고 싶을 때는 http://kto.visitkorea.or.kr/kor/translation/main.kto 사이트를 추천합니다. "관광용어 외국어 용례사전"입니다. 예를 들어서, 꽈리고추 멸치볶음을 영어로 어떻게 준비해야 할지 막막할 때, 관광용어 외국어 용례사전을 활용하면 간편하게 찾을 수 있답니다. 사전의 종류가 예전에 비해 많아진 것은 알고 있었지만, 이런 사전도 있다는 사실이 놀라우면서도 반갑지요?

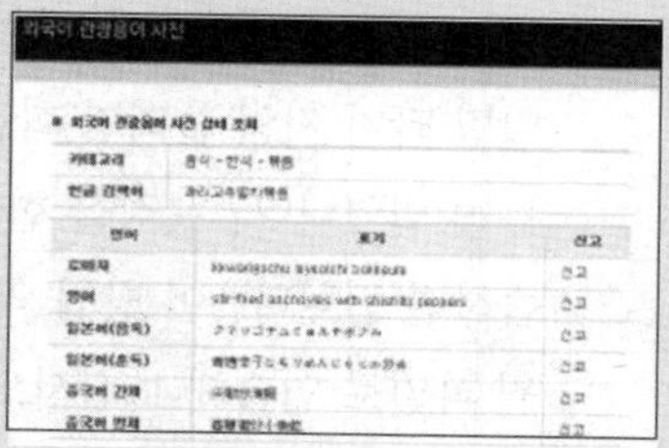

[출처] http://kto.visitkorea.or.kr/kor/translation/main.kto

이 책의 네 가지 큰 특징을 기억하시면 됩니다.

자랑스런 한국의 문화와 역사를 알리는 민간 외교관의 역할을 하는 매력적인 관광통역안내사를 배출하는데 이 교재가 작게나마 도움이 될 수 있길 바랍니다.

블로그 주소 : blog.naver.com/dbwls0034

라이프투어스쿨 관광영어수업 : www.lifetourschool.com

교재 속 기출문제 리스트 한눈에 살펴보기

01 한국사 - 8개 ··· 28p

Question 01 6.25전쟁의 발발 원인과 결과에 대해 설명하십시오.
Describe the events of the Korean War and its results.

Question 02 한국의 역사에 대해 설명하십시오.
Describe an overview of the history of Korea.

Question 03 독도가 한국의 땅이라는 증거는 무엇입니까?
What evidence proves Dokdo belongs to Korean territory?

Question 04 발해가 한국의 역사라는 증거는 무엇입니까?
What evidence is that Balhae belongs to Korean history?

Question 05 세종대왕의 업적은 무엇입니까?
What are the achievements of The Great King Sejong?

Question 06 이순신 장군의 업적은 무엇입니까?
What are the achievements of Admiral Yi Sun-sin?

Question 07 조선이 어떻게 멸망하게 되었습니까?
How did the Joseon dynasty collapse?

Question 08 일제강점기 시대를 설명하십시오.
Could you describe the Japanese colonization era?

02 민족과 문화 - 18개 ··· 46p

Question 01 서울에 있는 전통시장에 대해서 말해보십시오.
Tell me about any traditional market in Seoul.

Question 02 가야금과 거문고의 차이점은 무엇입니까?
What are the differences between Gayageum and Geomungo?

Question 03 설 풍속 : 설빔, 차례, 세배와 덕담에 대해서 설명하십시오.
What do Korean's do during Seollal? Can you explain Seolbim, Charae, Saebae, and Deokdam?

Question 04 온돌에 대해서 설명하십시오.
Could you explain Ondol?

Question 05 서원에 대해서 설명하십시오.
Could you explain Seowon?

Question 06 한복에 대해서 설명하십시오.
Please explain the Hanbok.

Question 07 한옥에 대해서 설명하십시오.
Tell us about Hanok.

Question 08 추석에 대해서 설명하고 벌초, 차례, 강강술래에 대해 설명하십시오.
What do Koreans do during Chuseok national holiday? Can you explain Beolcho, Charae, and Ganggangsulrae?

Question 09 코리아그랜드세일에 대해 설명해보십시오.
Explain Korea's grand sale.

Question 10 한국의 전통 혼례에 대해 말해보십시오.
Tell me about traditional Korean weddings.

Question 11 장승에 대해 말해보십시오.
Tell me about Jangseung.

Question 12 왕릉과 홍살문에 대해서 말해보십시오.
Tell me about the royal tombs and the red gate with a spiked top.

Question 13 해상 국립 공원에 대해서 말해보십시오.
Tell us about the Korean marine and coastal national park.

Question 14 태극기를 설명해보십시오.
Explain the Korean national flag, Taegeukgi.

Question 15 우리나라의 국화인 무궁화에 얽힌 역사를 아십니까?
Do you know the history of the Rose of Sharon, or MugungHwa, the Korean national flower?

Question 16 한국의 가면극인 탈춤에 대해서 말해보십시오.
Tell us about Talchum, the Korean mask dance.

Question 17 고려청자와 조선백자의 차이점은 무엇입니까?
What are the differences between Goryeo celadon and Joseon porcelain?

Question 18 한국의 지폐에 있는 인물을 소개해보십시오.
There are four bills in Korea. Describe all the people on the Korean bills.

03 자연과 공원 - 8개 ······ 87p

Question 01 청계천에 대해 설명해주십시오.
Give an explanation about Cheonggyecheon stream.

Question 02 제주 화산섬과 용암동굴에 대해 설명해주십시오.
Tell us about Jeju's volcanic island and one of the lava caves on Jeju island.

Question 03 제주도와 울릉도의 가옥에 대해 설명해주십시오.
Describe traditional house styles in Jeju and Ulleung island.

Question 04 추천하고 싶은 국립공원은 무엇입니까?
Do you have any recommended National parks in Korea?

Question 05 동해안과 서해안을 비교해보십시오.
Compare the east and west coasts of Korea.

Question 06 한국에는 어떤 테마공원들이 있습니까?
What kinds of theme parks are there in Korea?

Question 07 한국에 있는 동굴의 종류에 대해 설명해주십시오.
Describe the types of caves in Korea.

Question 08 한국의 유명한 온천들은 무엇입니까?
What are the famous hot springs in Korea?

04 식음료·숙박 - 9개 ······ 104p

Question 01 템플 스테이가 인기가 많은 이유에 대해 알려주십시오.
Temple stays are popular among foreigners recently. What is temple stay? Why is it popular?

Question 02 조선시대부터 유명한 궁중 음식이 있습니다. 궁중음식과 일반음식의 차이점은 무엇입니까?
There are several famous palace cuisines from the Joseon Dynasty in Korea. Can you list some of the palace of cuisines and their unique qualities?

Question 03 우리나라의 전통 술 소개(발효방법, 영양소, 색, 맛, 예시)를 해보십시오.
Can you introduce several traditional Korean alcohol? How is it fermented? Describe the colors and flavors.

Question 04 김치는 어떻게 담그십니까? 효능과 가치를 설명해 주십시오.
Do you know how to make Kimchi? In what ways is it good for your health?

Question 05 고려인삼에 대해 설명하십시오.
Tell me about Korean ginseng.

Question 06 한식의 세계화 방안에 대해서 설명하십시오.
Korean food, Hansik, is receiving widespread support throughout the world. Do you know about the globalization of Hansik?

Question 07 할랄 음식에 대해 말해보십시오.
Could you tell us about Halal food?

Question 08 비빔밥에 대해 이야기 해보십시오. 어떻게 만드는지 아십니까?
Could you talk about Bibimbap? Do you know how to make it?

Question 09 불고기에 대해서 말해보십시오. 어떻게 만드는지 아십니까?
Could you tell us about Bulgogi? Do you know how to make it?

05 서울의 관광지 - 11개 125p

Question 01 한글의 우수성은 전세계적으로 잘 알려져 있습니다. 한글의 우수함을 잘 보여주는 관광 장소를 아십니까?
The excellence of the Korean writing system, known as Hangeul, is well known all over the world. Do you know any tourist attractions in Seoul that show the excellence of Hangeul?

Question 02 CALT에 대해 아십니까? 어떤 서비스를 제공합니까?
Do you know about CALT? What kinds of services does it offer?

Question 03 DDP는 무엇을 의미하는지 아십니까? 설명해주십시오.
What does DDP stand for? Please explain.

Question 04 북촌한옥마을에 대해 설명해주십시오.
Please tell us about Bukchon Hanok Village.

Question 05 노량진 수산시장에 대해 설명해주십시오.
Please tell us about Noryangjin fish market.

Question 06 인사동에 가보셨습니까? 그렇다면 설명해주십시오.
Have you been to Insadong? If so, please tell us about it.

Question 07 K-POP이 인기가 많은데 K-POP에 대해 관광할 수 있는 장소가 서울에 어디 있을까요?
K-POP is very popular. Where can you go in Seoul to learn more about K-POP?

Question 08 동대문과 남대문의 역사와 차이점을 설명해주십시오.
Tell us the historical differences between Dongdaemun and Namdaemun.

Question 09 서울의 역사에 대해 알려주십시오.
Could you tell us the history of Seoul?

Question 10 서울에 있는 관광특구는 어디이고, 관광특구의 설정 기준은 무엇입니까?
What is Special Tourist Zone? Where are they? What is required to be designated as STZ?

Question 11 남산타워에 대해 알려주십시오.
Tell us about Namsan tower.

06 지방의 관광지 - 8개 ······ 149p

Question 01 DMZ와 PLZ에 대해 설명해주십시오.
Tell us about the DMZ and PLZ.

Question 02 석굴암의 과학적 가치는 무엇입니까?
What is the scientific value of Seokguram grotto?

Question 03 안동에 있는 관광지를 소개해주십시오.
Choose and introduce some tourist areas in Andong.

Question 04 경주 동궁과 월지에 대해 설명해주십시오.
Tell us about Donggung Palace and Wolji Pond.

Question 05 석가탑과 다보탑을 비교해주십시오.
Contrast the Seokgatop and Dabotop Pagodas.

Question 06 첨성대에 대해 알려주십시오.
Tell us about Cheomseongdae, the Observatory in Gyeongju.

Question 07 성덕대왕 신종(에밀레종)에 대해 설명해주십시오.
Do you know the legend about the bell of King Seongdeok?

Question 08 판문점이란 어떤 곳이며 JSA의 의미는 무엇입니까?
Where is Panmunjeom? What does JSA stand for?

07 서울의 5대 궁 - 2개 ······ 167p

Question 01 서울에 궁이 5가지가 있습니다. 설명해주십시오.
There are five main palaces in Seoul. Explain each of them.

A 경복궁과 광화문에 대해서 간략히 설명해주십시오.
Tell us briefly about Gyeongbokgung and Gwanghwamun.

B 창덕궁에 대해 설명해주십시오.
Tell us briefly about Changdeokgung.

C 덕수궁에 대해 설명해주십시오.
Tell us briefly about Deoksugung.

D 창경궁에 대하여 설명해주십시오.
Tell us briefly about Changgyeonggung.

E 경희궁에 대하여 설명해주십시오.
Tell us briefly about Gyeonghuigung.

Question 02 경복궁, 창덕궁, 덕수궁, 창경궁의 차이점을 간략하게 말해주십시오.
The differences between Gyeongbokgung, Changdeokgung, Deoksugung, and Changgyeonggung

08 한국 유네스코 인류무형문화재 - 11개 ······ 187p

한국 등재 유네스코 인류무형문화재를 말해보십시오.
List and describe UNESCO's intangible cultural heritage of humanity.

Question 01 종묘제례 및 종묘제례악 (2001)
Jongmyo Jerye & Jeryeak, Royal Ancestral Rituals in Jongmyo Shrine and its Music

Question 02 판소리 (2003)
Pansori Epic Chant, A traditional Musical Storytelling

Question 03 영산재 (2009)
Yeongsanjae, Re-enactment of Buddha's Delivery of the Lotus Sutra on Vulture Peak

Question 04 가곡 (2009)
Gagok, Lyric Song Cycles Accompanied by an Orchestra

Question 05 한산모시짜기 (2009)
Weaving of Mosi, fine ramie, in the Hansan Region

Question 06 택견 (2011)
Taekkyeon, a traditional Korean martial art

Question 07 아리랑 (2012)
Arirang, lyrical folk song in the Republic of Korea

Question 08 김장문화 (2013)
Kimgjang, making and sharing Kimchi

Question 09 농악 (2014)
Nongak, community band music, dance, and rituals in the Republci of Korea

Question 10 줄다리기 (2015)
Tugging Rituals and Games

Question 11 제주해녀문화 (2016)
Culture of Jeju Haenyeo(Women Divers)

09 한국 유네스코 세계기록유산 - 16개 210p

한국 등재 유네스코 세계기록유산을 모두 말해주십시오.
List and explain UNESCO's Memory of the world, Korea.

Question 01 훈민정음해례본 (1997)
Hunminjeongum Manuscript

Question 02 조선왕조실록 (1997)
The annals of the Joseon Dynasty

Question 03 직지심체요절 (2001)
Movable metal type printing for buddhist text

Question 04 승정원 일기 (2001)
Seungjeongwon Ilgi, The diaries of the Royal Secretariat

Question 05 해인사대장경판 및 제경판 (2007)
Printing woodblocks of the Tripitaka Koreana and miscellaneous Buddhist scriptures

Question 06 조선왕조의궤 (2007)
The Royal Protocols of the Joseon Dynasty

Question 07 동의보감 (2009)
Donguibogam, Principles and Practice of Eastern Medicine

Question 08 일성록 (2011)
Ilseongnok, Records of Daily Reflections

Question 09 5.18 민주화운동기록물 (2011)

Human Rights Documentary Heritage 1980 Archives for the May 18th Democratic Uprising Against the Military Regime in Gwangju, Republic of Korea

Question 10 난중일기 (2013)

Nanjungilgi, War diary of Amiral Yi Sun-sin

Question 11 새마을운동 기록물 (2013)

Archives of Saemaul Undong, the New Community Movement

Question 12 한국의 유교책판 (2015)

Confucian Printing Woodblocks in Korea

Question 13 KBS 특별생방송 '이산가족을 찾습니다' 기록물 (2015)

The Archives of the KBS Special Live Broadcast "Finding Dispersed Families"

Question 14 국채보상운동

The National Debt Redemption Movement

Question 15 조선왕실 어보와 어책

Royal Seal and Investiture Book Collection of the Joseon Dynasty

Question 16 조선통신사기록물

Documents on Joseon Tongsinsa. The History of Peace Building and Cultural Exchanges between Korea and Japan from the 17th to 19th century.

10 한국 유네스코 세계문화유산 - 12개 244p

다양한 유산들이 유네스코 세계문화유산에 등재되었습니다. 나열해보고 설명해주십시오. 유네스코 등재의 기준은 무엇입니까?

Many cultural locations were designated as UNESCO World Heritage Sites. List and describe them. What are the criteria needed to be met to be designated as a UNESCO World Heritage Site?

Question 01 창덕궁

Changdeok gung Palace

Question 02 석굴암과 불국사 (1995)

Seokguram Grotto and Bulguksa Temple

Question 03 해인사 장경판전 (1995)
Haeinsa Temple Janggyeong Panjeon, the Depositories for the Tripitaka Koreana Woodblocks

Question 04 백제역사유적지구
Baekje Historic Areas

Question 05 화성
Hwaseong Fortress

Question 06 조선왕릉
Royal Tombs of the Joseon Dynasty

Question 07 남한산성
NamHansanseong

Question 08 종묘
Jongmyo Shrine

Question 09 한국의 역사마을 : 양동마을과 하회마을
Historic Villages of Korea, Hahoe and Yangdong

Question 10 고창, 화순, 강화의 고인돌
Gochang, Hwasun, and Ganghwa Dolmen Sites

Question 11 제주 화산섬과 용암동굴
Jeju Volcanic Island and Lava Tubes

Question 12 산사, 한국의 산지 승원
Sansa, Buddhist Mountain Monasteries in Korea

11 국보·보물·명승·사적 - 4개 ······ 271p

Question 01 국보 1호부터 3호까지 설명해주십시오.
Can you list National Treasure No. 1 to No. 3?

Question 02 보물 1호부터 3호까지 설명해주십시오.
Can you list the treasures No.1 to No.3?

Question 03 명승 1호를 설명해주십시오.
Do you know the No. 1 scenic location in Korea?

Question 04 사적 1호를 설명해주십시오.
What is historical landmark No.1 in Korea?

12 관광학개론 관련 문제들 - 13개 ······ 288p

Question 01 CIQ란 무엇인가? 그리고 한국의 크루즈 투어에 대해서 설명해주십시오.
What does CIQ stand for? Tell me about it. Could you give an explanation about cruise tour in Korea?

Question 02 MICE에 대해 알고 있습니까? 무엇을 의미합니까?
Do you know about MICE? What does it stand for?

Question 03 SIT와 FIT에 대해서 설명해주십시오.
Could you explain the terms SIT and FIT?

Question 04 관광과 트레블의 차이점은 무엇입니까?
What's the difference between tourism and travel?

Question 05 1330에 대해 설명해주십시오.
Do you know anything about 1330?

Question 06 팸투어, 지속가능한 관광, 에코 관광, 다크 투어리즘, 인센티브 투어, 관광두레, 오버 투어리즘, 발룬투어리즘에 대해 설명해주십시오.
Tell me about fam tour, sustainable tourism, eco-tourism, tour Dure, overtourism, voluntourism.

Question 07 한국에 몇 군데에 슬로시티가 있습니다. 슬로시티는 어떤 의미를 지니나요? 한국의 슬로시티들을 설명해주십시오.
There are several slow cities in Korea. Do you know the meaning of slow city? Can you list some slow cities in Korea.

Question 08 람사르 협약에 대해 설명해주십시오.
Tell us about the Ramsar Convention.

Question 09 여행업의 종류는 어떤 것들이 있습니까?
What types of travel businesses are there?

Question 10 인바운드 관광과 아웃바운드 관광에 대해서 설명해주십시오.
What are inbound and outbound tours?

Question 11 평창올림픽 등 국제행사를 홍보하는 방안이 있나요 ?
Are there any ways to promote international events such as the PyeongChang Olympics?

13 롤플레이 상황별 대처 - 12개 ······ 326p

Question 01 고향은 어디입니까? 고향에 있는 관광지를 설명해보십시오
Where is your hometown? Please introduce some tourist areas iny our hometown.

Question 02 위안부 문제에 대한 본인의 생각을 말해주십시오
What is your opinion in regards to the Japanese militarys' sexual slavery issue?

Question 03 경복궁 야간 관광이 문화재 보존에 부정적인 영향을 끼친다고 하는데 어떻게 생각하십니까?
It is said that allowing a night tour of Gyeongbokgung palace can possibly negatively affect the preservation of cultural properties. What do you think about this?

Question 04 우리나라 관광의 문제점과 개선방향은 무엇입니까?
What do you think are problems in Korea's tourism? What can we do to make improvements?

Question 05 의료관광이란? 의료관광의 현재 문제점과 개선점은 무엇입니까?
Do you know about medical tourism? What are the current problems and solutions for medical tourism?

Question 06 투어 도중 딜레이가 생겨 스케줄이 자꾸 지연이 될 때 고객들이 불안해 합니다. 문제를 어떻게 해결하실 것입니까?
Let's say your tour is constantly delayed due to various reasons. Your guests become agitated. What would you do to solve this problem?

Question 07 덤핑(dumping)을 근절할 수 있는 방안이 있습니까?
Is there any way of eradicating dumping in tourism?

Question 08 관광가이드가 되고 싶은 이유, 그리고 어떤 노력을 했습니까?
What are the qualifications to be a tour guide? Why did you want to become a tour guide and what steps did you take needed to become one?

Question 09 관광객이 아프거나 다쳤을 경우 어떻게 할 것입니까?
Let's say in your tour group, one customer suddenly gets injured. What would you do?

Question 10 관광객이 불평을 할 때 어떻게 할 것입니까?
Your customers keep complaining while you are leading the tour. How can you deal with this problem? What's the best way to deal with the customers complaints?

Question 11 **교통체증으로 인해 관광지 이동 중 자꾸만 지체되는 경우 어떻게 하시겠습니까?**

There are situations on your tour that causes a constant delay of each tour event. Your guests are not happy with this. What would you do to solve this problem?

Question 12 **한국의 대중교통 지하철 시스템을 외국인 친구에게 어떻게 설명해 보겠습니까?**

How would you explain the Korean public subway system to your ofreign friends?

Part
02

관광통역안내사 면접

Chapter 01

한국사

이 단원의 질문들

01 6.25전쟁의 발발 원인과 결과에 대해 설명하십시오.
Describe the events of the Korean War and its results.

02 한국의 역사에 대해 설명하십시오.
Describe an overview of the history of Korea.

03 독도가 한국의 땅이라는 증거는 무엇입니까?
What evidence proves Dokdo belongs to Korean territory?

04 발해가 한국의 역사라는 증거는 무엇입니까?
What evidence is that Balhae belongs to Korean history?

05 세종대왕의 업적은 무엇입니까?
What are the achievements of The Great King Sejong?

06 이순신 장군의 업적은 무엇입니까?
What are the achievements of Admiral Yi Sun-sin?

07 조선이 어떻게 멸망하게 되었습니까?
How did the Joseon dynasty collapse?

08 일제강점기 시대를 설명하십시오.
Could you describe the Japanese colonization era?

Question 01

6.25전쟁의 발발 원인과 결과에 대해 설명하십시오.
Describe the events of the Korean War and its results.

1. Do you want to know what caused the Korean War and how it ended?
2. You might be very curious about why South and North Korea are divided.
3. Let me tell you about the Korean War. When World War II ended with the Allied victory in 1945, the colonial rule of Japan in Korea was also finished.
4. Korea finally had Independence.
5. The north of the Korean peninsula was under the control the Union and the South was under USA.
6. These nations' ideologies were different and North Korea forcibly wanted to occupy the south, so they invaded south over the 38th parallel.
7. The war broke out on the 25th of June, 1950.
8. To defend South Korea against communism, US military troops joined in the war and General Douglas MacArthur from US showed great leadership and led South Korea to victory in the end.
9. If you watch the movie "Operation Chromite," you can learn more about it in detail.
10. The Korean War lasted for 3 years and ended with the truce agreement at *Panmunjom* (판문점) which is now called DMZ. DMZ stands for Demilitarized Zone.

1. 6.25 전쟁이 왜 일어났는지, 어떻게 끝났습니까?
2. 대한민국이 왜 남한, 북한 나뉘어져 있는지 궁금하실 수 있습니다.
3. 한국전쟁에 대해서 이야기 하겠습니다. 1945년에 2차 세계대전이 연합군의 승리로 끝나고 35년에 걸친 한국의 일제 식민지 시대도 끝났습니다.
4. 마침내 우리는 독립을 맞았습니다.
5. 북한은 소련군, 남한은 미국 정권의 통치하에 있었습니다.
6. 이 국가들의 이데올로기가 달랐고 북한이 38선을 넘어 남침하면서 전쟁이 시작되었습니다.
7. 1950년 6월 25일에 전쟁이 일어났습니다.
8. 남한을 공산주의로부터 방어하기 위해서 미군이 전쟁에 합류했고, 더글라스 맥아더 장군은 뛰어난 리더십을 발휘하여 남한을 승리로 이끌었습니다.
9. 영화 '인천상륙작전'을 보면, 그 때의 상황을 더 자세히 알 수 있습니다.
10. 한국 전쟁은 3년 정도 지속되었고, 현재 DMZ라고 불리는 판문점에서 휴전협정을 맺으며 종료되었습니다. DMZ는 Demilitarized Zone의 약자입니다.

관광영어 용어정리

World War II 2차 세계 대전
US military troops 미군
Communism 공산주의
colonial rule 식민지 지배
the Allied Forces 연합군
truce agreement 휴전협정
ideologies 이데올로기, 이념
Independence 독립

작문 연습

1. 북한은 소련군, 남한은 미국 정권의 통치하에 있었습니다.

2. 이 국가들의 이데올로기가 달랐고 북한이 38선을 넘어 남침하면서 전쟁이 시작되었습니다.

3. 한국 전쟁은 3년 정도 지속되었고, 현재 DMZ라고 불리는 판문점에서 휴전협정을 맺으며 종료되었습니다. DMZ는 Demilitarize Zone의 약자입니다.

나의 면접 답변 flow 키워드

Question 02

한국의 역사에 대해 설명하십시오.
Describe the overview of the history of Korea.

1. Korea has a very long history starting from 700,000 years ago.
2. That's why there are various historic relics and culture in Korea.
3. Since our peninsula is connected to China and Japan is nearby, it played a role as a cultural channel between continents and islands.
4. Korea naturally accepted Chinese culture but recreated their own culture as well.
5. *Dangoon* (단군) who founded the Kingdom of *Gojoseon* (고조선) in B.C 2333, started ruling over Bronze Age civilization.
6. Korea also had the Paleolithic, Neolithic, Bronze, and Iron Age like any other civilization in the world.
7. By the first century, three kingdoms started to become established and this era is called *SamGookSiDae* (삼국시대).
8. Those kingdoms are *Goguryeo* (고구려), *Beak-jae* (백제), and *Sil-la* (신라).
9. Then, *Silla* unified three kingdoms, and another giant kingdom on the northern part, called *Balhae* (발해), appeared as well.
10. The *unified Silla* (통일신라) developed a rich and prosperous culture.
11. Since they accepted Buddhism, we can easily find Buddhist culture in unified Silla's culture. *Wang Geon* (왕건) established *Goryeo* (고려) and reunified the later three kingdoms, *Hugoguryeo* (후고구려), *Hubaekje* (후백제), and *Silla*.
12. *Goryeo* accepted Buddhism as we can see in the Buddhist temples, Korean ceramics, and relics.
13. *Lee Seong Gye* (이성계) built *Joseon* (조선) and became the first King in 1392.
14. *Joseon* encouraged Confucianism as the country's ideology.

15. *Joseon* has lasted over 500 years and much of Joseon's custom, culture, and social aspects are still being influenced in our modern life.

16. In the late 19th century, Japan invaded Korea and was colonized by Japan from 1919 to 1945.

17. Japan used the peninsula as a channel to assist war supplies and it left the remnants of colonialism.

18. Japan lost in the Second World War and we achieved independence on the 15th of August, 1945.

19. Then, the outbreak of war ended which made the nation of Korea split apart.

20. Working very hard, Korea has developed rapidly in the last 50 years and plays a great role in many industries around the world.

21. As I mentioned earlier, Korea has a long history and citizens are very proud of being Korean with all the achievements we've made so far.

1. 한국은 70만 년의 긴 역사를 가지고 있습니다.
2. 한국에 다양한 역사 유물과 문화들이 존재하는 이유입니다.
3. 한반도가 중국과 일본과 인접해 있어서 대륙과 섬 사이의 중요한 문화적 통로 역할을 했습니다.
4. 한국은 중국의 문화를 수용했지만, 우리의 문화를 새롭게 이룩했습니다.
5. 서기 2333년, 단군왕검은 고조선을 건국하고 청동기 시대 문명을 통치하기 시작했습니다.
6. 우리나라도 다른 나라처럼 신석기, 구석기, 청동기, 그리고 철기 시대를 거쳤습니다.
7. 1세기까지, 3개의 왕국이 세워졌고 이 시기를 삼국시대라고 불립니다.
8. 고구려, 백제, 신라가 그 나라들입니다.
9. 그리고 신라가 마침내 삼국을 통일하고 또 다른 거대한 국가인 발해가 나타납니다.
10. 통일신라는 융성한 문화를 발전시켰습니다.
11. 통일신라는 불교를 수용했기에, 신라 문화 속에서 불교 문화를 쉽게 찾아볼 수 있습니다. 그리고 왕건은 후삼국을 재통일하며 고려를 건국했습니다.
12. 고려는 불교를 수용했기에 불교 사찰을 볼 수 있고, 한국의 도자기, 유물들도 많이 보입니다.
13. 이성계가 조선을 건국하고 1392년에 조선의 첫 번째 왕이 됩니다.
14. 조선은 유교의 이념을 권장했습니다.
15. 500년의 조선왕조의 관습, 문화, 사회적 면모 모든 것이 현재 우리 현대 생활에 많은 영향을 끼칩니다.
16. 19세기 후반, 일본이 한국을 침략하고 우리는 1919년부터 1945년까지 일본의 식민지가 되었습니다.
17. 일본은 전쟁 물자 이동을 위한 수단 통로로 한반도를 이용했고, 이 결과 식민지의 잔해들이 많이 남게 되었습니다.
18. 일본은 세계 2차 대전에서 패하고 우리는 1945년 8월 15일에 광복을 맞이했습니다.
19. 그리고 한국 전쟁이 일어나는 바람에 우리 나라는 분단 국가가 되었습니다.
20. 한국인들은 매우 열심히 일을 한 결과 지난 50년 빠른 경제성장을 이루었고 전 세계 다양한 산업에서 맹활약을 하고 있습니다.
21. 앞에서도 말했듯이, 우리는 긴 역사를 가지고 있고 지금껏 이룬 모든 것들에 대해 자부심을 가지고 있는 민족입니다.

관광영어 용어정리

Paleolithic 구석기 시대의
colonialism 식민주의, 식민지
colonize 식민지로 만들다
civilization 문명
Neolithic 신석기 시대의
remnant 남은 부분, 나머지
prosperous 번영한, 번창한
continents 대륙

작문 연습

1. 일본은 전쟁 물자 이동을 위한 수단 통로로 한반도를 이용했고, 이 결과 식민지의 잔해들이 많이 남게 되었습니다.

2. 그리고 신라가 마침내 삼국을 통일하고 또 다른 거대한 국가인 발해가 나타납니다.

3. 앞에서도 말했듯이, 우리는 긴 역사를 가지고 있고 지금껏 이룬 모든 것들에 대해 자부심을 가지고 있는 민족입니다.

나의 면접 답변 flow 키워드

Question 03

독도가 한국의 땅이라는 증거는 무엇입니까?
What evidence proves Dokdo belongs to Korean territory?

1. There have been controversies about the historical state of sovereignty over *Dokdo*(독도).
2. There are several records that show *Dokdo* belongs to Korea.
3. It was called *Usan-do*(우산도) in various historical records, such as the *Samguk Sagi*(삼국사기), Annals of the *Joseon* Dynasty, and *Dongguk Yeoji Seungnam*(동국여지승람) from *Goryeo* and *Joseon*.
4. It is written that *Dokdo* belongs to Korea on the Rocks and memorial stone in *Dokdo*.
5. Also, people who live in *Dokdo* are Koreans.
6. When foreigners visit *Dokdo*, they should get a permit from the immigration office of Korea.
7. On top of that, *Dokdo* is geologically 1.8km closer to Korea than to Japan.
8. So, we can see *Dokdo* from *Ulleungdo*(울릉도).
9. In 1905, when Japan claimed *Dokdo* via the Japan-Korea treaty, it was due to Korea's lack of power and therefore, illegal.
10. In my opinion, we were forced to sign the treaty that day so it is not right.

1. 독도의 주권에 대한 역사적 사실에 대해 논쟁이 있었습니다.
2. 독도가 한국 땅이라는 것에 몇 가지 증거가 있습니다.
3. 삼국사기, 조선왕조실록, 고려와 조선 동국여지승람 등과 같은 다양한 자료들에서 독도가 우산국으로 불리고 있습니다.
4. 그리고 독도에 있는 기념비에 독도는 한국 땅이라고 쓰여있습니다.
5. 또한 독도에 사는 사람들은 한국인입니다.
6. 외국인이 독도에 출입하고 싶을 때 한국의 출입국 관리 사무소에 허가를 받게됩니다.
7. 무엇보다 독도는 일본보다 한국으로 1.8km 더 가깝습니다.
8. 그래서 독도를 울릉도에서 볼 수 있답니다.
9. 1905년에 한일협약을 통해 일본은 독도가 자신의 것이라고 주장했는데, 우리나라의 국력이 없었고, 그렇기에 불평등합니다.
10. 강제로 조약문에 사인하게 했으니 올바르지 않은 행위였습니다.

관광영어 용어정리

sovereignty 통치권, 자주권
Annals 연보
geologically 지질학상으로
immigration office 출입국 관리 사무소

작문 연습

1. 삼국사기, 조선왕조실록, 고려와 조선 동국여지승람 등과 같은 다양한 자료들에서 독도가 우산국으로 불리고 있습니다.

2. 외국인이 독도에 출입하고 싶을 때 한국의 출입국 관리 사무소에 허가를 받게 됩니다.

3. 1905년에 한일협약을 통해 일본은 독도가 자신의 것이라고 주장했는데, 우리나라의 국력이 없었고, 그렇기에 불평등합니다.

나의 면접 답변 flow 키워드

Question 04

발해가 한국의 역사라는 증거는 무엇입니까?
What is evidence that Balhae belongs to Korean history?

1. There are several pieces of evidence that *Balhae* (발해) belongs to Korean history.
2. First of all, *Balhae* was built by the descendant from *Goguryeo*.
3. *Goguryeo*, *Beakje*, and *Silla*'s history are quite similar together just like *Balhae*.
4. Chinese argued that the majority numbers of *Balhae* citizens were *malgal* (말갈) people and the dominating upper class was *Goguryeo* people.
5. It shows that *Goguryeo* people were ruling *malgal* people.
6. Balhae was founded by *Daejoyoeng* (대조영) from *Goguryeo* and this is even recorded in the Chinese book, *Gudangseo* (구당서).
7. The last evidence I can tell you is the diplomatic paper between *Balhae* and Japan.
8. There, Japan indicated the king of *Balhae* as the king of *Goguryeo*.
9. With these pieces of evidence, we can say *Balhae*'s history belongs to Korea.

1. 발해가 한국 역사에 속한다는 것에는 몇 가지 증거가 있습니다.
2. 일단 발해는 고구려의 후손들에 의해 건국되었습니다.
3. 그리고 고구려, 백제, 신라의 역사가 비슷하고, 발해 또한 그렇습니다.
4. 중국 사람들은 발해 주민의 대부분이 말갈인이라고 주장하는데 사실 지배 상류층은 고구려 사람이었습니다.
5. 고구려 사람들은 말갈인들을 지배하는 구조였다는 것입니다.
6. 발해는 대조영이라는 고구려 출신이 세웠고 이것은 중국 서적 구당서에도 기록되어 있습니다.
7. 마지막 증거로 할 수 있는 것은 발해와 일본 간의 외교 문서입니다.
8. 그 문서에 일본은 발해의 왕을 고구려의 왕이라고 기록해 두었습니다.
9. 이러한 증거들은 발해가 우리의 역사라는 사실을 보여줍니다.

관광영어 용어정리

descendant 후손　　dominate 지배하다, 지배적인

작문 연습

1. 발해는 대조영이라는 고구려 출신이 세웠고 이것은 중국 서적 구서당에도 기록되어 있습니다.

2. 중국 사람들은 발해 주민의 대부분이 말갈인이라고 주장하는데 사실 지배 상류층은 고구려 사람이었습니다.

3. 이러한 증거들은 발해가 우리의 역사라는 사실을 보여줍니다.

나의 면접 답변 flow 키워드

Question 05

세종대왕의 업적은 무엇입니까?
What are the achievements of The Great King, Sejong?

1. We can see the statue of King Sejong in *Gwanghwamun* (광화문) square in Seoul.
2. He was the fourth king of the Joseon Dynasty and ruled from 1418 to 1450.
3. He achieved many great things during his reign, such as conquering Tsushima Island, defeating Japanese raiders, and developing the nation's scientific technology.
4. But what he is most famous for is the creation of the Korean alphabet, *Hangeul* (한글), so that everyone in the country could learn to read, rather than struggling with Chinese characters.
5. Chinese characters, called *Hanja* (한자) in Korea, were so difficult and time-consuming to learn that reading was a privilege of the upper class.
6. Thanks to King Sejong's foresight and consideration for all of society, we now have our own easy and simple alphabet.
7. King Sejong is therefore highly respected and honored as one of the greatest kings by all Koreans which is why we call him, Sejong the Great.

1. 서울의 광화문 광장에 가면 세종대왕의 동상을 볼 수 있습니다.
2. 1418년부터 1450년까지 조선을 통치했던 4번째 왕입니다.
3. 세종대왕은 일본의 쓰시마 섬 정벌, 과학 기술의 발전을 이룩해서 많은 성과를 내시기도 했습니다.
4. 가장 위대한 업적은 한글을 발명하셔서 모든 백성들이 어려운 한자 대신 한글의 알파벳을 익혀서 쓸 수 있게 퍼뜨리신 것입니다.
5. 한자가 그 당시에는 너무 어려워서 높은 계급의 양반들만 배우고 익힐 수 있는 특권 같은 느낌이 있었습니다.
6. 이런 위대한 업적들 덕분에 우리 민족은 지금도 쉽고 편한 한글을 사용할 수 있습니다.
7. 세종의 업적은 많은 이들에게 존경 받고 있고, 그래서 우리가 세종대왕 이라고 호칭합니다.

관광영어 용어정리

defeat 패배시키다, 물리치다
foresight 예지력, 예견
privilege 특전, 특혜
time-consuming 시간이 걸리는, 시간 소모가 큰
conquer 정복하다

작문 연습

1. 세종대왕은 일본의 쓰시마 섬 정벌, 과학 기술의 발전을 이룩해서 많은 성과를 내시기도 했습니다.

2. 한자가 그 당시에는 너무 어려워서 높은 계급의 양반들만 배우고 익힐 수 있는 특권 같은 느낌이 있었습니다.

3. 이런 위대한 업적들 덕분에 우리 민족은 지금도 쉽고 편한 한글을 사용할 수 있습니다.

나의 면접 답변 flow 키워드

Question 06

이순신 장군의 업적은 무엇입니까?
What are the achievements of Admiral Yi Sun-sin?

1. Admiral *Yi Sun-sin* (이순신), is very famous for the war named '*Imjinwaeran*' (임진왜란) which was an attack by Japan in 1592.
2. It was a severely difficult to defeat the enemy, but his wise tactic, strategy, and insight led them to victory.
3. He built turtle ships that had more power compared to Japanese ships.
4. *Yi Sun-sin* was the Korean naval commander who is on the back of the 100 won coin.
5. He is famous for his great victories against the Japanese navy during the *Imjin war* time in the Joseon Dynasty.
6. Lots of movies and documentaries were filmed to commemorate his achievements.
7. He is well-respected up until now by Koreans especially because of his military achievement at the battle of *Myeongnyang* (명량).
8. He only had 13 warships but managed to defeat 133 Japanese warships.
9. Throughout many series of battles, he left inspiring quotes to encourage his soldiers, "Your Highness, I still have twelve battleships", "We are at the height of battle. Don't let anybody know about my death."
10. He died at the Battle of *Noryang* (노량) in 1598, fatally wounded by a bullet from Japan's army.
11. The last words he left was "Don't let the enemies know my death".
12. He didn't want his soldiers to be dispirited.

1. 이순신 장군은 임진왜란이란 전쟁으로 굉장히 유명하며 이 전쟁은 1592년에 일본이 쳐들어온 전쟁입니다
2. 그 때 적을 물리치기엔 상당히 어려운 상황이었는데, 이순신 장군의 지혜로운 혜안, 전술 전략이 전쟁을 성공으로 이끌었습니다.
3. 그는 그 당시 일본 배들과 비교해서 훨씬 강한 거북선을 제작했습니다.

4. 이순신은 현재 우리나라 동전 100원 뒷면에도 있는 해군 사령관이었습니다.
5. 조선시대에 일어난 임진왜란 때, 일본 해군을 무찌르고 큰 승리로 이끈 것으로 유명합니다.
6. 많은 영화와 다큐멘터리가 그의 업적을 기리기 위해 제작되었습니다.
7. 특히 명량해전 때의 업적 덕분에 지금까지도 우리들에게 많은 존경을 받고 있는 장군입니다.
8. 그 당시 일본 배 133척을 물리쳐야 하는 상황에서 오직 13척의 배로 적을 물리쳤습니다.
9. 계속되는 해전에 "전하, 신에게는 아직 열두 척의 배가 남아 있사옵니다", "지금 싸움이 절정에 이르렀다. 내가 죽었다는 말을 하지 말라" 등의 군사들의 사기를 높이기 위한 여러 어록들을 남겼습니다.
10. 그는 1598년 노량해전에서 일본군의 총알에 맞아 숨졌습니다.
11. 죽기 전 그는 한 마디를 남겼는데 "나의 죽음을 적에게 알리지 마라" 입니다.
12. 군사들의 기가 꺾이질 않길 바랬던 것입니다.

관광영어 용어정리

wound 상처, 부상
dispirit 기를 꺾다, 기력을 없애다
warship 전함, 군함
commemorate 기념하다
tactic 전략, 전술
naval commander 해군 지휘관

작문 연습

1. 조선시대에 일어난 임진왜란 때, 일본 해군을 무찌르고 큰 승리로 이끈 것으로 유명합니다.

2. 그 때 적을 물리치기엔 상당히 어려운 상황이었는데, 이순신 장군의 지혜로운 혜안, 전술 전략이 전쟁을 성공으로 이끌었습니다.

3. 그는 1598년 노량해전에서 일본군의 총알에 맞아 숨졌습니다.

나의 면접 답변 flow 키워드

Question 07

조선이 어떻게 멸망하게 되었습니까?
How did the Joseon dynasty collapse?

1. The Joseon Dynasty lasted for 500 years which is quite long.
2. Joseon collapsed when Japan finally annexed Korea in 1910.
3. Korea became a protectorate of Japan.
4. In late period of the Joseon Dynasty, lots of Koreans hated other foreign countries having influence over their country.
5. At that time, Korea supported the closed-door policy.
6. Among them, Japan wanted to use Korean territory as a route to go over and conquer the Asian continent.
7. Japan fought with Russia and China and made a forced, unfair treaty with *Gojong* (고종), the 26th king of the Joseon Dynasty.
8. Japanese occupation went on for 35 years.

1. 조선왕조는 500년 넘게 꽤 오랜 시간 지속되었습니다.
2. 일본이 마침내 한일 합방을 1910년에 했을 때, 조선도 멸망했습니다.
3. 한국은 일본의 보호국 즉 식민국이 되었습니다.
4. 조선 후기에는 많은 한국인들이 외국의 나라들의 영향을 받는 것을 꺼려했습니다.
5. 그 당시에 우리는 쇄국정책을 고수했습니다.
6. 그 나라들 중, 일본은 우리나라를 통해 아시아 대륙을 정벌하기를 원했습니다.
7. 일본은 러시아, 중국과 싸워 이기고 조선의 26대 왕 고종과 불평등 조약을 맺었습니다.
8. 그리고 35년의 일본 식민지 시대가 시작되었습니다.

관광영어 용어정리

annex 합병하다
closed–door policy 쇄국 정책
occupation 점령
continent 대륙
protectorate (피)보호국

작문 연습

1. 조선 후기에는 많은 한국인들이 외국의 나라들의 영향을 받는 것을 꺼려했습니다.

2. 그 나라들 중, 일본은 우리나라를 통해 아시아 대륙을 정벌하기를 원했습니다.

3. 일본은 러시아, 중국과 싸워 이기고 조선의 26대 왕 고종과 불평등 조약을 맺었습니다.

나의 면접 답변 flow 키워드

Question 08

일제강점기 시대를 설명하십시오.
Could you describe the Japanese colonization era?

1. In 1895, the *Empress Myeongseong* (명성황후) was assassinated by the Japanese since she planned to stand up against Japan with the help of Russia at that time.
2. *Geoncheonggung* (건천궁) in *Gyeongbokgung* (경복궁) is where the *Eulmi incident* (을미사변) happened.
3. When this happened, we didn't have national power.
4. We were gradually being colonized by Japan.
5. So, in 1910, Japan annexed Korea with the treaty that Japan was in control of Korea's sovereignty.
6. The Japanese took over most of Korea's land.
7. They destroyed lots of buildings and changed its name into Japanese style names.
8. They changed and took over all media, social policies, education, language, and all living systems into their own since they wanted to brainwash Koreans into thinking like the Japanese.
9. Countless people who took action for keeping Korea's sovereignty were arrested, tortured, and eventually killed.
10. In the 1940's, the Japanese started the conscription of Koreans to join the Imperial Japanese Army.
11. Along with male soldiers, sex slavery for the Japanese army increased a lot.
12. On the 15th of August, 1945, after the atomic bomb was dropped on *Hiroshima* (히로시마) and *Nagasaki* (나가사키), Japan surrendered to the Allied forces, which ended 35 years of Japanese colonization.
13. We call that day "Independence Day" and it is now an official national holiday.

1. 1895년, 명성황후가 일본군에 살해되었는데, 러시아의 도움을 받아 일본군에 맞서려고 했던 것 때문입니다.
2. 경복궁에 있는 건청궁이 이 사건이 일어난 곳인데, 이 사건을 '을미사변' 이라고 합니다.

3. 이 일이 일어났을 때, 우리는 국력이 없었습니다.
4. 그 당시 우리는 서서히 일본에게 식민지화되고 있었습니다.
5. 그리고 1910년, 일본이 한국의 통치권을 맡게 된다는 조약을 맺고 한일 합병을 하게 되었습니다.
6. 일본은 한국의 토지를 빼앗아갔습니다.
7. 그 당시 많은 건물들이 무너지고 이름이 일본식으로 바뀌었습니다.
8. 미디어, 사회, 교육 시스템, 언어 등의 존재하는 체제들을 다 일본식으로 바꾸었는데 한국인들을 일본인과 같다고 생각하게 세뇌시켜 지배하려는 계획이었습니다.
9. 주권 회복을 위해 저항했던 셀 수 없이 많은 사람들이 체포되고 잔인하게 고문받고, 죽어나갔습니다.
10. 1940년대 들어섰을 때, 일본제국의 군대에 파병하기 위해 한국인 징병을 시작했습니다.
11. 남자 군인뿐만 아니라, 일본인을 위한 성노예 수도 많이 증가했습니다.
12. 1945년 8월 15일, 일본의 히로시마와 나가사키에 핵폭탄이 떨어지고 일본은 동맹군에 항복하게 됩니다.
13. 그날은 우리에겐 독립의 날이며, 현재 국가 공식 공휴일로 지정되어 있습니다.

관광영어 용어정리

arrest 체포하다
torture 고문
conscription 징병
Imperial 제국의
Japanese Army 일본군
atomic bomb 원자폭탄
surrender 항복하다

작문 연습

1. 그리고 1910년, 일본이 한국의 통치권을 맡게 된다는 조약을 맺고 한일 합병을 하게 되었습니다.

____

____

2. 주권 회복을 위해 저항했던 셀 수 없이 많은 사람들이 체포되고 잔인하게 고문 받고, 죽어나갔습니다.

____

____

3. 1945년 8월 15일, 일본의 히로시마와 나가사키에 핵폭탄이 떨어지고 일본은 동맹군에 항복하게 됩니다.

____

____

나의 면접 답변 flow 키워드

Chapter 02

민족과 문화

이 단원의 질문들

01 서울에 있는 전통시장에 대해서 말해보십시오.
Tell me about any traditional market in Seoul.

02 가야금과 거문고의 차이점은 무엇입니까?
What are the differences between Gayageum and Geomungo?

03 설 풍속 : 설빔, 차례, 세배와 덕담에 대해서 설명하십시오.
What do Korean's do during Seollal? Can you explain Seolbim, Charae, Saebae, and Deokdam?

04 온돌에 대해서 설명하십시오.
Could you explain Ondol?

05 서원에 대해서 설명하십시오.
Could you explain Seowon?

06 한복에 대해서 설명하십시오.
Please explain the Hanbok.

07 한옥에 대해서 설명하십시오.
Tell us about Hanok.

08 추석에 대해서 설명하고 벌초, 차례, 강강술래에 대해 설명하십시오.
What do Koreans do during Chuseok national holiday? Can you explain Beolcho, Charae, and Ganggangsulrae?

09 코리아 그랜드 세일에 대해 설명해보십시오.
Explain Korea's grand sale.

10 한국의 전통 혼례에 대해 말해보십시오.
Tell me about traditional Korean weddings.

11 장승에 대해 말해보십시오.
Tell me about Jangseung.

12 왕릉과 홍살문에 대해서 말해보십시오.
Tell me about the royal tombs and the red gate with a spiked top.

13 해상 국립 공원에 대해서 말해보십시오.
Tell us about the Korean marine and coastal national park.

14 태극기를 설명해보십시오.
Explain the Korean national flag, Taegeukgi.

15 우리나라의 국화인 무궁화에 얽힌 역사를 아십니까?
Do you know the history of the Rose of Sharon, or MugungHwa, the Korean national flower?

16 한국의 가면극인 탈춤에 대해서 말해보십시오.
Tell us about Talchum, the Korean mask dance.

17 고려청자와 조선백자의 차이점은 무엇입니까?
What are the differences between Goryeo celadon and Joseon porcelain?

18 한국의 지폐에 있는 인물을 소개해보십시오.
There are four bills in Korea. Describe all the people on the Korean bills.

Question 01

서울에 있는 전통시장에 대해서 말해보십시오.
Tell me about any traditional market in Seoul.

1. Public markets are one of the best places to really get to know how the locals live.
2. They offer travelers exotic sights, smells, and sounds and I would like to introduce you to three famous traditional markets you can visit in Seoul:
3. *Gwangjang traditional market* (광장시장), *Tongin market* (통인시장), and *Dongmyo flea market* (동묘 벼룩시장).
4. First is Gwangjang Market and there is a lot of great food and many things to buy.
5. The entrance to this market is an alley you can see as soon as you exit *Jongno 5-ga* (종로5가) Station.
6. The market is packed with snack stalls which are called *pojangmacha* (포장마차).
7. They sell delicious snacks, such as red bean soup, pig feet, blood sausage, and raw beef.
8. Trust me, they taste much better than they sound, so just grab a chair and sit once you find the stall you would like to try.
9. This market is famous for *bindaeddeok* (빈대떡) which is a kind of pancake made with mung beans.
10. It is especially popular in the winter or on a rainy day.
11. The pancakes go well with *makgolli* (막걸리), a Korean rice wine.
12. And *'drug' gimbap* (마약 김밥) is also popular here.
13. Compared to regular gimbap, it is much smaller and the taste is so delicious that people easily become addicted.
14. That's why it is called 'drug' gimbap.
15. You can also see many shops that sell various vintage items.

16. They are very cheap, and they don't look half-bad either.

17. *Tongin Market*: This traditional market has been around for more than 100 years.

18. It takes around 15 minutes on foot from *Gyeongbokgung*.
경복궁

19. This market is widely known for its dosirak cafe.

20. *Dosirak* means lunch box in Korean.
도시락

21. First, you buy traditional coins called *yeopjeon*.
엽전

22. Each coin is worth 500 won.

23. When you use these coins, you can buy ready prepared lunch boxes or you can make one yourself.

24. You can also buy vegetables to make Korean pancakes and other various side dishes with the coins.

25. Also, Tongin market is famous for *oil ddeokbokki*.
기름 떡볶이

26. It's a little bit different from other ddeokbokki but it is still very popular.

27. If you are curious, why don't you give it a try?

28. Dongmyo Flea Market : This flea market is known as the first flea market in Korea.

29. The area is full of all kinds of interesting shops both indoors and on the street.

30. You can easily spend an entire day here because there are so many different things to buy, such as Korean folk items, souvenirs, traditional foods, and simple everyday goods that Koreans use.

31. They also have watches, electronic goods, artwork, comic books, LP records, and so on. You can easily find many good bargains.

1. 그 지역의 시장들은 다른 나라를 여행할 때 실제로 전통을 느낄 수 있는 최고의 관광지 중 하나입니다.
2. 이국적인 풍경, 소리, 냄새까지 여행자들에게 선사하는 곳이기에, 서울에 있는 세 가지 전통시장을 소개해 보려고 합니다.
3. 광장시장, 통인시장, 동묘 벼룩시장입니다
4. 우선 광장시장부터 말하자면, 그곳은 맛있는 음식들과 살 것들이 많은 곳입니다.
5. 들어가는 입구는 종로 5가 역에서 내리면 바로 골목이 나옵니다.
6. 시장은 작은 포장마차들로 빽빽하게 차 있습니다.
7. 시장에서는 팥죽, 족발, 순대, 육회 등과 같은 맛있는 음식들을 팝니다.
8. 들리는 것보다 직접 먹어보면 훨씬 더 맛있을 것이니깐, 끌리는 곳 아무 곳이나 들어가서 의자에 앉으면 됩니다.
9. 이 시장은 빈대떡으로 유명한데, 이는 녹두로 만든 한국식 팬케익 입니다.
10. 특히 겨울이나 비 오는 날에 사람들이 찾는 음식입니다.
11. 한국의 쌀와인 이라고 할 수 있는 막걸리랑 정말 잘 어울립니다.
12. 그리고 마약 김밥도 엄청 유명합니다.
13. 일반 김밥과 비교했을 때, 사이즈가 훨씬 작고 맛이 중독성 있습니다.
14. 그래서 마약 김밥이라고 불립니다.
15. 다양한 빈티지 아이템들을 파는 가게들도 많습니다.
16. 굉장히 싸고 품질도 나쁘지 않은 것들이 많습니다.
17. 통인시장은 100년이 넘은 전통시장입니다.
18. 경복궁 역에서 걸어서 15분이면 가는 곳입니다.
19. 이 시장은 도시락 카페로 유명합니다.
20. 식사 박스를 한국말로 도시락이라고 합니다.
21. 엽전이라는 전통 동전을 일단 삽니다.
22. 엽전 하나에 500원입니다.
23. 이 동전을 사용해서 거기에서 파는 음식들과 교환할 수 있고, 도시락에 담을 수가 있습니다.
24. 한국의 팬케익인 전을 만들 때는 내가 원하는 야채를 추가할 수도 있고, 내가 원하는 반찬도 다 엽전으로 교환 가능합니다.
25. 그리고 통인시장은 기름 떡볶이로 유명합니다.
26. 일반 떡볶이랑은 좀 다른 스타일이지만, 여전히 매우 인기 있습니다.
27. 궁금하시면, 도전해 보는 것 어떨까요?
28. 동묘 벼룩시장 : 이 시장은 한국의 최초 벼룩시장으로 유명합니다.
29. 이 지역은 재밌는 가게들이 안과 밖에 즐비해 있습니다.
30. 이곳에는 정통적인 물건들, 기념품, 전통 먹거리, 그리고 한국인들이 사용하는 생필품과 같은 매우 다양한 물건들이 있기 때문에, 어렵지 않게 여기서 하루를 보낼 수 있을 겁니다.
31. 시계, 전자제품, 예술품, 만화책, LP판 등도 있습니다. 그리고 할인품목들도 쉽게 많이 찾을 수 있습니다.

관광영어 용어정리

exotic 외국의, 이국적인
get addicted to ~에 중독되다
bargain 세일 품목들, 싸게 사는 물건들
snack stalls 포장마차, 노점상
on foot 걸어서, 도보로
be packed with 미어터지다, 붐비다, 북적거리다
half-bad 꽤 괜찮은, 꽤 좋은, 나쁘지 않은
flea market 벼룩시장
vintage items 구형 제품

작문 연습

1. 이 동전을 사용해서 거기에서 파는 음식들과 교환할 수 있고, 도시락에 담을 수가 있습니다.

2. 이곳에는 정통적인 물건들, 기념품, 전통 먹거리, 그리고 한국인들이 사용하는 생필품과 같은 매우 다양한 물건들이 있기 때문에, 어렵지 않게 여기서 하루를 보낼 수 있을 겁니다.

3. 일반 김밥과 비교했을 때, 사이즈가 훨씬 작고 맛이 중독성 있습니다.

나의 면접 답변 flow 키워드

Question 02

가야금과 거문고의 차이점은 무엇입니까?
What are the differences between Gayageum and Geomungo?

1. Both the *gayageum* (가야금) and the *geomungo* (거문고) are traditional Korean musical instruments.
2. I will tell you the differences between them.
3. The *gayageum* has 12 strings on a sounding board while the *geomungo* has six strings on a resonator.
4. You need to pluck the strings with your fingers on the board when you play the *gayageum*.
5. However, you use a short bamboo rod to pluck the *geomungo* with your right hand.
6. The *gayageum* has a high pitch sound.
7. But the *geomungo* has a deep, low pitch sound.
8. The *geomungo* is usually played for folk music and the *gayageum* for sanjo, which is a free style solo performance.
9. Both instruments were played mainly at the king's palaces.

1. 가야금과 거문고 모두 한국의 전통 악기입니다.
2. 이 두 가지 악기의 차이점에 대해 알려드리겠습니다.
3. 가야금은 공명판에 12개의 줄이 있는 반면 거문고는 공명기에 6개의 줄이 있습니다.
4. 가야금을 연주할 때는 손가락으로 줄을 튕겨야 합니다.
5. 하지만, 거문고를 연주할 때는 오른손에 작은 대나무 작대기를 들고 연주합니다.
6. 가야금은 높은 음을 냅니다.
7. 반면 거문고는 깊고 남성적인 깊은 저음을 냅니다.
8. 거문고는 보통 민속 음악에 쓰이고, 가야금은 자유곡인 산조를 연주할 때 씁니다.
9. 두 악기 모두 예전에 궁중 음악을 연주할 때 쓰였다고 합니다.

관광영어 용어정리

masculine 남자 같은, 남성의
sounding board (악기의) 공명판
pluck 퉁기다, 잡아당기다(기타를 퉁기다 pluck the guitar)
resonator 공명기
bamboo rod 대나무 대

작문 연습

1. 가야금은 공명판에 12개의 줄이 있는 반면 거문고는 공명기에 6개의 줄이 있습니다.

2. 가야금을 연주할 때는 손가락으로 줄을 튕겨야 합니다.

3. 거문고는 보통 민속 음악에 쓰이고, 가야금은 자유곡인 산조를 연주할 때 씁니다.

나의 면접 답변 flow 키워드

Question 03

설 풍속 : 설빔, 차례, 세배와 덕담에 대해 설명하십시오.
What do Korean's do during Seollal? Can you explain Seolbim, Charae, Saebae, and Deokdam?

1. *Seollal* (설날) is one of the biggest national holidays in Korea.
2. It is New Year's Day based on the Lunar calendar.
3. So, we say "Happy Lunar New Year!" when greeting others during *Seollal*.
4. It is usually in January or February.
5. Family members gather together to perform a special ceremony for their ancestors at home, visit their ancestors' graves, play folk games, and eat traditional food.
6. Traditionally, Koreans wear traditional clothing called *hanbok* (한복) during *Seollal*, and these particular hanbok are called *seolbim* (설빔).
7. But these days, people don't wear *seolbim* as much as they used to.
8. The word *seolbim* means 'new clothes' and are hoped to bring good luck and a fresh start for the year.
9. While wearing the *seolbim*, Koreans perform a ceremony for their ancestors in the morning and pray for their family's well-being throughout the year.
10. The ceremony is called charae and we put fruits, traditional pancakes called *Jeon* (전), beef, rice cakes, and other offerings depending on the local customs while bowing to our deceased ancestors.
11. Also, younger members of the family bow to their elders and show respect, this is called saebae.
12. Then, the elders deliver a blessing, and offer loving messages to their kids in a ritual called *deokdam* (덕담).
13. And the grandchildren are given money which is called *sebaedon* (세뱃돈).
14. This is the typical family routine during *Seollal*.

1. 설날은 한국의 가장 큰 명절 중 하나입니다.
2. 말 그대로 음력설에 의한 새해의 날입니다.
3. 그래서 설날 동안 우리는 "새해 복 많이 받으십시오!" 라고 인사합니다.
4. 보통 설날은 1월이나 2월 중입니다.
5. 가족들이 모여서 조상님들께 제사를 지내고, 산소를 방문하고, 전통 게임을 하고, 전통 음식을 먹습니다.
6. 전통적으로 우리는 설날에 한국의 전통 의복인 한복을 입는데, 이 한복을 설빔이라고 부릅니다.
7. 요즘은 예전처럼 사람들이 설빔을 많이 입지는 않습니다.
8. 설빔은 새 옷이라는 의미를 가지고 옛 나쁜 일들은 물리치고 새로운 복이 오길 바라는 희망이 담겨 있습니다.
9. 설빔을 입고 조상님들께 올 한해 가족의 안녕과 건강을 비는 의식을 아침에 지냅니다.
10. 이 의식은 차례라고 부르고, 우리는 차례 지낼 때 지역 관습에 맞게 상에다가 과일, 전, 소고기, 떡 등을 올리고 돌아가신 조상님에게 절을 합니다.
11. 또한, 집안의 어린이들은 어른들께 공경을 표하는 절을 하는데, 이는 세배라고 합니다.
12. 그리고 어른들은 축복과 사랑을 담은 덕담을 전달합니다.
13. 손자, 손녀들은 세뱃돈이라고 불리는 용돈도 받습니다.
14. 이게 설날의 전통적인 일상 풍경입니다.

관광영어 용어정리

throughout the year 일 년 내내
deceased ancestors 돌아가신 조상들
bow (허리를 굽혀) 절하다, 머리를 숙이다, 인사하다
show respect ~에 경의를 표하다, ~를 존중하다
ritual 의례, 의식 절차

작문 연습

1. 설빔은 새 옷이라는 의미를 가지고 옛 나쁜 일들은 물리치고 새로운 복이 오길 바라는 희망이 담겨 있습니다.

____

____

2. 설빔을 입고 조상님들께 올 한해 가족의 안녕과 건강을 비는 의식을 아침에 지냅니다.

____

____

3. 이 의식은 차례라고 부르고, 우리는 차례 지낼 때 지역 관습에 맞게 상에다가 과일, 전, 소고기, 떡 등을 올리고 돌아가신 조상님에게 절을 합니다.

____

____

Question 04

온돌에 대해서 설명하십시오.
Could you explain Ondol?

1. *Ondol* is a traditional Korean floor heating system.
온돌
2. Many hotel rooms in Korea are designed with a modern version of the heating system and most houses have it, too.
3. Koreans are accustomed to lying and sitting on the floor when they sleep, work, eat, and talk using a low table while western countries use a chair and raised tables.
4. These days, many people sleep on a bed and work at a raised table but the *ondol* culture is still deeply rooted in Korean life style.
5. *Ondol* keeps the room temperature warm for longer and it heats the whole room evenly.
6. The picture below is an illustration of the traditional *ondol* system.
7. To briefly explain the system, there's a stove called *agungi*.
아궁이
8. Charcoal is burnt in the stove to create heat which flows under the floor to the chimney.
9. The black pot above the fire is a traditional rice cooker, so the fire also cooks the family's rice.
10. The heated floor is covered by stones, clay, and oil paper and is an impervious layer blocking the smoke and ash but transferring the heat into the room.
11. Korea's unique *ondol* culture is very interesting to foreigners who use rugs and carpets with radiators in their house.

1. 온돌은 한국의 전통 난방 시스템인데 직접적으로 열을 전달하는 구조입니다.
2. 한국의 많은 호텔 룸들은 현대판 온돌 시스템들로 고안되어 있고, 일반 가정집들도 그렇습니다.
3. 한국인들은 자고, 일하고, 먹고, 수다 떨고 할 때 작은 테이블을 놓고 방바닥에 앉는 것이 익숙하지만, 서양에서는 높은 테이블과 의자를 사용합니다.
4. 요즘은 많은 사람들이 침대에서 자고, 높은 테이블에서 일하고 하지만, 온돌 문화는 여전히 한국인의 생활 방식에 깊이 뿌리 박혀 있습니다.

5. 온돌은 방 온도를 더 장시간 따뜻하게 지속시켜 주고, 방 전체를 골고루 데워주는 기능을 합니다.
6. 아래 사진은 전통 온돌 방식의 그림입니다.
7. 간단하게 온돌 시스템을 설명하자면, 아궁이라고 불리는 스토브가 있습니다.
8. 스토브 안에 숯이 타면서 열을 만들고, 바닥 밑으로 흐르면서 지붕까지 갑니다.
9. 아궁이, 즉 까만 냄비는 한국의 전통 밥솥인데, 방도 데우고 밥도 하는 역할을 했습니다.
10. 데워진 방바닥은 돌, 흙, 기름 종이로 덥혀 있고, 불침투성 재질이라서 연기와 재가 바닥에서 올라오지 않습니다.
11. 온돌 문화는 난방기로 러그, 카페트, 복사 난방기를 사용하는 외국인들에게는 엄청 흥미롭게 보일 것입니다.

관광영어 용어정리

chimney 굴뚝
raised table 높은 식탁
transfer (장소를) 옮기다, 이동하다, 이전하다
Charcoal 숯, 목탄
underfloor 바닥 아래에 설치하는
impervious layer 물이 침투하지 않는 층, 불투수층
be accustomed to ~에 익숙하다
radiant heaters 복사 난방기

작문 연습

1. 한국인들은 자고, 일하고, 먹고, 수다 떨고 할 때 작은 테이블을 놓고 방바닥에 앉는 것이 익숙하지만, 서양에서는 높은 테이블과 의자를 사용합니다.

2. 데워진 방바닥은 돌, 흙, 기름 종이로 덥혀 있고, 불침투성 재질이라서 연기와 재가 바닥에서 올라오지 않습니다.

3. 온돌 문화는 난방기로 러그, 카페트, 복사 난방기를 사용하는 외국인들에게는 엄청 흥미롭게 보일 것입니다.

나의 면접 답변 flow 키워드

Question 05

서원에 대해서 설명하십시오.
Can you explain Seowon?

1. *Seowon* (서원) were private educational institutions in Korea during the Joseon Dynasty.
2. Private academies now are perhaps the modern version of these.
3. *Seowon* played an important role as both a school and a Confucian shrine.
4. Many students at *seowon* were upper class aristocrats called *yangban* (양반).
5. They prepared for government exams to become civil servants or military officers.
6. Joseon was dedicated to Confucianism and the seowon educated their students about this philosophy.

1. 서원은 조선시대 사설 교육 기관이었습니다.
2. 사설 학원이 현대 버전의 서원이라고 할 수 있습니다.
3. 서원은 학교와 유교 기관 두 가지의 역할을 모두 했습니다.
4. 서원에 다니는 많은 학생들은 고위층 귀족 양반 계층이었습니다.
5. 공무원 시험, 육군 장교 등을 준비하던 학생들이었습니다.
6. 조선은 유교의 이념을 추구했기에, 서원은 이 이념 교육을 학생들에게 교육하는 것을 담당했습니다.

관광영어 용어정리

Confucian shrine 유교 사당
dedicated 헌신적인, 전념하는
Confucianism 유교
servant 하인, 종
aristocrat 귀족

작문 연습

1. 서원은 학교와 유교 기관 두 가지의 역할을 모두 했습니다.

2. 공무원 시험, 육군 장교 등을 준비하던 학생들이었습니다.

3. 조선은 유교의 이념을 추구했기에, 서원은 이 이념 교육을 학생들에게 교육하는 것을 담당했습니다.

나의 면접 답변 flow 키워드

Question 06

한복에 대해서 설명하십시오.
Please explain the Hanbok.

1. *Hanbok*(한복) is a traditional clothing in Korea.
2. Nowadays, many Koreans still wear it on national holidays such as *Chuseok*(추석) and *Seollal*(설날).
3. In the past, Koreans used to wear it for family gatherings but now they wear normal clothes.
4. *Hanbok* is very beautiful and uses vibrant colorful designs with simple lines.
5. Traditional women's *hanbok* consists of a shirt, *jeogori*(저고리), round skirt, and *chima*(치마). It is called *chima jeogori*(치마 저고리).
6. The men's *hanbok* consists of a *jeogori* and *baji*(바지). The *baji* are the pants.
7. These days, people wear *hanbok* during special holidays or occasions, such as when children celebrate their first birthday and weddings.
8. Over time, *hanbok* became a ritual dress rather than a daily custom but it is still loved by Koreans and is very popular among foreigners.
9. There are lots of tour locations that offer *hanbok* wearing experiences.
10. If you wear a *hanbok*, you get free admission to the palaces.

> 1. 한복은 한국의 전통 의복입니다.
> 2. 우리는 추석, 설날 같은 국가 명절에 한복을 입습니다.
> 3. 과거에는 가족이 모일 때 입곤 했었는데, 요즘은 평상복을 거의 입습니다.
> 4. 한복은 화려한 색과 디자인 그리고 심플한 선이 어우러진 아름다운 옷입니다.
> 5. 여자 전통 한복은 저고리, 치마가 한 세트고 남자는 저고리 바지가 한 세트입니다.
> 6. 남자의 한복은 저고리와 바지로 이루어져 있습니다.
> 7. 요즘은, 사람들이 돌잔치나 결혼식과 같은 특별한 날이나 행사 때 한복을 입습니다.
> 8. 시간이 흐르면서, 한복은 평상복 보다는 의례 복식이 되었지만, 여전히 인기가 많습니다.
> 9. 외국인들을 위한 한복 입기를 체험할 수 있는 관광 장소들이 많습니다.
> 10. 그리고 한복을 입으면, 서울 궁들 입장이 무료라는 사실도 기억하십시오.

관광영어 용어정리

vibrant 활기찬, 생기가 넘치는
consists of ~로 구성되다
custom 관습, 풍습

작문 연습

1. 시간이 흐르면서, 한복은 평상복 보다는 의례 복식이 되었지만, 여전히 인기가 많습니다.

2. 여자 전통 한복은 저고리, 치마가 한 세트고 남자는 저고리 바지가 한 세트입니다.

3. 우리는 추석, 설날 같은 국가 명절에 한복을 입습니다.

나의 면접 답변 flow 키워드

Question 07

한옥에 대해서 설명하십시오.
Tell us about Hanok.

1. *Hanok* 한옥 is the Korean word for traditional Korean houses.
2. Ideal *hanok* homes were meant to be built with a mountain behind and a river flowing in front based on a Geomantic principle called *baesanimsu* 배산임수.
3. The style of *hanok* differs between regions.
4. There is normally a main room with special flooring called *daecheong* 대청 which keeps the house cool during summer.
5. There is an ondol system installed to keep the house warm in winter.
6. Thanks to the combination of *daecheong* and *ondol*, *hanok* can be great places to live all year round.
7. The interior walls of *hanok* are covered with *hanji* 한지, which is a traditional Korean paper handmade from mulberry trees.
8. *Hanji* controls humidity and keeps the heat circulating within the room.
9. The structure and design of *hanok* is distinctively beautiful and the old but effective temperature control system is unique to Korea.
10. To experience staying in a hanok, there are tour programs which are becoming more and more popular.
11. Popular Hanok villages are *Bukchon* 북촌 and *Namsangol* 남산골 in Seoul, and Jeonju Hanok Village in *Jeonju* 전주.
12. You can reserve accommodations online.

1. 한옥은 한국의 전통 집입니다.
2. 완벽한 한옥은 뒤에 산이 있고 앞에 강이 흐르는 곳에 지어지는 것인데 이 원리를 배산임수라고 합니다.
3. 한옥의 스타일은 지역마다 다릅니다.
4. 보통은 대청이라고 불리는 거실이 있는데 여름을 시원하게 날 수 있게 해줍니다.
5. 그리고 집을 따뜻하게 하기 위해 온돌 시스템도 설치가 되어 있습니다.
6. 대청과 온돌 덕분에, 한옥은 1년 내내 편안히 살 수 있는 공간이 될 수 있습니다.

7. 한옥의 내부는 한지로 발라져 있는데, 이는 뽕나무로 수작업해서 만든 한국의 전통 종이입니다.
8. 한지는 습도를 조절하고 열이 안에서 순환하도록 도와주는 역할을 합니다.
9. 한옥의 구조와 디자인은 세계 어느 다른 건축물보다 뛰어나게 아름답고 유서 깊으며, 온도 조절 체계도 매우 유일합니다.
10. 한옥을 경험해보고 싶다면, 요즘은 한옥 스테이 투어 프로그램이 인기가 많습니다.
11. 서울에선 북촌, 남산골 한옥마을을 추천하고, 전주에 있는 전주한옥마을도 추천합니다.
12. 한옥 스테이는 온라인으로 예약할 수 있습니다.

관광영어 용어정리

Geomantic principle 풍수지리설
install 설치하다
mulberry trees 오디나무
humidity 습도
circulating 순환하는, 순회하는

작문 연습

1. 완벽한 한옥은 뒤에 산이 있고 앞에 강이 흐르는 곳에 지어지는 것인데 이 원리를 배산임수라고 합니다.

2. 한옥의 내부는 한지로 발라져 있는데, 이는 뽕나무로 수작업해서 만든 한국의 전통 종이입니다.

3. 한옥을 경험해보고 싶다면, 요즘은 한옥 스테이 투어 프로그램이 인기가 많습니다.

나의 면접 답변 flow 키워드

Question 08

추석에 대해서 설명하고 벌초, 차례, 강강술래에 대해 설명하십시오.
What do Koreans do during the Chuseok national holiday? Can you explain Beolcho, Charae, and Ganggangsulrae?

1. *Chuseok* is a Korean harvest festival similar to Thanksgiving.
   추석
2. It is one of the biggest national holidays in Korea.
3. Koreans go to their hometowns to be with their families.
4. They wear traditional clothes and perform a ritual ceremony for their ancestors called *charae*.
   차례
5. Koreans also visit their ancestors' graves and tidy up by cutting the grass in a ceremony called *beolcho*.
   벌초
6. As the festival occurs according to the Lunar calendar, people pray and wish to the full moon.
7. During *Chuseok*, Koreans have their own traditional group performance game called *ganggangsulrae*.
   강강술래
8. At night, under the full moon, women gather around and make a big circle singing, dancing, and playing in groups.
9. A traditional food eaten at *Chuseok* is called *songpyeon*.
   송편
10. They are rice cakes filled with sesame, beans, and chestnuts.
11. There's a saying that if a woman makes a pretty *songpyeon*, she will have a pretty daughter.

1. 추석은 한국의 추수감사절과 같습니다.
2. 한국의 가장 큰 국경일 중 하나입니다.
3. 사람들은 고향으로 내려가고 가족들은 다 같이 모입니다.
4. 전통 의복인 한복을 입고 조상들에게 의식을 치르는 데 이를 차례라고 합니다.
5. 또한, 우리는 조상의 무덤에 가서 잔디, 잡초를 깎는 일도 하는데, 이는 벌초라고 부릅니다.
6. 음력에 따라서 행사가 열리기 때문에 사람들은 보름달을 보면서 소원을 빕니다.
7. 추석에 우리는 다같이 하는 전통 놀이를 하기도 하는데, 바로 강강술래 입니다.
8. 밤에 보름달 아래에서 여자들이 모여 둥글게 원을 만들어서 노래하고, 춤추고, 함께 노는 것입니다.
9. 추석에 먹는 음식 중 하나는 송편입니다.

10. 깨, 콩, 그리고 밤으로 속을 만들어서 만든 떡입니다.
11. 예쁜 송편을 빚으면 예쁜 딸을 낳는다는 말도 있습니다.

관광영어 용어정리

harvest 수확기
tidy 잘 정돈된
grave 무덤, 묘
sesame 참깨

작문 연습

1. 전통 의복인 한복을 입고 조상들에게 의식을 치르는데 이를 차례라고 합니다.

2. 추석에 우리는 다 같이 하는 전통 놀이를 하기도 하는데, 바로 강강술래입니다.

3. 밤에 보름달 아래에서 여자들이 모여 둥글게 원을 만들어서 노래하고, 춤추고, 함께 노는 것입니다.

나의 면접 답변 flow 키워드

Question 09

코리아 그랜드 세일에 대해 설명해보십시오.
Explain Korea's grand sale.

1. Korea's Grand Sale is a big festival hosted by the Korean government.
2. Some people call it the Korea Sale Festa.
3. The festival is held for 33 days and it is similar to Black Friday in the United States.
4. In 2015, the Korean government named it "Korean Black Friday" but they changed it to Korea Grand Sale hoping to create the first global shopping tourism festival in Korea.
5. During the festival period, you can also experience *Hallyu* (한류) cultural events.
6. This festival offers special discounts for foreigners.
7. Foreigners can also get many discounts on transportation, air tickets, accommodations, beauty products, and entertainment.
8. Through this festival, the government hopes to promote Korean brands and products and encourage an increasing number of foreign visitors and tourists to come to Korea.

1. 코리아 그랜드 세일은 한국 정부가 주최하는 큰 행사입니다.
2. 어떤 사람들은 코리아 세일 페스타 라고 부르기도 합니다.
3. 이 축제는 33일 간 열리며, 미국의 블랙 프라이데이와도 유사합니다.
4. 2015년에 한국 정부가 "코리아 블랙 프라이데이"라고 이름을 지었는데, 코리아 그랜드 세일로 이름을 바꾸고 한국의 글로벌 쇼핑 관광 축제로 자리매김하길 기대하고 있습니다.
5. 축제 기간 동안, 한류 문화 이벤트도 체험할 수 있습니다.
6. 이 축제는 외국인들에게 특별 할인도 제공합니다.
7. 외국인들은 교통, 항공권, 숙박, 뷰티 제품, 오락 등의 것들에 특별 할인 혜택을 받을 수 있습니다.
8. 이 행사를 통해, 한국의 브랜드와 제품을 알리고 수익을 얻는 효과를 기대할 수 있고, 외국인 관광객이 더 늘어날 것이라 전망되기도 합니다.

관광영어 용어정리

host 주최하다
be held for 열리다
get discounts 할인을 받다

작문 연습

1. 2015년에 한국 정부가 "코리아 블랙 프라이데이"라고 이름을 지었는데, 코리아 그랜드 세일로 이름을 바꾸고 한국의 글로벌 쇼핑 관광 축제로 자리매김하길 기대하고 있습니다.

2. 외국인들은 교통, 항공권, 숙박, 뷰티 제품, 오락 등의 것들에 특별 할인 혜택을 받을 수 있습니다.

3. 이 행사를 통해, 한국의 브랜드와 제품을 알리고 수익을 얻는 효과를 기대할 수 있고, 외국인 관광객이 더 늘어날 것이라 전망되기도 합니다.

나의 면접 답변 flow 키워드

Question 10

한국의 전통 혼례에 대해 말해보십시오.
Tell me about traditional Korean weddings.

1. Compared to western weddings, traditional Korean weddings are complicated.
2. Traditional Korean wedding ceremonies were more than just two individuals joining together, it is an event uniting two entire families.
3. However, modern Korean weddings are different from the traditional ones.
4. For example, wedding ceremonies used to take place at the bride's home.
5. And the bride and groom would bow deeply to a wooden goose.
6. During the ceremony, there was a table between the bride and the groom, called *daraesang* (다례상), *gyobaesang* (교배상), *chinyeongsang* (친영상), and *honraesang* (혼례상).
7. On the table, you can see candlesticks, a vase, chicken, rice, chestnuts, shot glasses, and more.
8. Red and blue decorations of the candlesticks represent the groom and the bride.
9. They put pine and bamboo into the vase to show how strongly they can keep their love.
10. There are rice and chestnuts too, and they represent their wish for longevity and a large family.

1. 서양의 결혼 문화와는 달리, 한국의 결혼 절차는 좀 복잡합니다.
2. 두 개인이 합쳐지는 것 보다는 두 가문이 하나가 되는 행사이기 때문입니다.
3. 하지만, 오늘날의 결혼은 전통 결혼식과는 또 다릅니다.
4. 예를 들면, 결혼식이 신부의 집에서 이루어 졌습니다.
5. 신부와 신랑은 나무로 된 거위에 절을 합니다.
6. 식을 올리는 동안, 신부와 신랑 사이에 테이블이 있는데, 이를 다례상, 교배상, 친영상, 그리고 혼례상이라고 부릅니다.
7. 테이블 위에는 촛대, 화분, 치킨, 쌀, 밤, 그리고 작은 유리잔 등이 있습니다.
8. 촛대는 파란색 빨간색으로 꾸며져 있는데 이는 신랑과 신부를 의미합니다.
9. 꽃병에는 소나무와 대나무를 넣는데 이는 부부의 사랑의 깊이를 보여주는 의미입니다.
10. 쌀과 밤은 그들과 가족의 장수와 건강을 빌어주는 많은 자식을 낳으라는 뜻입니다.

관광영어 용어정리

candlesticks 촛대	groom 신랑	complicated 복잡한
longevity 장수, 오래 지속됨	goose 거위	wooden 나무로 된, 목재의
chestnut 밤, 밤나무		

작문 연습

1. 쌀과 밤은 그들과 가족의 장수와 건강을 빌어주는 많은 자식을 낳으라는 뜻입니다.

2. 테이블 위에는 촛대, 화분, 치킨, 쌀, 밤, 그리고 작은 유리잔 등이 있습니다.

3. 두 개인이 합쳐지는 것 보다는 두 가문이 하나가 되는 행사이기 때문입니다.

나의 면접 답변 flow 키워드

Question 11

장승에 대해 말해보십시오.
Tell me about Jangseung.

1. *Jangseung* (장승) are traditional totems representing a spirit and are located at the entrance of a village.
2. They are wooden or stone-made sculptures with a grotesque and funny face.
3. They are set to mark the boundary of a village entrance and surrounding area, and they also symbolize the guardian spirit of the village.
4. Normally two *jangseungs* are placed, with one being the male and the other the female.
5. The male totem wears the hat of an official and is inscribed with the word "*cheonhadaejanggun*" (천하대장군) meaning "Great general under heaven".
6. The female has no hat and is inscribed with "*jihayeojanggun*" (지하여장군) which means "Great general of all".

1. 장승은 한국의 전통 상징물, 즉 토템인데 마을 입구에 서 있는 정령입니다.
2. 나무나 돌로 만들어진 기괴하고 재미있게 생긴 기둥입니다.
3. 마을 입구와 주변 지역의 경계를 표시하기 위해 설치되었고, 마을의 수호신 정령을 상징하기도 합니다.
4. 보통 여자 장승, 남자 장승 이렇게 두 개의 장승이 서 있습니다.
5. 남자 장승은 관리가 쓰는 모자를 쓰고 "천하대장군" 이라는 말이 쓰여 있는데, 이는 "하늘 아래 위대한 장군" 이라는 뜻입니다.
6. 여자 장승은 모자를 쓰고 있지 않고, "지하 여장군" 이라는 말이 새겨져 있는데, "모두의 장군"이라는 뜻입니다.

관광영어 용어정리

totem 토템
symbolize 상징하다
spirit 정신, 영혼
guardian spirit 수호신
stone-made sculpture 돌로 만든 조각품
be inscribed with ~이 새겨져 있는
grotesque 기괴한, 우스꽝스러운, 터무니없는

작문 연습

1. 나무나 돌로 만들어진 기괴하고 재미있게 생긴 기둥입니다.

2. 마을 입구와 주변 지역의 경계를 표시하기 위해 설치되었고, 마을의 수호신 정령을 상징하기도 합니다.

3. 보통 여자 장승, 남자 장승 이렇게 두 개의 장승이 서 있습니다.

나의 면접 답변 flow 키워드

Question 12

왕릉과 홍살문에 대해서 말해보십시오.
Tell me about the royal tombs and the red gate with the spiked top.

1. Royal tombs of the Joseon dynasty are located at 18 places in *Ganghwado* (강화도), Seoul, *Gyeonggi-do* (경기도), and *Gangwon-do* (강원도).
2. The royal tombs contain the bodies of kings and queens and are usually very large.
3. For 500 years during the Joseon period, ancestral rites were performed every year.
4. These reflected the principles and traditions of Confucianism.
5. I will tell you about some of the royal tombs of the Joseon dynasty.
6. *King Sejong* (세종대왕)'s tomb is called *Yeongneung* (영릉) and it is in Yeoju, Gyeonggi-do.
7. Another location is *Donggureung* (동구릉) in Guri, Gyeonggido.
8. Nine kings and queens were buried there including *Taejo* (태조), the founder of Joseon.
9. When you visit the royal tombs, you can see a red gate with the spiked top.
10. It is a special-shaped gate with two big beams and no roof.
11. It has a trident, *taegeuk-shaped* (태극무늬) decorations, and red wooden doors.
12. The gate faces towards the royal tomb and was set up to exorcise evil spirits and protect the sacred and holy place.

1. 조선시대 왕릉은 강화도, 서울, 경기도, 강원 등 18개의 장소에 위치하고 있습니다.
2. 왕릉은 말 그대로 왕의 시신이 묻혀 있는 무덤인데, 굉장히 큽니다.
3. 조선의 500년 동안, 매년 조상을 위한 제례를 했습니다.
4. 유교의 원리를 반영하고 있는 행사입니다.
5. 조선의 왕릉 몇 가지를 소개해보겠습니다.
6. 세종대왕의 릉은 영릉이라고 불리는데, 여주에 있습니다.
7. 경기도 구리에 동구릉이라고 불리는 것이 있습니다.
8. 조선을 건국한 왕인 태조를 포함한 9명의 왕과 왕비가 이 곳에 묻혀 있습니다.
9. 왕릉을 방문하게 되면 홍살문이란 것을 볼 수 있게 됩니다.
10. 특별한 모양의 문이고 두 개의 큰 나무로 세워져 있고 지붕은 없는 모양입니다.
11. 삼지창과 태극무늬 모양이 있고 빨간 문은 나무로 만들어져 있습니다.
12. 이 문은 왕릉을 향하고 있고, 이는 신성한 장소를 보호하고 악령을 퇴치하기 위해 세워진 문입니다.

관광영어 용어정리

sacred 성스러운, 신성시되는
Confucianism 유교
(exorcise = drive away)
royal tombs 왕릉
beam 기둥
ancestral rites 제례
special–shaped gate 특별한 모양의 대문
spiked 뾰족한, 스파이크가 박힌
exorcise evil spirits 귀신을 내쫓다
buried 파묻힌

작문 연습

1. 왕릉은 말 그대로 왕의 시신이 묻혀 있는 무덤인데, 굉장히 큽니다.

2. 조선의 500년 동안, 매년 조상을 위한 제례를 했습니다.

3. 이 문은 왕릉을 향하고 있고, 이는 신성한 장소를 보호하고 악령을 퇴치하기 위해 세워진 문입니다.

나의 면접 답변 flow 키워드

Question 13

해상 국립 공원에 대해서 말해보십시오.
Tell us about the Korean marine and coastal national park.

1. There are four marine and coastal national parks in Korea: *Dadohae*(다도해), *Taeahn*(태안), *Hallyeo*(한려), and *Byeonsanbando national parks*(변산반도 국립 공원).
2. *Dadohae Marine National Park*(다도해 해상 국립 공원) is the largest national park in Korea.
3. *Taeahn Coastal National Park*(태안 해안 국립 공원) is so large, that it covers an area half the size of Seoul.
4. It is a well-preserved ecosystem with a warm climate and over 400 islands with spectacular scenery.
5. *Hallyeohaesang National Park*(한려 해상 국립 공원) was designated as the first marine and coastal national park in Korea with a shoreline stretching from *Geojae*(거제) to *Yeosu*(여수) in *Jeollado*(전라도).
6. Beautiful waterways with lots of inhabited and uninhabited islands give rise to its value.
7. *Byeonsanbando* National Park, is the only penininsula type park in Korea.
8. *Naesosa*(내소사) and *Geumsansa*(금산사) Temples are popular locations for tourists in this area.

1. 한국에는 네 가지의 해상 국립 공원이 있는데, 이는 다도해, 태안 해안, 한려 해상, 그리고 변산반도 국립 공원 입니다.
2. 다도해 국립 공원은 한국에 있는 국립 공원 중 가장 큽니다.
3. 태안 해안 국립 공원은 매우 크며 서울의 반 정도나 됩니다.
4. 잘 보존된 따뜻한 기후의 생태계와 400개가 넘는 섬들이 이 공원의 빼어난 절경을 이룹니다.
5. 한려 해상 국립 공원은 첫 번째 해상 국립 공원으로 지정된 공원인데, 경상남도 거제도에서 전라남도 여수까지 해안선을 가지고 있습니다.
6. 사람이 서식하는 섬도 많고, 무인도도 많으며 아름다운 수로가 이 공원의 가치를 드높여줍니다.
7. 변산반도 국립 공원은 한국에서 유일하게 반도가 있는 국립 공원입니다.
8. 이 곳은 내소사, 금산사 절로 유명합니다.

관광영어 용어정리

uninhabited 사람이 살지 않는, 무인의
marine and coastal national parks 해상 국립 공원
spectacular 장관을 이루는, 극적인
well-preserved ecosystem 잘 보존된 생태계
shoreline 물가, 해안가

작문 연습

1. 사람이 서식하는 섬도 많고, 무인도도 많으며 아름다운 수로가 이 공원의 가치를 드높여줍니다.

2. 잘 보존된 따뜻한 기후의 생태계와 400개가 넘는 섬들이 이 공원의 빼어난 절경을 이룹니다.

3. 한려 해상 국립 공원은 첫 번째 해상 국립 공원으로 지정된 공원인데, 경상남도 거제도에서 전라남도 여수까지 해안선을 가지고 있습니다.

나의 면접 답변 flow 키워드

Question 14

태극기를 설명해보십시오.
Explain the Korean national flag, Taegeukgi.

1. The *taegeukgi* (태극기) is the national flag of Korea.
2. It has a circular symbol in the middle with a white background and four trigrams.
3. The white background represents purity.
4. The middle circle divided into blue and red is called *yin* (인) and *yang* (양).
5. It represents the oriental philosophy of balance between yin, which is the darker side and yang, which is the brighter side.
6. These two opposite forces are complementary.
7. In the corners of the Korean flag, you can see four different trigrams which are called *Geon* (건), *Gon* (곤), *Gam* (감), and *Li* (리).
8. They represent sky, earth, water, and fire.
9. All parts of the Korean flag represent the harmony, purity, love, and peace with all living beings.

1. 태극기는 우리나라의 국기입니다.
2. 태극기에는 하얀 바탕과 중앙의 둥근 상징, 그리고 4괘가 있습니다.
3. 하얀 바탕은 순수함을 나타냅니다.
4. 둥근 모양은 파랑, 빨강으로 구역이 나뉘어져 있는데 이를 음과 양이라고 부릅니다.
5. 이는 동양 철학의 조화를 나타내는데 '음'이 더 어두운 쪽이고 '양'이 더 밝은 쪽입니다.
6. 이 두 가지 힘은 상호보완적입니다.
7. 태극기의 모퉁이들에는, 4개의 서로 다른 괘를 볼 수 있는데, 이를 건, 곤, 감, 리 라고 부릅니다.
8. 이들은 하늘, 땅, 물, 그리고 불을 상징하죠.
9. 태극기의 이 모든 것들은 조화, 순수함, 사랑, 살아 있는 모든 것들의 평화라는 뜻이 함축되어 있습니다.

관광영어 용어정리

living beings 다른 생물, 생명체
circular symbol 원형 상징
trigrams 3선형, 괘
complementary 상호보완적인
in the corners of 구석진 곳에
purity 순수성, 순도
oriental philosophy 동양 철학

작문 연습

1. 태극기에는 하얀 바탕과 중앙의 둥근 상징, 그리고 4괘가 있습니다.

2. 이는 동양 철학의 조화를 나타내는데 '음'이 더 어두운 쪽이고 '양'이 더 밝은 쪽입니다.

3. 태극기의 모퉁이들에는, 4개의 서로 다른 괘를 볼 수 있는데, 이를 건, 곤, 감, 리라고 부릅니다.

나의 면접 답변 flow 키워드

Question 15

우리나라의 국화인 무궁화에 얽힌 역사를 아십니까?
Do you know the history of the Rose of Sharon, or MugungHwa, the Korean national flower?

1. *Mugunghwa* (무궁화) is the national flower of Korea.
2. In English, it is known as the Rose of Sharon, but Koreans call it *mugunghwa*.
3. So, I will use *mugunghwa* for our explanation.
4. It is recorded that there were many *mugunghwa* on the Korea peninsula in the past.
5. During the Japanese colonial era, many mugunghwa were removed by Japan with the intent of suppressing the spirit of the Korean population.
6. The Japanese removed *mugunghwa* and planted cherry blossom trees instead.
7. To counter this, Koreans tried to protect them and that's why *mugunghwa* reflects perseverance and immortality.
8. The flower overcame the hardships of Japanese rule just as the Koreans did.

1. 무궁화는 한국의 국화입니다.
2. 영어로는 "로즈 오브 샤론" 이라고 불리고, 한국어로는 무궁화입니다.
3. 그래서 설명할 때는 무궁화라고 부르겠습니다.
4. 오래전부터 우리나라에 무궁화가 많았다고 합니다.
5. 일본 식민시대에 일제가 한국인의 혼을 전멸시킬 의도로 무궁화를 많이 제거하고, 벚꽃 나무를 심었습니다.
6. 일본인들은 무궁화를 제거하고 벚꽃나무를 대신 심었습니다.
7. 이에 맞서기 위해, 한국인들은 무궁화를 보호하기 위해 큰 노력을 했고, 무궁화가 우리 민족의 인내와 불멸의 의미를 반영한 이유가 이것입니다.
8. 우리 민족이 고난을 극복했듯이 무궁화도 고난을 극복한다는 뜻이겠죠.

관광영어 용어정리

hardships 어려움
suppress 진압하다, (감정, 표현을) 참다
immortality 불멸
suppression 진압, 억제
perseverance 인내심
rose of Sharon 무궁화
with the intent of ~할 의도를 가지고

작문 연습

1. 오래전부터 우리나라에 무궁화가 많았다고 합니다.

2. 일본 식민시대에 일제가 한국인의 혼을 전멸시킬 의도로 무궁화를 많이 제거하고, 벚꽃 나무를 심었습니다.

3. 이에 맞서기 위해, 한국인들은 무궁화를 보호하기 위해 큰 노력을 했고, 무궁화가 우리 민족의 인내와 불멸의 의미를 반영한 이유가 이것입니다.

나의 면접 답변 flow 키워드

Question 16

한국의 가면극인 탈춤에 대해서 말해보십시오.
Tell us about Talchum, the Korean mask dance.

1. *Talchum*(탈춤) is a Korean traditional mask dance involving miming, singing, and talking.
2. It was a popular entertainment among the common people for many centuries.
3. The actors wore masks portraying people, animals, and supernatural beings.
4. And they used satire to criticize the society and express the common people's emotions and displeasure, especially towards the yangban, the upper-class aristocrats during the Joseon dynasty.
5. They appealed to audiences to make fun of monks, ruling class, and shamans.
6. This could be described as a form of therapy, as people felt happier and more relaxed after their bottled-up feelings of hardship were shared amongst each other.
7. A more formal form of mask dance, known as *cheoyongmu*(처용무), was performed at palaces of the kings and was designated as UNESCO World Heritage in 2009.

1. 탈춤은 무언극을 하고 노래를 하고 말을 하면서 추는 한국 전통의 가면극입니다.
2. 사람들 사이에서 수 세기 동안 인기 있는 놀이였습니다.
3. 탈춤 배우들이 탈을 쓰고 사람들, 동물, 초자연적인 것들을 묘사했습니다.
4. 그리고 사회 비판을 하기 위해 풍자를 활용하고, 조선시대 양반, 고위층 관료 등을 향한 당대 사람들의 감정이나 애환을 표현하곤 했습니다.
5. 승려, 지배 계층, 그리고 무당 등을 놀리는 행위로 대중들에게 호소했습니다.
6. 사람들이 억눌린 감정으로부터의 벗어나 기쁨과 안식을 모두가 나눌 수 있다는 점에서 탈춤은 테라피의 한 형태로도 볼 수 있습니다.
7. 처용무는 좀 더 공식적인 탈춤의 한 종류인데, 궁에서 행해졌던 탈춤이고, 유네스코 세계유산으로 2009년에 등재되기도 하였습니다.

관광영어 용어정리

appeal 항소하다, 호소하다
satire 풍자
upper-class aristocrats 상류층 귀족
supernatural beings 초자연적인 것
displeasure 불만, 불쾌감
mime 무언극, 무언극을 하다
criticize 비판하다, 비난하다
bottled-up feelings 억눌린 감정

작문 연습

1. 사람들이 억눌린 감정으로부터의 벗어나 기쁨과 안식을 모두가 나눌 수 있다는 점에서 탈춤은 테라피의 한 형태로도 볼 수 있습니다.

2. 그리고 사회 비판을 하기 위해 풍자를 활용하고, 조선시대 양반, 고위층 관료 등을 향한 당대 사람들의 감정이나 애환을 표현하곤 했습니다.

3. 처용무는 좀 더 공식적인 탈춤의 한 종류인데, 궁에서 행해졌던 탈춤이고, 유네스코 세계유산으로 2009년에 등재되기도 하였습니다.

나의 면접 답변 flow 키워드

Question 17

고려청자와 조선백자의 차이점은 무엇입니까?
What are the differences between Goryeo celadon and Joseon porcelain?

1. I remember seeing ceramics in the *National Central Museum* (국립중앙박물관) in Seoul.
2. In the gallery of ceramics, we can see both *Goryeo* celadon, known as *cheongja* (청자), and Joseon white porcelain, known as *baekja* (백자).
3. Korea has a long history of ceramics, and *Goryeo cheongja* is considered one of the most outstanding ceramics in the world with its glittering jade green glaze.
4. *Goryeo* potters made cups, jars, and bowls with celadon.
5. They used a unique technique called *sanggam* (상감), which involves carving and then inlaying patterns onto the surface of the clay.
6. The Joseon period's *baekja* porcelain was made with a transparent glaze and white clay.
7. It was not intricately carved as it represents purity, cleanliness, and simplicity.
8. The potters carved calligraphy onto the surface of the *baekja*, but this decoration declined in popularity.
9. So, the majority of *baekja* ceramics are relatively simple and gracefully shaped.

1. 서울에 있는 국립중앙박물관에서 자기들을 봤던 기억이 납니다.
2. 도자기 갤러리에선 고려청자와 조선백자를 볼 수가 있습니다.
3. 한국의 도자기는 역사가 깊으며, 고려청자는 세상에서 뛰어난 도자기들 중 하나로 평가받고 도자기에 유약을 발라서 반짝거립니다.
4. 고려 사람들은 컵, 단지, 그릇 등을 청자로 만들었습니다.
5. 상감이라는 독특한 접착 기술로 청자 표면에 패턴을 만들었는데 이 기법은 패턴을 조각하고 흙으로 채우는 과정 같은 것입니다.
6. 반면에 조선의 자기는 하얀색으로 만들어지고 투명한 유약과 하얀 흙을 사용해서 만들었습니다.
7. 순수함, 깨끗함, 심플함을 나타내기에 특별한 문양으로 조각이 새겨지진 않았습니다.
8. 조선 초기에는 백자에다가 서예를 쓰기도 했으나, 인기가 없어서 이런 장식들은 감소되었습니다.
9. 그래서 대부분의 백자는 상대적으로 깔끔하고, 기품 있는 모양새입니다.

관광영어 용어정리

transparent glaze 투명 유약
inlaying 상감 (목재에 재료 등을 넣기 위해 파낸 다음 끼우고 접착하는 방식)
celadon 청자, 청자색
intricately 복잡하게
porcelain 자기
simplicity 간단함, 평이함
jade green 비취색, 청록색
gracefully 기품있게, 우아하게

작문 연습

1. 한국의 도자기는 역사가 깊으며, 고려청자는 세상에서 뛰어난 도자기들 중 하나로 평가받고 도자기에 유약을 발라서 반짝거립니다.

2. 반면에 조선의 자기는 하얀색으로 만들어지고 투명한 유약과 하얀 흙을 사용해서 만들었습니다.

3. 조선 초기에는 백자에다가 서예를 쓰기도 했으나, 인기가 없어서 이런 장식들은 감소되었습니다.

나의 면접 답변 flow 키워드

Question 18

한국의 지폐에 있는 인물을 소개해보십시오.
There are in total four bills in Korea. Describe all the people on the Korean bills.

1. Korea has four banknotes with values of 1,000 won, 5,000 won, 10,000 won, and 50,000 won.
2. Each of these bills displays a picture of a respected Korean person in history.
3. On the 1,000 won note, you can see *Teogye Yi Hwang*. (퇴계 이황)
4. He is one of the two prominent scholars and philosophers of Korean neo-Confucianism.
5. He founded the *Dosan Seowon* (도산 서원) which was a private Confucian academy.
6. He devoted himself to studying, meditation, and teaching his disciplines to his students, one of whom was *Yulgok Yi I*. (율곡 이이)
7. He is the other prominent scholar found on the 5,000 won note.
8. Yi I passed the civil service exam at the age of 13 and devoted himself to Confucianism.
9. *Yulgok* is his pen name.
10. He is also known as a great reformer and politician with the deep trust of the king.
11. On the 50,000 won note, we can see *Shin Saimdang* (신사임당), the mother of scholar Yi I.
12. She was an artist, writer, poet, and calligraphist.
13. She represents the notion of "Good wife, wise mother" to Koreans.
14. She often drew insects, flowers, butterflies, fish, and landscapes.
15. The last note is the 10,000 won bill which displays the fourth king of the Joseon dynasty, *King Sejong*. (세종대왕)

16. Before the creation of *Hangeul*(한글), Koreans used Chinese letters to write but since it was very difficult to learn and illiteracy among the population was high, King Sejong ordered the creation of the Korean alphabet, Hangeul, to improve the literacy rate of the entire population.

17. He is highly-respected to this day and you can see a huge statue of *King Sejong* at *Gwanghwamun Square*(광화문 광장) in Seoul.

1. 한국에는 4개의 지폐가 있어요, 천 원, 오천 원, 만 원, 오만 원이 있습니다.
2. 각각의 지폐에는 존경받는 위인의 사진이 있습니다.
3. 1000원권에는 퇴계 이황이 있습니다.
4. 유명하고 뛰어난 성리학자 중 한 명입니다.
5. 유교 교육 양성 기관이 도산 서원을 설립했습니다.
6. 한 평생을 서원에서 학문을 닦고 후학 양성을 하는 데 힘을 쏟으셨는데, 그 제자 중 한 명이 율곡 이이입니다.
7. 이이는 5,000원권에 나와 있는 인물입니다.
8. 13살의 나이에 과거 시험에 합격했고, 성리학자가 되었습니다.
9. 율곡은 그의 필명입니다.
10. 위대한 개혁가, 임금의 신임을 얻는 정치가로서도 널리 알려져 있습니다.
11. 50,000원권에는 신사임당이 있는데, 그녀는 율곡 이이의 어머니입니다.
12. 그녀는 예술가, 작가, 시인, 그리고 서예가로서도 활약했습니다.
13. 좋은 아내, 현명한 어머니의 이미지를 대변하는 인물입니다.
14. 신사임당의 그림에는 주로 곤충, 꽃, 나비, 물고기 그리고 풍경이 많이 그려졌습니다.
15. 마지막으로 만원 권에는 조선의 4대 왕인 세종대왕이 있습니다.
16. 한글을 만들기 전에는 우리는 중국의 글자를 사용했는데, 너무 어려운 나머지 문맹률이 높았기에 한글을 창제해서 전체 인구의 문해력이 향상되었습니다.
17. 지금까지 크게 존경받는 위인이고 광화문 광장에 가면 세종대왕 동상을 볼 수가 있습니다.

관광영어 용어정리

banknote 은행권, 지폐
devote 바치다, 쏟다
calligraphist 서예가
prominent 중요한, 유명한
discipline 규율, 훈육
illiteracy 문맹
scholar 학자
civil service exam 공무원 시험
reformer 개혁가
neo-Confucianism 성리학
pen name 필명
literacy 문해력

작문 연습

1. 한 평생을 서원에서 학문을 닦고 후학 양성을 하는데 힘을 쏟으셨는데, 그 제자 중 한 명이 율곡 이이입니다.

2. 한글을 만들기 전에는 우리는 중국의 글자를 사용했는데, 너무 어려운 나머지 문맹률이 높았기에 한글을 창제해서 전체 인구의 문해력이 향상되었습니다.

3. 지금까지 크게 존경 받는 위인이고 광화문 광장에 가면 세종대왕 동상을 볼 수 있습니다.

나의 면접 답변 flow 키워드

Chapter 03

자연과 공원

이 단원의 질문들

01 청계천에 대해 설명해주십시오.
Give an explanation about Cheonggyecheon stream.

02 제주 화산섬과 용암동굴에 대해 설명해주십시오.
Tell us about Jeju's volcanic island and one of the lava caves on Jeju island.

03 제주도와 울릉도의 가옥에 대해 설명해주십시오.
Describe traditional house styles in Jeju and Ulleung island.

04 추천하고 싶은 국립공원은 무엇입니까?
Do you have any recommended National parks in Korea?

05 동해안과 서해안을 비교해보십시오.
Compare the east and west coasts of Korea.

06 한국에는 어떤 테마공원들이 있습니까?
What kinds of theme parks are there in Korea?

07 한국에 있는 동굴의 종류에 대해 설명해주십시오.
Describe the types of caves in Korea.

08 한국의 유명한 온천들은 어디에 있습니까?
What are the famous hot springs in Korea?

Question 01

청계천에 대해 설명해주십시오.
Give an explanation about Cheonggyecheon stream.

1. *Cheonggyecheon* (청계천) stream is a long waterway that goes from the west to the east. It is 8.4 meters long and had another name during the Joseon Dynasty, "*Gaecheon*." (개천)

2. As the stream construction was very old and worn-down, it was put into a big restoration project in 2003.

3. The merchants around *Cheongyechun* (청계천) were worried and unhappy that their commercial districts would be undermined and destroyed.

4. Also, they were concerned that the restoration project could cause flooding and traffic jams around the stream.

5. However, after it opened in 2005, it has become one of the most popular places for tourists and locals to come and enjoy.

6. This stream has been through a lot since it was named "*Gaecheon*" during the reign of the third king, King *Taejong* (태종).

7. The king fixed the area to make it into a drainage system because of many houses that were being built around this area.

8. It then changed its name to *Cheonggycheon* during the Japanese Colonial period.

9. It was also hard to keep the stream in good shape since there was no money.

10. Then after the Korean War, many people started to move into Seoul and make small houses next to the stream.

11. This polluted the stream due to a lot of trash, junk, and other household refuse that was being dumped in the stream.

12. Then in 2003, there was a big project to get the stream back to its former glory.

13. Now, everyone enjoys the peaceful and wonderful waterway when they visit the stream.

14. By comparing its past and current status, we can also explore how Seoul has been changed and developed into this fancy amazing city.

1. 청계천은 기다란 수로인 개천인데, 서쪽에서 동쪽으로 흐르고 8.4m 정도 되고, 조선시대에는 "개천"이라고 불렸습니다.
2. 개천 구조물이 오래되고 낡아서, 2003년에 큰 복구공사에 들어갔습니다.
3. 청계천 주변의 상인들은 상권이 약화되고 훼손 되는 것을 걱정하고 언짢아했습니다.
4. 또한, 복구공사가 범람과 개천 주변의 교통체증을 악화시킬 거라는 우려가 있었습니다.
5. 하지만 2005년에 다시 개장 후 현재는 관광객과 지역 사람들이 찾는 인기 있는 관광지 중 하나가 되었습니다.
6. 청계천은 조선시대 태종 때 "개천" 이라 불리던 시절부터 많은 일을 겪었습니다.
7. 그때는 그 지역에 집이 많이 지어지고 있었기 때문에 왕은 이 지역에 배수 시스템을 만들기 위해 수리했습니다.
8. 그리고 일제시대 때 청계천으로 이름을 바꿨습니다.
9. 이때도 청계천을 유지 보존할 예산이 부족해서 계속 관리하는 것이 힘들었습니다.
10. 한국전쟁 이후, 많은 사람들이 서울로 이주를 했고 청계천 옆에 작은 집들을 지었습니다.
11. 오염된 시내는 개천에 버려지는 오염물들 때문에 청계천은 점점 더 상태가 좋지 않아졌습니다.
12. 그래서 2003년에, 청계천을 원래 상태로 돌려놓는 큰 프로젝트가 시행되었습니다.
13. 이제는 많은 사람들이 평화롭고 아름다운 청계천을 볼 수 있게 되었습니다.
14. 청계천의 과거와 현재를 비교해보면, 서울이 어떻게 변화했고 멋진 도시로 발전했는지도 함께 엿볼 수 있습니다.

관광영어 용어정리

restore 회복시키다, 복원하다
waterway 수로
dump 버리다, 내버리다
household refuse 가정 폐품
drainage system 배수 장치
restoration project 복구 프로젝트

작문 연습

1. 청계천은 길다란 수로인 개천인데, 서쪽에서 동쪽으로 흐르고 8.4m 정도 되고, 조선시대에는 "개천"이라고 불렸습니다.

___

___

2. 그때는 그 지역에 집이 많이 지어지고 있었기 때문에 왕은 이 지역에 배수 시스템을 만들기 위해 수리했습니다.

___

___

3. 오염된 시내는 개천에 버려지는 오염물들 때문에 청계천은 점점 더 상태가 좋지 않아졌습니다.

___

___

Question 02

제주 화산섬과 용암동굴에 대해 설명해주십시오.
Tell us about Jeju's volcanic island and one of the lava caves on Jeju island.

1. Jeju's volcanic islands and lava tubes were designated as a UNESCO World Natural Heritage because of its natural beauty, unique volcanic landforms, and ecology.
2. The three natural wonders are Mount *Hallasan* (한라산), *Seongsan Ilchulbong* (성산 일출봉) Peak, also known as Sunrise peak, and *Ghomun* (거문) *Oreum* (오름) Lava tube.
3. *Hallasan* Mountain is the highest mountain in South Korea.
4. Its diverse and unique volcanic ecology and topography makes it more outstanding.
5. It also has *Baengnokdam* (백록담) crater lake at its peak.
6. Seongsan Ilchulbong(Sunrise Peak) has a wondrous sunshine and landscape.
7. Geomun Oreum's lava tube system has 360 volcanic cones scattered throughout Jeju Island.
8. Jeju has numerous lava tubes.
9. I will introduce *Gimnyeong* (김녕굴) and *Manjang* (만장굴) lava tube caves.
10. The caves had originally been connected but divided into two tubes because of a cave-in.
11. *Manjanggul lava tube* (만장굴 용암동굴) is one of the largest lava tubes in the world, at about 7.4 kilometers long.
12. On the other hand, *Gimnyeonggul lava tube* (김장굴 용암동굴) is about 700 meters long.
13. Inside of the cave you can see various kinds of lava formations, such as lava stalactites, lava stalagmites, lava benches, and lava stone pillars.

1. 제주 화산섬과 용암동굴은 유네스코 세계 자연유산으로 지정되었는데, 자연의 아름다움, 특이한 화산지형과 생태지형 때문입니다.
2. 세 가지 자연의 불가사의인 한라산, 성산 일출봉, 거문오름이 있습니다.
3. 한라산은 남한에서 가장 높은 산입니다.
4. 다양하고 독특한 화산 지리와 지형이 이를 더 우수하게 만듭니다.
5. 백록담이라 불리는 분화구가 산 정상에 있습니다.
6. 성산 일출봉은 경이로운 일출과 풍경을 볼 수 있는 일출봉입니다.
7. 거문오름 용암동굴에서는 360개의 오름이 제주 전역에 펼쳐져 있습니다.
8. 제주도에는 용암동굴이 많습니다.
9. 김녕굴과 만장굴을 소개해 드리겠습니다.
10. 원래 두 굴이 이어져 있었는데 동굴이 무너지면서 나뉘게 되었습니다.
11. 만장굴 용암동굴은 전 세계에서 가장 큰 동굴 중 하나이고 길이는 7.4 km 됩니다.
12. 반면에, 김녕굴 용암동굴은 700m 정도 됩니다.
13. 동굴 안에는 다양한 종류의 용암 형성물, 용암 석주, 석순, 기둥 등을 보고 관람할 수 있습니다.

관광영어 용어정리

volcanic island 화산도
topography 지형, 지형학
lava stone pillars 석주
peak 절정, 정점
lava stalagmites 석순
landforms 지형
wondrous 경이로운
lava tubes 용암동굴
crater 분화구
a natural wonder 자연계의 불가사의
lava stalactites 용암 종유석
ecology 생태계, 생태학
volcanic cones 화산 원뿔

작문 연습

1. 제주 화산섬과 용암동굴은 유네스코 세계 자연유산으로 지정되었는데, 자연의 아름다움, 특이한 화산 지형과 생태 지형 때문입니다.

2. 거문오름 용암동굴에서는 360개의 오름이 제주 전역에 펼쳐져 있습니다.

3. 동굴 안에는 다양한 종류의 용암 형성물, 용암 석주, 석순, 기둥 등을 보고 관람할 수 있습니다.

Question 03

제주도와 울릉도의 가옥에 대해 설명해주십시오.
Describe traditional house styles in Jeju and Ulleung Island.

1. The traditional house styles of *Jeju* (제주도) and *Ulleung* (울릉도) islands are quite different from the mainland because of its weather conditions.
2. The traditional house in *Jeju* is very low and has a stone wall around it instead of a gate.
3. The wind is very strong in *Jeju*, so people made stone walls to block the strong winds from blowing into the house.
4. They fixed the roof by tying it with straw ropes to prevent the roof from being blown away.
5. To enter the traditional house in *Jeju*, you need to pass the main gate known as *Olleh* (올레).
6. The gate also helps block the wind from coming into the house.
7. Also, there is a storage called *Gopang* (고팡) in *Jeju*.
8. It is literally a storage where you can keep food inside.
9. *Ulleungdo* island is a well-known snowy island.
10. The special outer wall in Ulleung Island is called *Udaegi* (우데기).
11. A shingle-roofed house is built to protect against wind and snow.

1. 전통적인 제주도와 울릉도 가옥은 날씨의 영향 때문에 육지의 가옥들과는 다릅니다.
2. 제주도의 전통 가옥은 낮고 대문을 짓는 대신 돌담 벽을 짓는 구조입니다.
3. 제주는 바람이 강해서 사람들이 돌담을 지어서 집을 보호하려고 했습니다.
4. 제주도민들은 지붕 위에 새끼줄을 고정시켜서 지붕이 날라가는 것도 방지했습니다.
5. 제주도의 전통 가옥에 가기 위해서는 올레라고 불리는 대문을 지나야 합니다.
6. 이것도 바람과 관련이 있으며, 바람이 집 안으로 들어오는 것을 방지하려고 만든 것이라고 합니다.
7. 또한, 제주에는 고팡이라고 하는 창고가 있습니다.
8. 말 그대로 음식을 안에 저장하는 창고입니다.
9. 울릉도는 눈이 많이 오는 섬으로 유명합니다.
10. 울릉도의 특이한 외벽은 우데기라고 불립니다.
11. 그리고 집은 너와집인데, 제주도처럼 바람과 눈을 보호해주는 역할을 하기 위해 만들어졌습니다.

관광영어 용어정리

straw rope 새끼
storage 저장, 보관
shingle-roofed house 너와집

작문 연습

1. 전통적인 제주도와 울릉도 가옥은 날씨의 영향 때문에 육지의 가옥들과는 다릅니다.

2. 제주는 바람이 강해서 사람들이 돌담을 지어서 집을 보호하려고 했습니다.

3. 제주도민들은 지붕 위에 새끼줄을 고정시켜서 지붕이 날아가는 것도 방지했습니다.

나의 면접 답변 flow 키워드

Question 04

추천하고 싶은 국립 공원은 무엇입니까?
Do you have any recommended National parks in Korea?

1. *Mudengsan* (무등산) is the 21st national park and was designated in 2013.
2. It is located in Gwangju, *Jeolla* (전라) province.
3. There are various things to enjoy while you are there but the main attraction is the columnar joints, which are beautiful and magnificent.
4. It is amazing and wonderful how the columnar joints are created by volcanic activity on the mountain.
5. That is why *Mudengsan* (무등산) Mountain is called 'God of stone pillars'.
6. You can also enjoy watching the beautiful silver grass in fall.

1. 무등산은 최근에 국립 공원으로 지정된 광주에 있는 국립 공원입니다.
2. 전라남도 광주에 있습니다.
3. 볼거리가 굉장히 다양하게 있지만, 주요 볼거리는 아름답고 빼어난 주상절리입니다.
4. 산속의 화산활동에 의해 주상절리가 만들어진 방식은 아름답고 멋집니다.
5. 그래서 무등산을 "돌기둥의 신" 이라고 부르기도 합니다.
6. 그리고 가을에는 억새풀을 보는 것도 아름답습니다.

관광영어 용어정리

magnificent 장엄한, 훌륭한

columnar joints 주상절리

작문 연습

1. 무등산은 최근에 국립 공원으로 지정된 광주에 있는 국립 공원입니다.

2. 산속의 화산활동에 의해 주상절리가 만들어진 방식은 아름답고 멋집니다.

3. 볼거리가 굉장히 다양하게 있지만, 주요 볼거리는 아름답고 빼어난 주상절리입니다.

나의 면접 답변 flow 키워드

Question 05

동해안과 서해안을 비교해보십시오.
Compare the east and west coasts of Korea.

1. Korea has east, west, and south coasts.
2. I will explain the differences between the east and west coast.
3. Compared to the west coast, the east coastline is simple and the water is deep.
4. The waves are much stronger and most of the east coast has sandy beaches.
5. So the east coast is a good place to enjoy swimming and sunbathing.
6. On the other hand, the west coast is different from the east.
7. The west coast has a wide range of mud flats which is called *gaetbeol* (갯벌) in Korean.
8. It functions to purify the pollution of the oceon.
9. Mud flats also helps to prevent coastal erosion.
10. It also purifies and dredges the pollution in the sea.
11. Mud flats offer a vast living space for various sea creatures like crabs, shellfish, and starfish.
12. Land reclamation projects are ongoing in the mud flats of the west coast.
13. The good thing about it is we can build more buildings and infrastructures there.
14. On the other hand, this can also damage the coral, marine life, and ecosystems.
15. So, we need to bear in mind both the pros and cons of developing mud flats.
16. One famous beach in the west coast is *got-ji* (꽃지) beach.
17. Compared to other west beaches, it has soft and fine grained sand on the beach.
18. That's why it is a very famous tourist destination.

1. 한국은 동해, 서해 그리고 남해안이 있습니다.
2. 동해안과 서해안의 차이점을 알려드리려고 합니다.
3. 서해안보다 동해안은 해안선이 단조롭고 수심이 깊습니다.
4. 파도가 훨씬 강하고, 동해안은 모래 해수욕장이 대부분입니다.
5. 그래서 수영과 일광욕을 즐기기 쉽습니다.

6. 반면에, 서해는 동해와는 다릅니다.
7. 서해는 갯벌이라고 불리는 넓은 뻘밭이 있습니다.
8. 바다의 오염을 정화하는 역할을 합니다.
9. 갯벌은 해수 침식을 방지하는 역할을 하기도 합니다.
10. 이는 바다의 오염을 정화하고 찌꺼기를 걸러내는 역할도 합니다.
11. 갯벌은 게, 조개류, 그리고 불가사리 등이 살 수 있는 넓은 생활 터전을 마련해 주기도 합니다.
12. 간척 사업이 서해안 머드 갯벌에서 진행되고 있습니다.
13. 간척 사업은 새로운 건물과 기반 시설을 지을 수 있는 좋은 점이 있습니다.
14. 반면에, 산호, 바다 생명, 그리고 생태계를 파괴할 수 있는 위험도 있습니다.
15. 그래서 우리는 갯벌 개발의 두 가지 면을 잘 생각해야 합니다.
16. 서해안의 유명한 해수욕장은 꽃지 해수욕장입니다.
17. 다른 서해안과 비교했을 때, 곱고 부드러운 모래 해수욕장을 가지고 있습니다.
18. 그래서 유명한 관광 장소입니다.

관광영어 용어정리

coastline 해안선
erosion 부식, 침식
sunbathing 일광욕 하기
dredges (강바닥 등에서) 건져 올리다
a wide range of 광범위한, 다양한
Land reclamation project 간척 사업
mud flat 갯벌
coral 산호
function 기능
pros and cons 장단점
purify 정화하다, 정제하다

작문 연습

1. 갯벌은 게, 조개류, 그리고 불가사리 등이 살 수 있는 넓은 생활 터전을 마련해 주기도 합니다.

2. 그래서 우리는 갯벌 개발의 두 가지 면을 잘 생각해야 합니다.

3. 서해는 갯벌이라고 불리는 넓은 뻘밭이 있습니다.

나의 면접 답변 flow 키워드

Question 06

한국에는 어떤 테마공원들이 있습니까?
What kinds of theme parks are there in Korea?

1. Theme parks are where entertainment, joyful events, rides, and attractions are located in one location with a certain theme for peoples' enjoyment.
2. Well-known parks are Lotte World and Everland in Korea.
3. There are lots of theme parks in Korea.
4. There are too many to list.
5. But, I can list a few in Seoul, Gyeonggi-do, and other provinces.
6. Seoul Namsan Park, Seoul Children's Grand Park, Lotte World, Guam Park, and Gildong Ecological Park are some theme parks in Seoul that come to mind.
7. In Gyeonggi-do, *Petite France* (쁘띠 프랑스), Aiin's world, Everland, and Paju Peace Land are great places that I recommend.
8. Some more beloved theme parks are Seomjingang River Train Village, Gunsan Jinpo Maritime Theme Park, 5.18 Memorial Park, National Debt Redemption Park, and Jeongdongjin Hourglass Park.
9. I hope all these theme parks in Korea can play great roles for promotion and branding.

1. 테마공원은 오락, 즐거운 이벤트, 놀이기구, 재밌는 볼거리 등이 한 테마를 가지고 특정 장소에 있는 공원이고 또 사람들이 그 장소를 즐길 수 있게 만들어져 있습니다.
2. 한국의 유명한 테마파크는 롯데월드, 에버랜드입니다.
3. 이것뿐만 아니라 한국에는 정말 많은 테마파크가 있습니다.
4. 한 번에 나열하기에는 너무 많습니다.
5. 서울, 경기도에 있는 테마파크를 먼저 이야기하고 다른 지방의 파크들도 이야기 해 보겠습니다.
6. 서울 남산공원, 어린이대공원, 롯데월드, 구암공원, 길동 생태공원이 서울에 있는 제가 생각할 수 있는 테마파크입니다.
7. 경기도에는 쁘띠 프랑스, 아인스월드, 에버랜드, 그리고 파주 평화랜드는 제가 추천할 수 있는 멋진 장소들입니다.
8. 그 외 지역의 추천 테마파크는 섬진강 기차마을, 군산 진포해양테마공원, 5.18 기념공원, 국채보상운동 기념공원, 그리고 정동진 모래시계공원 등이 인기가 많고 사람들이 좋아합니다.
9. 이 모든 테마파크들이 홍보와 브랜딩에 훌륭한 역할을 할 수 있기를 바랍니다.

관광영어 용어정리

National Debt Redemption Park 국채보상운동 기념공원 hourglass 해시계
rides 놀이기구(롤러코스터 같은 것)

작문 연습

1. 테마공원은 오락, 즐거운 이벤트, 놀이기구, 재밌는 볼거리 등이 한 테마를 가지고 특정 장소에 있는 공원이고 또 사람들이 그 장소를 즐길 수 있게 만들어져 있습니다.

2. 이 모든 테마파크들이 홍보와 브랜딩에 훌륭한 역할을 할 수 있기를 바랍니다.

3. 서울 남산공원, 어린이대공원, 롯데월드, 구암공원, 길동 생태공원이 서울에 있는 제가 생각할 수 있는 테마파크입니다.

나의 면접 답변 flow 키워드

Question 07

한국에 있는 동굴의 종류에 대해 설명해주십시오.
Describe the types of caves in Korea.

1. The caves in Korea are normally classified into three types.
2. Limestone caves, Sea caves, and lava caves.
3. One of the most famous limestone caves is *Gosu* (고수) cave in *Danyang* (단양), *Chung Cheongdo* (충청도).
4. We can see various cave creatures inside of *Danyang* Cave.
5. It is also known for strange rocks and bizarre stones formations.
6. Jeju island has around 80 lava caves because it is a volcanic island.
7. One of the most famous lava caves on Jeju island is *Manjang cave* (만장굴).
8. Manjang cave is said to be the longest lava cave in the world.
9. The inside is rough and dangerous so expect to spend long hours there.
10. You can observe various animals and insects there.
11. *Gwangmyeong cave* (광명동굴) is in *Gwangmyeong* and it is very close to Seoul.
12. When Korea was colonized by Japan, the Japanese plundered the mine and Korean mine workers had to work in harsh conditions inside the cave.
13. So it has some historical background, too.
14. The cave re-opened in 2011 and now is open to the public as a tour site.
15. *Chodang cave* (초당동굴) is in *Samcheok* (삼척), *Gangwondo*.
16. It has many underground waterways and stalactite formations.
17. It is also the largest cave among Korea's limestone caves.

1. 한국의 동굴은 보통 3가지로 분류됩니다.
2. 석회동굴, 해식동굴 그리고 용암동굴로 분류됩니다.
3. 유명한 석회동굴 중 하나는 충청도 단양에 있는 고수동굴입니다.
4. 단양동굴 안에서 다양한 동굴 생물들을 볼 수 있습니다.
5. 기암괴석들도 유명한 곳입니다.

6. 제주도는 화산섬이기에 80여 개의 용암동굴이 있습니다.
7. 제주에 있는 유명한 용암동굴 중 하나는 만장굴입니다.
8. 만장굴은 세상에서 가장 긴 동굴 중 하나로 알려져 있습니다.
9. 동굴 내부는 꽤 거칠고 위험한 편이라서 관광할 때 오랜 시간을 보낼 수 있습니다.
10. 많은 동물, 곤충 등의 다양한 동굴 생물들을 볼 수 있습니다.
11. 광명에 있는 광명동굴은 서울에서 매우 가깝습니다.
12. 일제 식민지 시대에 일본이 광산을 약탈하고, 한국 광부들은 매우 극심하게 일을 해야 했습니다.
13. 이러한 역사적 배경이 있는 동굴입니다.
14. 동굴은 2011년에 다시 오픈되었고 이제는 대중적인 관광 장소로 열려 있습니다.
15. 초당동굴은 강원도 삼척에 있는 동굴입니다.
16. 지하수와 종유석이 풍부합니다.
17. 한국의 석회동굴 중 가장 큰 동굴입니다.

관광영어 용어정리

be classified into ~로 분류되다
bizarre stones formations 기암괴석
stalactites formations limestone cave 석회동굴
plunder 약탈하다, 강탈하다
sea cave 해식동굴
colonize 식민지로 만들다
lava cave 용암동굴
mine workers 광산 노동자

작문 연습

1. 기암괴석들도 유명한 곳입니다.

2. 동굴 내부는 꽤 거칠고 위험한 편이라서 관광할 때 오랜 시간을 보낼 수 있습니다.

3. 일제 식민지 시대에 일본이 광산을 약탈하고, 한국 광부들은 매우 극심하게 일을 해야 했습니다.

나의 면접 답변 flow 키워드

Question 08

한국의 유명한 온천들은 어디에 있습니까?
Where are the famous hot springs in Korea?

1. Several places are famous for their hot springs in Korea.
2. I would say *Onyang*(온양), *Suanbo*(수안보), and *Yuseong*(유성) hot springs are representatives in Korea.
3. *Onyang* hot spring is in *Asan*, *Chungcheongnam-do*(충청남도) which is one of the oldest hot springs in Korea.
4. Its water contains high levels of alkaline which is very good for the skin.
5. This hot spring has existed since the *Baekje*(백제) Dynasty.
6. And King Sejong from the Joseon Dynasty stayed here to cure his eyes.
7. *Suanbo*(수안보) hot spring in *Chungju*(충주), *Chungcheongnam-do*(충청남도) is the first natural hot spring in Korea.
8. Its water contains large amounts of sulfur and radium.
9. King *Taejo*(태조) from the Joseon Dynasty often visited here to cure his dermatitis.
10. There's an area called *Yuseong* in *Daejeon*(대전) city.
11. In *Yuseong* district, you can find a lot of hot spring related theme parks.
12. They have built new modern accommodations and facilities to enjoy hot springs.
13. These days, the combination of theme parks and hot springs are attracting people and becoming popular.
14. For example, *Seolak*(설악) water Park in Gangwon-do, *Bugok*(부곡) is very popular.

> 1. 한국에 몇몇의 유명한 온천이 있습니다.
> 2. 온양, 수안보 그리고 유성 온천이 대표적입니다.
> 3. 충청남도 아산에 있는 온양 온천은 우리나라에서 가장 오래된 온천 중 하나입니다.
> 4. 이 물은 알칼리성분이 높아서 피부에 굉장히 좋습니다.
> 5. 이 온천은 백제시대 때부터 존재해왔습니다.
> 6. 그리고 조선의 세종대왕은 눈을 치료하기 위해 여기에 머물렀다고 합니다.
> 7. 충청남도 충주의 수안보 온천은 한국의 첫 번째 자연 온천입니다.
> 8. 여기 물은 유황과 라듐 함량이 높습니다.

9. 조선시대 태조 왕은 피부병을 고치기 위해 자주 방문했다고 합니다.
10. 대전에 유성이라는 지역이 있습니다.
11. 유성 지구에는, 온천과 관련된 테마공원이 많이 있습니다.
12. 새로 지은 현대식 숙소와 시설도 있어서 온천을 즐기기에 좋습니다.
13. 요즘은 테마공원과 온천의 조합이 사람들의 인기를 끌고 있습니다.
14. 예를 들면, 강원도의 설악 워터 파크 같은 곳 말입니다.

관광영어 용어정리

representative 대표자
alkaline 알칼리성의
sulfur 유황
radium 라듐
dermatitis 피부염

작문 연습

1. 충청남도 아산에 있는 온양 온천은 우리나라에서 가장 오래된 온천 중 하나입니다.

2. 충청남도 충주의 수안보 온천은 한국의 첫 번째 자연 온천입니다.

3. 새로 지은 현대식 숙소와 시설도 있어서 온천을 즐기기에 좋습니다.

나의 면접 답변 flow 키워드

Chapter 04

식음료 · 숙박

이 단원의 질문들

01	템플 스테이가 인기가 많은 이유에 대해 알려주십시오. Temple stays are popular among foreigners recently. What is temple stay? Why is it popular?
02	조선시대부터 유명한 궁중 음식이 있습니다. 궁중음식과 일반음식의 차이점은 무엇입니까? There are several famous palace cuisines from the Joseon Dynasty in Korea. Can you list some of the palace cuisines and their unique qualities?
03	우리나라의 전통 술 소개(발효방법, 영양소, 색, 맛, 예시)를 해보십시오. Can you introduce several traditional Korean alcohol? How is it fermented? Describe the colors and flavors.
04	김치는 어떻게 담그십니까? 효능과 가치를 설명해 주십시오. Do you know how to make Kimchi? In what ways is it good for your health?
05	고려인삼에 대해 설명하십시오. Tell me about Korean ginseng.
06	한식의 세계화 방안에 대해서 설명하십시오. Korean food, Hansik, is receiving widespread support throughout the world. Do you know about the globalization of Hansik?
07	할랄 음식에 대해 말해보십시오. Could you tell us about Halal food?
08	비빔밥에 대해 이야기 해보십시오. 어떻게 만드는지 아십니까? Could you talk about Bibimbap? Do you know how to make it?
09	불고기에 대해서 말해보십시오. 어떻게 만드는지 아십니까? Could you tell us about Bulgogi? Do you know how to make it?

Question 01

텝플 스테이가 인기가 많은 이유에 대해 알려주십시오.
Temple stays are popular among foreigners recently. What is temple stay? Why is it popular?

1. Temple stay is a popular cultural experience program for foreigners in Korea.
2. This program helps foreigners to understand Korean Buddhism better.
3. When they experience a temple stay, they get to know the temple's history, tradition, and the typical routines of monks.
4. There is a one-day program and multi-day program for temple stays.
5. Depending on their time and schedule, they can choose whatever they want to do in their temple stay.
6. Buddhism is quite unique to other foreigners, especially from western countries.
7. People tend to enjoy experiencing aspects of culture that are different from their own home country.
8. Temple stay is good for taking a peaceful rest and experiencing meditation which helps to release their stress.
9. Temple stays include various types of practices that foreigners can experience such as *Yebul* (예불), *Chamseon* (참선), *Dahdoh* (다도), and *Balwoo* (발우) *Gongyang* (공양).
10. Yebul means the ceremony that is being conducted in a temple.
11. *Chamseon* is meditation.
12. *Dahdoh* means tea ceremony.
13. *Balwoo Gongyang* is the temple's meal service.
14. These are the four main programs that are included in the temple stay.
15. Temples are normally surrounded by beautiful nature, so participants can enjoy a nice landscape, even in Seoul.
16. The famous temples in Seoul for temple stays are *Gilsangsa* (길상사), *JoGyaesa* (조계사), and *Bongeunsa* (봉은사).

1. 한국의 템플 스테이는 인기 있는 문화 체험 프로그램입니다.
2. 이 프로그램은 외국인이 한국의 불교를 이해할 수 있게 도와줍니다.
3. 템플 스테이를 체험하면, 절의 역사, 전통, 스님의 전형적인 하루 일과를 알게 될 수 있습니다.
4. 하루 프로그램도 있고, 며칠간 하는 스케줄도 있습니다.
5. 시간과 스케줄에 따라, 템플 스테이를 즐기기 위한 어떤 프로그램이든 선택할 수 있습니다.
6. 불교의 문화는 외국인들, 특히 서양인들에게 꽤 독특하게 보일 수 있습니다.
7. 사람들은 자기의 문화와 다른 부분의 것들을 체험하길 좋아합니다.
8. 템플 스테이는 그들의 스트레스를 풀어주는 명상을 체험하고 평화로운 휴식을 취하는 데 좋습니다.
9. 템플 스테이는 절이 수행 방식들의 종류를 다양하게 배울 수 있는데, 예를 들면, 예불, 참선, 다도, 발우공양 같은 것들입니다.
10. 예불은 절에서 행해지는 의식입니다.
11. 참선은 명상입니다.
12. 다도는 차를 마시는 의식입니다.
13. 발우공양은 절의 식사 서비스입니다.
14. 이 네 가지는 템플 스테이에 포함된 주요 프로그램입니다.
15. 절은 아름다운 자연에 보통 둘러싸여 있고, 그래서 참가자들은 서울에서도 아름다운 풍경과 함께 즐길 수 있습니다.
16. 서울에서 템플 스테이를 하기에 유명한 곳은 길상사, 조계사 그리고 봉은사입니다.

관광영어 용어정리

meditation 명상

Korean Buddhism 한국 불교

작문 연습

1. 템플 스테이를 체험하면, 절의 역사, 전통, 스님의 전형적인 하루 일과를 알게 될 수 있습니다.

___

___

2. 시간과 스케줄에 따라, 템플 스테이를 즐기기 위한 어떤 프로그램이든 선택할 수 있습니다.

___

___

3. 사람들은 자기의 문화와 다른 부분의 것들을 체험하길 좋아합니다.

___

___

Question 02

조선시대부터 유명한 궁중 음식이 있습니다. 궁중 음식과 일반 음식의 차이점은 무엇입니까?
There are several famous palace cuisines from the Joseon Dynasty in Korea. Can you list some of the palace cuisines and their unique qualities?

1. Here are some differences between royal cuisine and ordinary food.
2. Royal cuisine is literally the food cooked in a royal court during the Joseon Dynasty.
3. So it's quite different from ordinary Korean food.
4. First, it's less salty and spicy, except dishes containing *kimchi*(김치).
5. It's quite a big difference since Koreans generally enjoyed spicy food during this period.
6. The main well-known cuisines are mung bean jelly salad, marinated grilled beef slices, brass chafing dish, platter of nine delicacies, pine mushroom skewer, Korean-style raw beef, and braised jumbo shrimp.
7. Lastly, the name of each dish is different.
8. For example, we call rice '*bap*'(밥) but in the court, it is called *sura*(수라).
9. Salad is *namul*(나물), but it is called *sukchae*(숙채) in court.

1. 궁중 음식과 일반 음식 사이에 몇 가지 차이점이 있습니다.
2. 궁중 음식은 말 그대로 조선시대에 궁중에서 만든 요리입니다.
3. 그래서 일반 음식과는 꽤 다릅니다.
4. 첫 번째로, 김치를 제외하고는 훨씬 덜 짜고 맵습니다.
5. 그 당시 한국인이 매운 음식을 대체로 즐겼기에 이것은 큰 차이입니다.
6. 잘 알려진 요리는 탕평채, 너비아니, 신선로, 구절판, 송이산적, 육회 그리고 대하찜입니다.
7. 마지막으로, 음식을 부르는 것이 다릅니다.
8. 예를 들면, 밥을 궁에서는 수라라고 부릅니다.
9. 샐러드는 나물이라고 부르고, 궁에서는 숙채라고 부릅니다.

관광영어 용어정리

royal cuisine 궁중 음식
mung bean jelly salad 탕평채
pine mushroom skewer 송이산적
ordinary food 일상의 음식
marinated grilled beef slices 너비아니
Korean-style raw beef 육회
literally 말 그대로
brass chafing dish 신선로
braised jumbo shrimp 대하찜
royal court 궁중
platter of nine delicacies 구절판

작문 연습

1. 궁중 음식과 일반 음식 사이에 몇 가지 차이점이 있습니다.

2. 그 당시 한국인이 매운 음식을 대체적으로 즐겼기에 이것은 큰 차이입니다.

3. 궁중 음식은 말 그대로 조선시대에 궁중에서 만든 요리입니다.

나의 면접 답변 flow 키워드

Question 03

우리나라의 전통 술 소개(발효 방법, 영양소, 색, 맛, 예시)를 해보십시오.
Can you introduce several traditional Korean alcohol? How is it fermented? Describe the colors and flavors.

1. *Makgeolli* (막걸리) is one of Korea's representatives for traditional alcohols.
2. It was made by mixing steamed rice, or yeast, called *nuruk* (누룩), and water until it becomes fermented.
3. Like all fermented food, *Makgeoli* also contains a lot of lactic acid bacteria and dietary fiber.
4. Its original color is milky and opaque with around five percent alcohol content.
5. It's not that strong compared to other alcohol, but it is sweet and smooth, and also a little tangy.
6. These days, a lot of *Makgeoli* companies release makgeoli with various flavors, such as, citron, ginseng, strawberry, honey, and etc.
7. I think that *Soju* (소주) is the most popular alcohol in Korea because of its price.
8. One bottle of *Soju* is around 1,000 won.
9. If you drink at the bar, it's more expensive.
10. But it's still way cheaper than any other alcohol.
11. Compared to beer, the alcohol content of Soju is high(around 15% to 18%) and can make you drunk easily.
12. So people like to mix it with juice, sprite, or beer.
13. Beer is called *Maekju* (맥주) in Korean.
14. So, mixing *Soju* and *Maekju* becomes *Somaek* (소맥).
15. This is one of the most popular forms of mixed drinks in Korea.

16. Among the different types of *Soju*, *Andong Soju* has relatively high alcohol content at around 45% .
안동 소주

17. There are packed *soju* for foreign visitors to take with them back to their countries.

18. That's another recommended souvenir.

19. *Bokbunja* is a name of a Korean style raspberry.
복분자

20. This wine is normally popular among girls because of its sweet and fruity taste.

21. It is made from fermented raspberry and mixed with alcohol.

22. I usually recommend this to those who like sweet liquor.

23. Personally, I like this wine the best among other Korean drinks.

1. 막걸리는 한국의 대표적인 전통 술 중 하나입니다.
2. 쌀밥과 효모를 섞은 누룩이라고 하는 것과 물이 발효될 때까지 섞는 것입니다.
3. 다른 발효 식품들이 그렇듯, 막걸리는 다량의 유산균과 박테리아, 섬유질을 포함하고 있습니다.
4. 원래의 색은 우유색이고 불투명한 색이고 5도 정도의 알코올 함량을 가지고 있습니다.
5. 다른 술과 비교했을 때 그렇게 강하지는 않지만 달고 부드럽고 톡쏘는 맛입니다.
6. 요즘은 막걸리 회사에서 유자, 생강, 딸기, 꿀 등과 같은 다양한 맛의 상품들을 출시하고 있습니다.
7. 소주는 한국에서 가장 인기 있는 술인데, 가격이 싸기 때문이기도 합니다.
8. 소주 한 병이 1,000원 정도 합니다.
9. 바에서 술을 마시면, 좀 더 비싸긴 합니다.
10. 그래도 다른 술보다 여전히 훨씬 쌉니다.
11. 맥주와 비교했을 때, 소주의 알코올 함량은 15-18% 정도 되고 술을 쉽게 취하게 합니다.
12. 그래서 사람들은 주스, 스프라이트, 그리고 맥주랑 섞어 마시는 것을 좋아합니다.
13. Beer는 한국어로 맥주라고 합니다.
14. 그래서 소주와 맥주를 섞으면 소맥이 됩니다.
15. 이 또한 한국의 인기 있는 혼합주 중 하나입니다.
16. 다른 종류의 소주 중, 안동 소주는 알코올 함량이 45도 정도로 비교적으로 높습니다.
17. 외국인들이 자기 나라로 돌아갈 때 가지고 갈 수 있는 팩 소주도 있습니다.
18. 또 다른 추천 기념품입니다.
19. 복분자주는 한국 스타일의 라즈베리 와인의 이름입니다.
20. 이 와인은 보통 여자들 사이에서 인기가 많은데, 왜냐면 달콤하고 과일 맛이 납니다.
21. 발효된 라즈베리로 만들어서 알코올과 섞습니다.
22. 달콤한 술을 좋아하는 사람들에게 추천합니다.
23. 개인적으로, 저는 이 술을 다른 한국 술 중에 가장 좋아합니다.

관광영어 용어정리

representative 대표하는
dietary fiber 식이성 섬유
packed soju 팩소주
ferment 발효되다
opaque color 불투명색
recommendable souvenir 추천할만한 기념품
lactic 젖산
tangy 맛이 톡 쏘거나 짜릿한
sweet liquors 달콤한 술
bacteria 박테리아
citron 유자

작문 연습

1. 쌀밥과 효모를 섞은 누룩이라고 하는 것과 물이 발효될 때까지 섞는 것입니다.

2. 다른 발효 식품들이 그렇듯, 막걸리는 다량의 유산균과 박테리아, 섬유질을 포함하고 있습니다.

3. 다른 종류의 소주 중, 안동 소주는 알코올 함량이 45도 정도로 비교적으로 높습니다.

나의 면접 답변 flow 키워드

Question 04

김치는 어떻게 담그십니까? 효능과 가치를 설명해주십시오.
Do you know how to make Kimchi? In what ways is it good for your health?

1. It is easy to find fermented food on the Korean dinner table.
2. One main fermented dish is Kimchi.
3. Kimchi is one of the healthiest foods in the world.
4. Kimchi is a side dish made with pickled cabbage or radish.
5. Pickled cabbage and radish is seasoned with chilli, onion, garlic, ginger, and sometimes seafood like oysters and salted fish.
6. The longer it ferments, the better the taste becomes.
7. It is extremely nutritious and is abundant with vitamins and minerals.
8. It enhances the human immune system and is known widely as an anti-cancerous food.
9. Thus, it was designated as UNESCO's Intangible Cultural Heritage in 2013.
10. Many Korean people eat Kimchi almost every day and some people cannot live even a day without Kimchi.
11. Foreigners think Kimchi is spicy.
12. It is spicy but also addictive.
13. But there are other kinds of Kimchi such as *Baek Kimchi*. (백김치)
14. Baek means white in Korean.
15. It is made using a recipe similar to that of original Kimchi except the pepper powders are exempt.
16. So, if you don't want to try spicy kimchi, I recommend *Baek Kimchi*.
17. I will tell you how to make Kimchi.

18. Making Kimchi is called *Kimjang*.
김장

19. First, cut the cabbages in half then soak them in salt water until they become pickled.

20. You can also put radish in if you'd like.

21. Coat the cabbage with a prepared sauce which will fill every nook and cranny with seasoning.

22. Then, put all of the cabbage into a jar and store them in the refrigerator for around a week.

23. Usually, red pepper powder, salted anchovy sauce, salted shrimp sauce, and crushed garlic are used as seasoning.

1. 한국 밥상에서 발효 식품은 찾기 쉽습니다.
2. 주요한 발효 음식 중 하나는 김치입니다.
3. 김치는 세상에서 가장 건강한 음식 중 하나입니다.
4. 김치는 절인 양배추, 무로 만든 반찬입니다.
5. 절인 배추, 무를 고춧가루, 양파, 마늘, 생강으로 양념합니다.
6. 더 오래 발효될수록 그 맛은 점점 나아집니다.
7. 이 음식은 뛰어나게 영양이 높고, 풍부한 비타민과 미네랄을 가지고 있습니다.
8. 이건 사람의 면역 체계를 강화하고 항암 효과가 엄청 뛰어난 음식으로 유명합니다.
9. 그러므로 2013년에 이 우수함을 인정받아서 유네스코 인류무형문화유산으로 등재되었습니다.
10. 많은 한국 사람들은 거의 매일 김치를 먹고, 어떤 사람들은 하루도 김치를 먹지 않고는 살 수 없다고 합니다.
11. 외국인들은 김치가 맵다고 생각합니다.
12. 김치는 맵지만 중독성도 있습니다.
13. 그러나 백김치 같은 다른 종류의 김치도 있습니다.
14. 한국어로 백은 하얗다는 뜻입니다.
15. 본래 김치 레시피와 고춧가루를 넣는 것만 빼고는 비슷합니다.
16. 그래서, 매운 김치를 먹는 것이 싫다면, 백김치를 추천합니다.
17. 그렇다면, 김치 만드는 방법을 알려드리겠습니다.
18. 김치를 만드는 것은 김장이라고 부릅니다.
19. 우선, 배추를 반으로 자르고 소금물에 절여질 때까지 담급니다.
20. 원한다면 무도 넣어도 됩니다.
21. 준비된 소스, "속"을 양념을 하기 위해 배춧잎 하나하나에 발라줍니다.
22. 그리고, 이 모든 것들을 단지에 넣고 냉장고에 일주일 정도 보관합니다.
23. 고추가루, 멸치 액젓, 새우 액젓, 그리고 으깬 마늘이 보통 김치 속을 만드는 것에 사용됩니다.

관광영어 용어정리

anchovy sauce 멸치 소스(멸치 액젓 등을 말할때 쓸 수 있음)
red pepper powder 고추가루
salt에 soak 한다고 하면 소금에 절이다
enhance 강화시키다, 향상시키다
salted fish 소금에 절인 생선
cabbage 양배추
cut in half 반으로 자르다
fermented food 발효 음식
nutritious 영양이 풍부한
seasoning 조미료
soak 흠뻑 적시다(액체)속에 담그다
immune system 면역 체계
pickled cabbage 절인 양배추
crushed garlic 다진 마늘
salted shrimp sauce 새우젓
anti-cancer food 항암 음식
radish 무
abundant 풍부한

작문 연습

1. 이건 사람의 면역 체계를 강화하고 항암 효과가 엄청 뛰어난 음식으로 유명합니다.

2. 그러므로 2013년에 이 우수함을 인정받아서 유네스코 인류무형문화유산으로 등재되었습니다.

3. 우선, 배추를 반으로 자르고 소금물에 절여질 때까지 담급니다.

나의 면접 답변 flow 키워드

Question 05

고려 인삼에 대해 설명하십시오.
Tell me about Korean ginseng.

1. *Ginseng* (인삼) is a kind of slow-growing perennial plant with roots.
2. It tastes bitter and strong.
3. It is shaped like a human body.
4. Korean *Ginseng* is distinctively more popular than any other countries' because it contains "Ginsenoside" which is only found in Korean *Ginseng*.
5. Ginsenoside is the saponin in *Ginseng*.
6. It is also known to boost the immune system and prevent cancer.
7. The more its shape looks like the human body, the more effective it is.
8. So, Korean *Ginseng* is quite a popular shopping item for foreigners.
9. Ginseng-infused tea and liquor are also popular among foreigners as souvenirs.
10. If you want to buy a simple gift for your friends, there are *ginseng* jelly and candies, too.

1. 인삼은 천천히 자라는 뿌리가 있는 다년생 식물 종류입니다.
2. 맛이 쓰고 강합니다.
3. 인삼의 모양은 사람 몸 같습니다.
4. 한국의 인삼은 특별히 다른 나라 인삼보다 인기 있는 이유는 한국 인삼이 유일하게 "진세노사이드"를 포함하고 있기 때문입니다.
5. 진세노사이드는 인삼에 있는 사포닌입니다.
6. 면역 시스템을 증진시키고, 암을 예방하는 효능으로 유명합니다.
7. 인간의 몸 모양이 비슷하면 비슷할수록, 더 효과가 좋다고 합니다.
8. 그래서 한국 인삼은 외국인들의 쇼핑 아이템으로 굉장히 인기가 많습니다.
9. 인삼을 우려낸 차, 알코올 역시도 외국인들 중 기념품으로 인기가 좋습니다.
10. 친구를 위해 간단한 선물을 사고 싶다면, 인삼 젤리나 사탕도 있답니다.

관광영어 용어정리

perennial plants 다년생 꽃
distinctively 특징적으로, 독특하게
boost 복돋우다, 증진시키다
ginseng-infused tea 인삼 우린 차

작문 연습

1. 한국의 인삼은 특별히 다른 나라 인삼보다 인기 있는 이유는 한국 인삼이 유일하게 "진세노사이드"를 포함하고 있기 때문입니다.

2. 인간의 몸 모양이 비슷하면 비슷할수록, 더 효과가 좋다고 합니다.

3. 친구를 위해 간단한 선물을 사고 싶다면, 인삼 젤리나 사탕도 있답니다.

나의 면접 답변 flow 키워드

Question 06

한식의 세계화 방안에 대해 설명하십시오.
Korean food, Hansik, is receiving widespread support throughout the world. Do you know about the globalization of Hansik?

1. Compared to the past, people's recognition of *Hansik*, korean food, has increased a lot.
한식
2. *Hansik* is known to be a healthy, clean food and helps people lose weight.
3. Also, it tastes really good.
4. I suggest two ways to globalize *Hansik* around the world.
5. First, we need to make a lot of content related to *Hansik*.
6. World Hansik Festival was held in 2016 to spread the uniqueness of Korean food to everyone.
7. It received great feedback and participants showed high satisfaction in the content made.
8. So, holding events, festivals, and even small but unique gatherings with the theme of Hansik will help globalize Hansik.
9. These days, online platforms, such as YouTube, are very popular and we can easily find various videos about Korean food.
10. Creating content needs to be continued from now on.
11. Second, localization is very important.
12. Revise the recipe of the original Korean dish to adapt well to the target market.
13. No matter how delicious the food is to us, if it does not appeal to other countries' appetite, then it cannot excel.
14. So, we always need to think of localization.
15. I hope many people in the world can experience the greatness of Korean food.

1. 과거와 비교했을 때, 한식에 대한 사람들의 인식은 높아졌습니다.
2. 한식은 건강하고, 깨끗하며 사람들이 체중을 감량하는데 좋은 음식으로 유명합니다.
3. 또한, 맛도 아주 좋습니다.
4. 한식을 세계화하는 두 가지 방안을 제안하려고 합니다.
5. 첫번째, 한식에 관련된 많은 콘텐츠를 만들 필요가 있습니다.
6. 한국 음식의 특별함을 사람들에게 알리려고 2016년에 세계 한식 축제가 열렸습니다.
7. 반응이 좋았고, 참가자들은 우리가 만든 콘텐츠에 대해 높은 만족감을 보였습니다.
8. 그래서, 한식이란 주제로 이벤트, 축제 그리고 작아도 독특한 행사를 여는 것은 전 세계에 한식을 알리는 것에 도움이 됩니다.
9. 요즘은, 유튜브 같은 온라인 플랫폼이 매우 인기 있고, 한국 음식에 대한 다양한 콘텐츠를 쉽게 찾을 수 있습니다.
10. 콘텐츠를 개발하는 것은 앞으로도 계속되어야 합니다.
11. 둘째로, 현지화시키는 것이 매우 중요합니다.
12. 본래의 한식 레시피를 수정하고, 타켓시장에 맞게 변형시켜야 합니다.
13. 음식이 우리에게 아무리 맛있을지라도, 다른 나라 사람들의 입맛에 맞추지 못한다면, 아무것도 아닌 것이 되어 버립니다.
14. 그래서 언제나 현지화를 생각할 필요가 있습니다.
15. 세계의 많은 사람들이 한식의 위대함을 많이 경험할 수 있길 바랍니다.

관광영어 용어정리

recognition 인식	uniqueness 유일함	online platform 온라인 플랫폼	appetite 식욕
globalize 세계화하다	gatherings 모임	localization 현지화	greatness 위대함

작문 연습

1. 세계의 많은 사람들이 한식의 위대함을 많이 경험할 수 있길 바랍니다.

2. 음식이 우리에게 아무리 맛있을지라도, 다른 나라 사람들의 입맛에 맞추지 못한다면, 아무 것도 아닌 것이 되어버립니다.

3. 반응이 좋았고, 참가자들은 우리가 만든 콘텐츠에 대해 높은 만족감을 보였습니다.

나의 면접 답변 flow 키워드

Question 07

할랄 음식에 대해 말해보십시오.
Could you tell us about Halal food?

1. *Halal* refers to "permitted" in Arabic.
   할랄
2. *Halal* food specifically means "prepared appropriately for human consumption."
3. In other words, the food that is permitted to be eaten under Islamic law.
4. Goat meat, chicken, and beef that are slaughtered properly under this law are only allowed to be eaten.
5. The opposite meaning term of *Halal* is *Haram* which means forbidden.
   하람
6. *Halal* food is consumed globally and Muslim travelers are increasing every year.
7. Its market is growing more and more in the global food industry.
8. My opinion on this industry is that if we create a *Halal* Food Complex in Korea, it will bring a positive impact on economic profits.
9. But, we need to think about religious and cultural conflicts that might occur in our society, too.

1. 할랄은 아랍어로 "허락된" 이라는 뜻입니다.
2. 할랄 푸드의 자세한 뜻은 "인간이 먹을 수 있도록 올바르게 준비된" 이란 뜻을 가집니다.
3. 다른 말로는, 이슬람 율법에 따라 허락된 음식만 먹을 수 있다는 말입니다.
4. 염소, 치킨, 소는 이슬람 법에 걸맞게 도축되어야만 먹을 수 있습니다.
5. 할랄의 반대 의미를 지닌 용어는 하람인데, 금지된 이라는 뜻입니다.
6. 할랄 음식은 세계적으로 소비되고 있고, 무슬림 여행객들도 매년 증가하고 있습니다.
7. 글로벌 식품 산업에서 시장이 계속 성장하고 있습니다.
8. 이 산업에 대한 제 의견은 만약에 한국에 할랄 푸드 복합공간을 만든다면, 경제적 이윤을 많이 부를 수 있다고 생각합니다.
9. 하지만 우리 사회에 조성될 종교적, 문화적 충돌도 생각해 볼 필요가 있습니다.

관광영어 용어정리

consumption 소비
slaughter (가축을) 도살하다
economic profits 경제적 이익
religious and cultural conflicts 종교적 문화적 갈등

작문 연습

1. 염소, 치킨, 소는 이슬람 법에 걸맞게 도축되어야만 먹을 수 있습니다.

____

____

2. 할랄 음식은 세계적으로 소비되고 있고, 무슬림 여행객들도 매년 증가하고 있습니다.

____

____

3. 하지만 우리 사회에 조성될 종교적, 문화적 충돌도 생각해 볼 필요가 있습니다.

____

____

나의 면접 답변 flow 키워드

____

____

____

____

Question 08

비빔밥에 대해 이야기 해 보십시오. 어떻게 만드는지 아십니까?
Could you talk about Bibimbap? Do you know how to make it?

1. Are you looking for both a nutritious and a delicious food in Korea?
2. Then, I highly recommend Bibimbap.
3. '*Bibim*' (비빔) means mix and "*bap*" (밥) means rice in Korean.
4. So it's literally mixed rice with lots of vegetables and meat.
5. Not only is there beef bibimbap, but there are various kinds of *Bibimbap* (비빔밥) depending on what you put inside.
6. If you put beef inside the dish, it becomes beef *Bibimbap* (비빔밥).
7. If you put oyster inside the dish, then it's oyster *Bibimbap* (비빔밥).
8. To make Bibimbap, you mix the rice, vegetables, chili pepper paste, soy sauce, or soybean paste thoroughly and put a fried egg on top.
9. These are the most common ingredients that you can find easily in the restaurant.
10. According to CNN Travel, it was listed at number 40 on the World's 50 most delicious foods.
11. *Jeonju* (전주) which is located in the *Jeollado* (전라도) Province of Korea is the area that is most famous for Bibimbap.
12. So, when you travel to *Jeonju* (전주), make sure to try *Jeonju* (전주) style *Bibimbap* (비빔밥)!

1. 한국에서 영양가 있으면서도 맛있는 음식을 찾고 있습니까?
2. 그렇다면, 비빔밥을 강력 추천합니다.
3. 비빔은 섞는다는 의미고, 밥은 한국어로 쌀(밥)입니다.
4. 말 그대로 많은 야채와 고기를 밥과 섞은 요리라는 것이죠.
5. 소고기 비빔밥만 있는 것이 아니라, 무엇을 넣느냐에 따라 다양한 종류의 비빔밥이 될 수 있습니다.
6. 요리에 소고기를 넣으면 소고기 비빔밥이 됩니다.
7. 요리에 굴을 넣으면 굴 비빔밥이 됩니다.
8. 비빔밥을 만들기 위해서, 밥, 야채, 고추창, 간장이나 된장을 싹싹 비비고, 위에 계란후라이를 올리면 됩니다.
9. 이 재료들이 들어가는 것이 레스토랑에서 쉽게 찾을 수 있는 보편적인 재료죠.
10. CNN Travel에 따르면, 비빔밥은 세계의 50가지 맛있는 음식에서 40위에 올랐다고 합니다.
11. 전라도에 위치한 전주는 비빔밥으로 가장 유명한 지역입니다.
12. 그래서 전주에 여행 가면, 전주비빔밥을 꼭 먹어보십시오!

관광영어 용어정리

nutritious 영양분이 많은
look for 찾다
thoroughly 대단히, 완전히

작문 연습

1. 비빔밥을 만들기 위해서, 밥, 야채, 고추장, 간장이나 된장을 싹싹 비비고, 위에 계란후라이를 올리면 됩니다.

____

____

2. 전라도에 위치한 전주는 비빔밥으로 가장 유명한 지역입니다.

____

____

3. 소고기 비빔밥만 있는 것이 아니라, 무엇을 넣느냐에 따라 다양한 종류의 비빔밥이 될 수 있습니다.

____

____

나의 면접 답변 flow 키워드

____

____

____

____

Question 09

불고기에 대해서 말해보십시오. 어떻게 만드는지 아십니까?
Could you tell us about Bulgogi? Do you know how to make it?

1. *Bulgogi* (불고기) is one of the most popular Korean meat dishes for both foreigners and locals.
2. It won't satisfy vegan travelers, but most people love the taste of *Bulgogi* and we can make various different dishes with bulgogi such as sandwiches, pizza, and pasta.
3. The special sauce is the key secret to making *Bulgogi*.
4. To make *Bulgogi*, you need to marinate the beef in a sauce made with soy sauce, finely chopped onions, minced garlic, salt, sugar, and black pepper.
5. Depending on your preference, you can either make it with pork or chicken.
6. But, beef Bulgogi is typical.
7. *Bulgogi* has always been loved by people.
8. Let me share my own recipe with you.
9. Prepare green onions and cut them into pieces.
10. Make marinade with sliced onions, green onions, minced garlic, sesame oil, black pepper, salt, and sugar and mix it thoroughly.
11. Marinate the sliced meat inside the marinade and keep it in the fridge for around four hours.
12. Cook in a frying pan for around 10 minutes until it is cooked.
13. Serve it on a plate and eat.

1. 불고기는 한국인 외국인 모두에게 가장 인기 있는 한국 음식 중 하나입니다.
2. 비건 여행자들에게는 맞지 않겠지만, 대부분의 사람들은 불고기의 맛을 좋아하고, 불고기를 이용해 샌드위치, 피자, 그리고 파스타와 같은 다양한 요리들도 만들 수 있습니다.
3. 스페셜 소스가 불고기를 만드는 비법입니다.
4. 불고기를 만들 때, 간장, 잘게 썬 양파, 저민 마늘, 소금, 설탕, 후추로 만든 소스로 소고기를 절여야 합니다.
5. 기호에 따라서, 돼지로 만들거나 닭으로 만들 수도 있습니다.
6. 그러나 소불고기가 전형적입니다.

7. 불고기는 사람들에게 계속 사랑받는 음식입니다.
8. 저만의 불고기 레시피를 공유하겠습니다.
9. 파, 양파와 같은 야채를 준비하고 조각조각 자릅니다.
10. 얇게 썬 양파, 파, 저민 마늘, 참기름, 후추, 소금, 설탕을 잘 섞고 양념장을 만듭니다.
11. 얇게 썬 고기를 양념장에 넣고 절이고 냉장고에 4시간 정도 숙성시킵니다.
12. 프라이팬에 다 익을 때까지 익힙니다.
13. 접시에 옮겨 담고 맛있게 먹습니다.

관광영어 용어정리

marinade 양념장
marinate 양념장에 재워두다
thoroughly 대단히, 완전히
preference 선호도
vegetarian 채식주의자

작문 연습

1. 스페셜 소스가 불고기를 만드는 비법입니다.

2. 비건 여행자들에게는 맞지 않겠지만, 대부분의 사람들은 불고기의 맛을 좋아하고, 불고기를 이용해 샌드위치, 피자, 그리고 파스타와 같은 다양한 요리들도 만들 수 있습니다.

3. 불고기는 한국인 외국인 모두에게 가장 인기 있는 한국 음식 중 하나입니다.

나의 면접 답변 flow 키워드

Chapter 05 서울의 관광지

이 단원의 질문들

01	한글의 우수성은 전세계적으로 잘 알려져 있습니다. 한글의 우수함을 잘 보여주는 관광 장소를 아십니까? The excellence of the Korean writing system, known as Hangeul, is well known all over the world. Do you know any tourist attractions in Seoul that show the excellence of Hangeul?
02	CALT에 대해 아십니까? 어떤 서비스를 제공합니까? Do you know about CALT? What kinds of services does it offer?
03	DDP는 무엇을 의미하는지 아십니까? 설명해주십시오. What does DDP stand for? Please explain.
04	북촌한옥마을에 대해 설명해주십시오. Please tell us about Bukchon Hanok Village.
05	노량진 수산시장에 대해 설명해주십시오. Please tell us about Noryangjin fish market.
06	인사동에 가보셨습니까? 그렇다면 설명해주십시오. Have you been to Insadong? If so, please tell us about it.
07	K-POP이 인기가 많은데 K-POP에 대해 관광할 수 있는 장소가 서울에 어디 있을까요? K-POP is very popular. Where can you go in Seoul to learn more about K-POP?
08	동대문과 남대문의 역사와 차이점을 설명해주십시오. Tell us the historical differences between Dongdaemun and Namdaemun.
09	서울의 역사에 대해 알려주십시오. Could you tell us the history of Seoul?
10	서울에 있는 관광특구는 어디이고, 관광특구의 설정 기준은 무엇입니까? What is Special Tourist Zone? Where are they? What is required to be designated as STZ?
11	남산타워에 대해 알려주십시오. Tell us about Namsan tower.

Question 01

한글의 우수성은 전세계적으로 잘 알려져 있습니까? 한글의 우수함을 잘 보여 주는 서울의 관광 장소를 아십니까?

The excellence of the Korean writing system, known as Hangeul, is well known all over the world. Do you know any tourist attractions in Seoul that show the excellence of Hangeul?

1. *Hangeul*(한글), the Korean alphabet, was created by King Sejong of the Joseon Dynasty.
2. Before that, Koreans used Chinese characters which was very complicated and difficult to learn.
3. Thanks to King Sejong's great achievements, people could learn the Korean alphabet very easily.
4. Hangeul's consonants were created based on the articulators of the human vocal organs, such as the shape of the tongue, throat, and lips.
5. Because of this reason, you can write almost any language in the world with *Hangeul*.
6. The vowels however, contain philosophical meanings like heaven, earth, and human.
7. *Hangeul* is so easy to learn and use that the illiteracy rate of Koreans is less than 1% whereas in China, it is more than 3%.
8. So *Hangeul* is said to be the most scientific and creative letter and writing system in the world.
9. These days, more and more people are becoming interested in learning Korean.
10. For those who would like to know more about *Hangeul*, you can visit the *National*(국립) *Hangeul Museum*(한글 박물관) in Yongsan, Seoul.
11. This museum is open from 9am to 6pm and it's also free.
12. The museum explains the history of *Hangeul*, the creative movement of Hangeul, and even the globalization of *Hangeul*.
13. Other special exhibitions are held from time to time.

1. 한글, 한국만 알파벳은 조선시대 세종대왕에 의해 창제되었다.
2. 그전에는, 우리는 중국 글자를 썼는데 복잡하고 어려웠습니다.
3. 세종대왕의 위대한 업적 덕분에, 사람들은 한글 알파벳을 엄청 쉽게 익힐 수 있었습니다.
4. 한글의 모음은 인간 발성 기관 중 조음 기관에 근거하여 만들어졌습니다. 여기서 조음 기관은 혀의 모양, 목, 그리고 입술 같은 것을 말합니다.
5. 그래서, 한글로 거의 세상의 모든 언어를 적을 수 있습니다.
6. 하지만, 자음은 하늘, 땅, 인간 같은 철학적인 의미를 담고 있습니다.
7. 한글은 배우고 쓰는 것이 쉬워서 문맹률이 중국이 3%인 것에 비해 1%밖에 안됩니다.
8. 그래서 한글은 가장 과학적이고 창의적인 글자와 쓰기 시스템을 갖추고 있다고 합니다.
9. 요즘은, 더 많은 사람들이 한국어를 배우는 것에 관심을 가지게 되고 있습니다.
10. 한글에 대해 더 알고 싶은 사람들은, 서울 용산에 있는 국립한글박물관에 가는 것을 추천합니다.
11. 이 박물관은 오전 9시부터 오후 6시까지 열고 무료입니다.
12. 박물관은 한글의 역사, 한글의 창조적인 발전, 한글의 세계화까지 다루고 있습니다.
13. 가끔씩 특별 전시도 열린답니다.

관광영어 용어정리

complicated 복잡한
vocal 발성의, 목소리의
illiteracy rate 문맹률
consonant 자음
organ (신체 내의) 장기
articulator 조음기관
philosophical 철학의

작문 연습

1. 한글의 모음은 인간 발성 기관 중 조음 기관에 근거하여 만들어졌습니다. 여기서 조음 기관은 혀의 모양, 목, 그리고 입술 같은 것을 말합니다.

____

____

2. 그전에는, 우리는 중국 글자를 썼는데 복잡하고 어려웠습니다.

____

____

3. 한글은 배우고 쓰는 것이 쉬워서 문맹률이 중국이 3%인 것에 비해 1%밖에 안됩니다.

____

____

Question 02

CALT에 대해 아십니까? 어떤 서비스를 제공합니까?
Do you know about CALT? What kinds of services does it offer?

1. CALT stands for City, Airport, Logistics, and Travel.
2. The company is located in *Samsung-dong* (삼성동), Seoul and provides a fast and convenient off-site check-in airport service.
3. To use the service, you can go to the CALT building, check-in your baggage, and arrange seating with your airline.
4. It is quick and easy.
5. Then, you can take a break and visit the on-site immigration office.
6. After that, you buy your tickets and take the airport limousine bus which goes directly to *Gimpo* (김포) and *Incheon* (인천) airport.
7. It's very fast and convenient.
8. At the airport, CALT passengers have the privilege of using the same entrance as diplomats and the flight crew.

1. 한국도심공항(CALT)는 City Airport/Logistics/Travel를 의미합니다.
2. 서울 삼성동에 위치하며, 원격 체크인부터 공항 서비스까지 빠르고 편안하게 제공합니다.
3. 서비스를 이용하려면, CALT건물로 가 짐을 체크인하고, 항공 좌석을 배정받으면 됩니다.
4. 쉽고 빠릅니다.
5. 그리고, 좀 쉬다가 원격 입국 심사를 하게 됩니다.
6. 그 후, 김포, 인천공항 직행 리무진 버스 티켓을 사서 갑니다.
7. 빠르고 편리하죠.
8. 공항에서 CALT 승객들은 외교관, 승무원과 같은 입구를 사용할 수 있는 혜택을 받게 됩니다.

관광영어 용어정리

stand for ~를 나타내다, 의미하다
flight crew 승무원들
privilege 특혜
on-site immigration office 현장의 출입국 관리사무소
off-site check-in 공항 외에서 체크인 하는 것
diplomat 외교관

작문 연습

1. 서비스를 이용하려면, CALT건물로 가 짐을 체크인하고, 항공 좌석을 배정받으면 됩니다.

2. 그 후, 김포, 인천공항 직행 리무진 버스 티켓을 사서 갑니다.

3. 공항에서 CALT 승객들은 외교관, 승무원과 같은 입구를 사용할 수 있는 혜택을 받게 됩니다.

나의 면접 답변 flow 키워드

Question 03

DDP는 무엇을 의미하는지 아십니까? 설명해주십시오.
What does DDP stand for? Please explain.

1. DDP stands for *Dongdaemun Design Plaza.*
   동대문 디자인 플라자
2. It is a multi-cultural complex located at *Dongdaemun History & Culture Park* Station in Seoul.
   동대문 역사문화공원
3. It was established in 2014 with the slogan 'Dream, Design, Play!' to offer a platform for new design trends and culture.
4. Diverse cultural and fashion events such as exhibitions, fashion shows, product launches, education programs, and forums are held almost daily.
5. One great thing about this place is the shape of the building.
6. It looks quite like the landscape of Korea when looking from the air.
7. I heard it is one of the world's largest three-dimensional architectural structures.
8. I hope the DDP can be a hub for the design and fashion industry and expand throughout the world.

1. DDP는 동대문 디자인 플라자를 의미합니다.
2. 서울의 동대문 역사문화공원에 위치하고 있는 복합문화단지입니다.
3. "Dream, Design, Play!"라는 슬로건을 걸고 2015년에 새로운 디자인 트랜드와 문화를 알리는 플랫폼을 만들기 위해 세워졌습니다.
4. 전시회, 패션쇼, 상품 런칭, 교육 프로그램, 포럼 같은 다양한 문화, 패션 이벤트가 거의 매일 열리고 있습니다.
5. 또 하나 멋진 것은 이 건물의 모양입니다.
6. 하늘에서 봤을 때 우리나라 풍경 같은 모양과 닮았습니다.
7. 전 세계에서 가장 큰 3D 건축 구조 건물 중 하나라고 들었습니다.
8. DDP가 세계로 뻗어 나가는 디자인, 패션 산업의 허브가 되길 희망합니다.

관광영어 용어정리

multi-cultural complex 복합문화단지
diverse 다양한
hub 중추, 중심지
landscape 풍경
three-dimensional architectural structures 3차원의 입체적인 건축 구조

작문 연습

1. 서울의 동대문 역사문화공원에 위치하고 있는 복합문화단지입니다.

2. 전시회, 패션쇼, 상품 런칭, 교육 프로그램, 포럼 같은 다양한 문화, 패션 이벤트가 거의 매일 열리고 있습니다.

3. DDP가 세계로 뻗어나가는 디자인, 패션 산업의 허브가 되길 희망합니다.

나의 면접 답변 flow 키워드

Question 04

북촌 한옥마을에 대해 설명해주십시오.
Please tell us about Bukchon Hanok Village.

1. Bukchon Hanok village is surrounded by *Gyeongbokgung Palace*(경복궁), *Changdeokgung Palace*(창덕궁), and the *Jongmyo*(종묘) Royal Shrine.
2. In *Bukchon* village, you can see countless *Hanok*, which are traditional Korean houses, densely packed together.
3. They are still used as homes.
4. When Korea underwent industrialization, the government moved these *Hanok* to this area because they had to use a lot of the land for economic development.
5. Many *Hanok* were destroyed and rebuilt here to form this village.
6. This is why the village was created with the *Hanok* built close together.
7. You can enjoy both traditional and modernized *Hanok* styles.
8. Some of these *Hanok* have been converted to coffee shops, restaurants, and guest houses for tourists.
9. Thanks to the atmosphere created by the beautiful *Hanok*, this area became a famous location for dates and wedding photos.

1. 북촌 한옥마을은 경복궁, 창덕궁, 종묘에 둘러싸여 있습니다.
2. 북촌 한옥마을에 가면 셀 수 없는 한국 전통 가옥인 한옥들을 볼 수 있고 한옥들이 촘촘하게 들어서 있습니다.
3. 집으로 실제 사용 중입니다.
4. 한국이 산업화를 겪었을 때, 정부에서 경제 발전을 위한 토지가 필요했기에 이 지역으로 한옥을 옮겼다고 합니다.
5. 많은 한옥을 무너뜨리고 새로 지어서 마을을 만들었습니다.
6. 그렇기 때문에 이렇게 촘촘히 모여서 짓게 된 것입니다.
7. 한옥 마을에서 전통과 현대식 한옥 둘 다 볼 수 있습니다.
8. 어떤 한옥들은 관광객들을 위해 커피숍, 레스토랑, 게스트하우스 등으로 변형시키기도 했습니다.
9. 아름다운 한옥들이 만들어낸 분위기 덕분에, 이 장소는 데이트 장소, 웨딩 촬영 장소로 유명해졌습니다.

관광영어 용어정리

countless 셀 수 없는, 무수한
densely 빽빽이, 밀집하여
undergo (변화, 사건 등을) 겪다
industrialization 산업화

작문 연습

1. 북촌 한옥마을에 가면 셀 수 없는 한국 전통 가옥인 한옥들을 볼 수 있고 한옥들이 촘촘하게 들어서 있습니다.

2. 한국이 산업화를 겪었을 때, 정부에서 경제 발전을 위한 토지가 필요했기에 이 지역으로 한옥을 옮겼다고 합니다.

3. 어떤 한옥들은 관광객들을 위해 커피숍, 레스토랑, 게스트하우스 등으로 변형시키기도 했습니다.

나의 면접 답변 flow 키워드

Question 05

노량진 수산시장에 대해 설명해주십시오.
Please tell us about Noryangjin fish market.

1. The vibrant *Noryangjin fish market* (노량진 수산시장) is the largest seafood market in Seoul.
2. It is opened 24 hours a day all year round.
3. Seafood auctions are held in the morning.
4. During this time, you can see various kinds of seafood.
5. The whole market is two stories.
6. On the first floor you can buy seafood and fish from vendors.
7. Then, you can take your items to the second-floor where a restaurant will cook it for you.
8. Side dishes and soups are also served to eat with the seafood you bought downstairs.
9. You can eat it raw or have it cooked, depending on your preference.
10. The restaurant serves you whatever you want.
11. I recommend adding one bottle of soju.
12. It goes very well with fresh seafood.
13. I'm sure you will have the best meal you could ever have at this fish market.
14. The best things to do there is wander around each stall and enjoy seeing the tanks full of various kinds of sea creatures such as octopus, squid, clams, salmon, mackerel, mussels, and more.

1. 시끌벅적한 노량진 시장은 서울에서 가장 큰 수산시장 입니다.
2. 24시간 연중무휴 운영됩니다.
3. 해산물 경매가 아침에 열립니다.
4. 그 시간 동안 다양한 해산물들을 볼 수 있습니다.
5. 전체 시장은 2층으로 되어 있습니다.
6. 1층에는 상인으로부터 해산물을 삽니다.
7. 당신이 구매한 물건을 2층으로 가져가면 식당에서 요리를 해줍니다.

8. 아래층에서 산 해산물과 함께 먹을 반찬과 국도 제공이 됩니다.
9. 기호에 따라서 회로 먹어도 되고 요리해서 먹어도 됩니다.
10. 식당에서 원하는 대로 알아서 해줄 것입니다.
11. 소주 한 병을 같이 주문하는 것을 추천합니다.
12. 신선한 해산물과 정말 잘 어울립니다.
13. 이 해산물 시장에서 최고의 한 끼를 먹을 수 있을 것이라 확신합니다.
14. 가장 좋은 것은 각 상점을 돌아다니며, 수족관 안에 있는 문어, 오징어, 조개, 연어, 고등어, 홍합 등과 같은 여러 바다 생물들을 볼 수 있다는 것입니다.

관광영어 용어정리

vibrant 활기찬, 생기가 넘치는
wander around 헤매다, 돌아다니다
auction 경매
mackerel 고등어
vendor 거리의 행상인
clam 조개
preference 선호하는 것
mussel 홍합

작문 연습

1. 해산물 경매가 아침에 열리고 그 시간 동안 다양한 해산물들을 볼 수 있습니다.

2. 당신이 구매한 물건을 2층으로 가져가면 식당에서 요리를 해줍니다.

3. 이 해산물 시장에서 최고의 한 끼를 먹을 수 있을 것이라 확신합니다.

Question 06

인사동에 가보셨습니까? 그렇다면 설명해주십시오.
Have you been to Insadong? If so, please tell us about it.

1. *Insadong* is well known as a traditional street to both locals and foreigners.
   인사동
2. This area is a mixture of traditional and modern Korean culture.
3. All the road and shop signs are written in Korean, even foreign brands!
4. Traditional tea houses, antique shops, and souvenir shops are connected to each other via alleys of varying size.
5. *Insadong* is considered a unique place that shows the cultural history of the nation.
6. *Insadong* has various famous antique shops, galleries, and traditional stationery shops.
7. You can get traditional shaped postcards and delicious street food, as well as, many souvenirs.
8. I highly recommend going to *Insadong* if you want to feel an authentic traditional Korean atmosphere and buy Korean-style souvenirs.
9. There's also a well-known temple in *Insadong* named *Jogyesa*.
   조계사

1. 인사동은 한국인, 외국인 모두에게 전통적인 거리로 유명한 곳입니다.
2. 이 장소는 전통과 현대의 한국 문화가 섞인 지역입니다.
3. 인사동에 있는 모든 도로, 상점 간판들은 한글말로 되어 있습니다. 외국 브랜드까지도 말입니다.
4. 전통적인 찻집, 골동품점, 그리고 기념품샵들이 여러가지 크기의 골목 골목에 서로서로 연결되어 있습니다.
5. 인사동은 우리나라의 문화, 역사를 보여주는 특별한 장소입니다.
6. 인사동에는 다양하고 유명한 골동품점, 갤러리, 전통 문구점이 있습니다.
7. 많은 기념품뿐만 아니라 전통 문양이 있는 엽서, 맛있는 길거리 음식들도 있습니다.
8. 한국 전통 분위기를 느끼고 한국스타일의 기념품을 사고 싶다면, 인사동을 정말 추천합니다.
9. 인사동에는 유명한 절인 조계사도 있습니다.

관광영어 용어정리

mixture 혼합, 혼합물
alley 골목
stationery 문구류, 문방구
souvenirs 기념품
locals 지역 사람들

작문 연습

1. 인사동은 한국인, 외국인 모두에게 전통적인 거리로 유명한 곳입니다.

2. 전통적인 찻집, 골동품점, 그리고 기념품샵들이 여러가지 크기의 골목 골목에 서로서로 연결되어 있습니다.

3. 한국 전통 분위기를 느끼고 한국스타일의 기념품을 사고 싶다면, 인사동을 정말 추천합니다.

나의 면접 답변 flow 키워드

Question 07

K-POP이 인기가 많은데 K-POP에 대해 관광할 수 있는 장소가 서울에 어디 있을까요?
K-POP is very popular. Where can you go in Seoul to learn more about K-POP?

1. K-POP is attracting worldwide attention to Korea.
2. The spread of Korean culture internationally through K-POP is called *Hallyu* (한류) Wave.
3. The number of K-POP fans coming to Korea is increasing tremendously every year.
4. If you would like to visit places where you can experience *Hallyu*, Incheon International Airport opened the *Hallyu* Digital Experience Zone with the theme "Let's go travel with *Joongki* Song".
5. Using VR devices, the latest holograph technology displays the celebrity *Joongki* Song on a plane.
6. People feel that they are actually together with him.
7. This kind of experience can promote not only *Hallyu*, but also the sponsoring airline and the airport itself.
8. There used to be SM town, one of the greatest k-pop entertainment agencies, at Coex Artium.
9. There was a souvenir shop, a k-pop cafe, and a theater where people can experience and enjoy k-pop.
10. A lot of photo zones and props of celebrities and souvenirs of celebrities were popular among k-pop fans from all around the world.
11. Now, they are building a new SM town in *Changwon*.
12. It is almost double the size of the previous coex artium-based town.
13. It is expected that this new giant *hallyu* convention center will play a key role in spreading k-pop culture throughout the world.

1. K-pop이 한국 문화의 일부로써 전 세계의 관심을 모으고 있습니다.
2. K-pop을 통해 전 세계적으로 한국의 문화가 퍼지는 것을 한류라고 부릅니다.
3. 그리고 한국으로 오는 K-pop 팬들이 어마어마하게 매년 증가하고 있습니다.
4. 한국에 와서 한류를 우선 체험해 보고 싶다면, 인천국제공항의 한류 디지털 체험존을 추천합니다. "송중기와 함께 여행을 떠나자!" 라는 테마로 진행되고 있습니다.
5. VR 장치를 이용해서, 최신 홀로그램 기술로 비행기에 송중기가 타고 있는 모습을 연출합니다.
6. 사람들이 마치 그와 함께 비행기에 탑승하는 느낌을 받게 됩니다.
7. 이런 한류 경험들이 한류를 홍보할 뿐만 아니라 항공사나 공항을 후원할 수도 있게 됩니다.
8. 코엑스 아티움에 거대 연예기획사 중 하나인 SM TOWN이 있었습니다.
9. 거기에는 기념품 가게, 케이팝 카페, 극장 등 사람들이 케이팝을 즐기고 경험할 수 있는 곳들이 있었습니다.
10. 포토존, 연예인 소품, 기념품들이 전 세계의 케이팝 팬들에게 인기가 있었습니다.
11. 지금은 창원에 새로운 SM 타운을 짓고 있습니다.
12. 그 전 아티움에 있던 것 보다 거의 2배가 크다고 합니다.
13. 거대 한류 컨벤션 센터가 생겨서 케이팝 문화를 전 세계에 알리는데 중요한 역할을 할 것이라 기대가 됩니다.

관광영어 용어정리

cworldwide attention 세계적인 관심
prop 버팀목, 받침대, 소품, 소도구, 입간판
sponsoring 협찬, 스폰서
holograph 홀로그램, 자필문
tremendously 무시무시하게, 엄청나게
limited-edition merchandise 한정판 상품

작문 연습

1. K-pop을 통해 전세계적으로 한국의 문화가 퍼지는 것을 한류라고 부릅니다.

2. 이런 한류 경험들이 한류를 홍보할 뿐만 아니라 항공사나 공항을 후원할 수도 있게 됩니다.

3. 거기에는 기념품 가게, 케이팝 카페, 극장 등 사람들이 케이팝을 즐기고 경험할 수 있는 곳들이 있었습니다.

나의 면접 답변 flow 키워드

Question 08

동대문과 남대문의 역사와 차이점을 설명해주십시오.
Tell us the historical differences between Dongdaemun and Namdaemun.

1. There are four major gates from the old Seoul fortress wall which surrounded the city during the Joseon Dynasty.
2. Two of these are *Dongdaemun* (동대문) and *Namdaemun* (남대문).
3. *Dongdaemun*, which literally means "Great East Gate" is also known as *Heunginjimun* (흥인지문).
4. It is regarded as a major landmark representing central Seoul.
5. It was built by the first King of the Joseon Dynasty, King *Taejo* (태조).
6. Because of its age, it has been restored many times but still demonstrates the architectural style of the Joseon period.
7. In the area surrounding this gate, you can find *Dongdaemun Market* (동대문 시장), which is the largest shopping center in Korea.
8. Many fashion and cultural events take place every day and it is a well known tourist attraction for foreigners and locals.
9. Another gate is *Namdaemun*.
10. Although, it is better known by Koreans as *Sungnyemun* (숭례문) which means "Gate of Exalted Ceremonies."
11. *Namdaemun* is now designated as the first National Treasure of Korea.
12. Like *Dongdaemun*, it was also built by the first King of Joseon, King *Taejo* (태조).
13. On the 10th of February, 2008 a fire broke out at *Namdaemun* after a disgruntled citizen set it ablaze.
14. Before this incident, *Namdaemun* was the oldest wooden structure in Seoul.
15. The government tried hard to restore it exactly as it was and the project was completed successfully.
16. Now, we can see the new *Namdaemun*.

1. 조선시대에 도시를 감싸고 있는 옛 서울 성벽에 4개의 주요 대문이 있었습니다.
2. 그 중 두 가지는 동대문과 남대문입니다.
3. 동대문은 말 그대로 동쪽에 있는 문이고, 흥인지문으로 알려져 있습니다.
4. 서울의 중심부를 알려주는 주요한 랜드마크입니다.
5. 조선의 첫 번째 왕 태조에 의해 지어졌습니다.
6. 이 문은 오래되었기 때문에, 여러 번 복구가 되었고 여전히 조선시대의 건축 스타일을 나타내주고 있습니다.
7. 이 문 주변에, 동대문 시장이 있는데, 한국에서 가장 큰 쇼핑센터입니다.
8. 많은 패션, 문화 이벤트가 매일 열리고, 외국인과 한국인 모두에게 인기 있는 관광 명소로 유명합니다.
9. 또 다른 문은 남대문입니다.
10. 한국인에게 숭례문으로 더 잘 알려져 있고, 즐거운 세레모니의 문 이라는 뜻을 지니고 있습니다.
11. 남대문은 한국의 국보 1호로 지정되었습니다.
12. 동대문처럼, 조선의 첫 번째 왕 태조가 세웠습니다.
13. 불만이 있는 한 시민이 불을 질러서 2008년 2월 10일, 남대문에 화재가 났습니다.
14. 이 사건 전에, 남대문은 서울에서 가장 오래된 목조 건축물이었습니다.
15. 그래서 정부는 예전의 것과 완전히 똑같이 복구하려고 했고 이 프로젝트는 성공적으로 잘 끝났습니다.
16. 그래서 이제는 새로운 남대문을 볼 수 있습니다.

관광영어 용어정리

fortress wall 도성, 성곽길
architectural 건축학의
literally 말그대로
exalted 높은, 고위층의, 너무나 기쁜, 격양된
landmark 주요 지형지물
disgruntled 언짢은, 기분이 상한, 불만이 있는
demonstrate 입증하다, 보여주다
ablaze 불길에 휩싸인

작문 연습

1. 이 문은 오래되었기 때문에, 여러 번 복구가 되었고 여전히 조선시대의 건축 스타일을 나타내주고 있습니다.

2. 조선시대에 도시를 감싸고 있는 옛 서울 성벽에 4개의 주요 대문이 있었습니다.

3. 정부는 예전의 것과 완전히 똑같이 복구하려고 했고 이 프로젝트는 성공적으로 잘 끝났습니다.

Question 09

서울의 역사에 대해 알려주십시오.
Could you tell us the history of Seoul?

1. Before I start, I have a tour spot that comes to mind where people can experience "the history of Seoul."

2. I'm talking about the *Seoul Museum of History* (서울 역사 박물관) in *Jongno* (종로), and it is free to enter.

3. The museum is divided into four sections; The Joseon Capital, The Capital of the Daehan Empire, Seoul Under Japanese Control, and Period of Rapid Growth Seoul.

4. The reason I introduced this museum is because it accurately shows the history and development of Seoul.

5. Based on these four sections in the museum, I am going to briefly tell you the history of Seoul.

6. Since the first king of Joseon, King *Taejo* (태조), Seoul became the royal capital city of Korea.

7. Back then, Seoul was called *Hanyang* (한양).

8. In the middle of the 19th century, *Gyeongbokgung Palace* (경복궁) was reconstructed after being destroyed during the Japanese invasion when French warships appeared in the Han River.

9. This led the Korean people to wonder about their future.

10. Western ideas also started to spread in Korea.

11. This was the period when the Joseon Dynasty was transforming into the *Daehan Empire* (대한제국).

12. Seoul was slowly changing into a mixture of East Asian tradition and western innovation.

13. After the Japanese annexation, Seoul became the headquarters of the Japanese colonial government.

14. Japan modernized the Korean capital quickly until independence in 1945 when Korea became a sovereign state again.

15. However, the Korean War broke out in 1950 and the city ended up in ruins.

16. So, the Korean government began to develop its industrial and economic industry rapidly.

17. It was so successful that this period is now known as the miracle on the Han River.

1. 시작하기 전에, 사람들이 서울의 역사에 대해서 사람들이 경험할 수 있는 관광 장소가 하나 떠올랐습니다.
2. 종로에 있는 서울 역사 박물관에 대해서 이야기할 건데요. 여기도 무료 입장입니다.
3. 박물관은 4가지 섹션으로 나누어져 있는데, 조선 수도, 대한제국의 수도, 일제강점기, 급속 성장하는 서울 이렇게 네 가지로 되어 있습니다.
4. 이 박물관을 소개하는 이유는 서울의 역사와 발전에 대해서 자세하게 전시되어 있기 때문입니다.
5. 그래서 박물관의 이 네 가지 섹션에 근거하여, 서울의 역사에 대해서 간략하게 알려드리겠습니다.
6. 조선의 첫 번째 왕, 태조 이래로, 서울은 한국의 왕조 수도가 되었습니다.
7. 그때는 서울이 한양으로 불리었습니다.
8. 19세기 중반에, 일제 침략에 의해 부서진 경복궁이 재건축 되었고, 프랑스 전함이 한강에 나타났습니다.
9. 한국인들은 앞으로 살 길을 자연스럽게 궁리하기 시작했습니다.
10. 서양 철학들이 한국에 퍼지기 시작했습니다.
11. 이 때가 바로 조선이 대한제국으로 변모하는 시기였습니다.
12. 그래서, 서울은 동아시아 전통과 서양의 혁신적인 모습을 섞어놓은 형태로 천천히 변하고 있었습니다.
13. 일제의 합방 이후로, 서울은 일본 식민지 정부의 본부가 되었습니다.
14. 일본은 우리가 주권을 되찾는 1945년 독립까지 한국의 수도를 빠르게 현대화시켰습니다.
15. 하지만, 한국 전쟁이 1950년에 발발했고, 도시는 황폐화되고 말았습니다.
16. 그래서 한국 정부는 산업, 경제 모두 빠르게 성장시키기 시작했습니다.
17. 현재 한강의 기적이라고 불리는 이 시기는 매우 성공적이었습니다.

관광영어 용어정리

tour spot 투어 장소
invasion 침입, 침략
headquarters 본사
rapid growth 빠른 성장
warships 전함, 군함
sovereign state 주권국

Daehan Empire 대한제국
innovativeness 혁신성
break out 발발하다, 발생하다
Japanese Control 일본의 지배
annexation 합병
industrial 산업의

작문 연습

1. 이 박물관을 소개하는 이유는 서울의 역사와 발전에 대해서 자세하게 전시되어 있기 때문입니다.

2. 서양 철학들이 한국에 퍼지기 시작했고, 이 때가 바로 조선이 대한제국으로 변모하는 시기였습니다.

3. 현재 한강의 기적이라고 불리는 이 시기는 매우 성공적이었습니다.

나의 면접 답변 flow 키워드

Question 10

서울에 있는 관광특구는 어디이고, 관광특구의 설정 기준은 무엇입니까?
What is Special Tourist Zone? Where are they? What is required to be designated as STZ?

1. There are a lot of Special Tourist Zones in Korea.

2. In Seoul, there are six STZ's; *Itaewon* (이태원), *Myeongdong* (명동)*-Namdaemun* (남대문)*-Bukchang* (북창동) area, *Dongdaemun Fashion Town* (동대문패션타운), *Jogno* (종로)*-Cheonggyae* (청계), *Jamsil* (잠실), and the *Trade Tower* (무역타워) area.

3. To be designated as a Special Tourist Zone, there are four criteria that must be met.

4. The number of foreign visitors should be over 100,000.

5. For Seoul Special City, it is over 500,000.

6. According to the standards set by the ministry of Culture, Sports, and Tourism, the zone should be equipped with tourist information centers, public convenience facilities, and accommodations which satisfy tourist demands.

7. The ratio of land that is not related to tourist activities should not exceed 10%.

8. The areas that meet the three criteria above should be in the same district.

1. 한국에는 많은 관광특구가 있습니다.
2. 그중 6개가 서울에 있는데 이태원, 명동 남대문 북촌 지역, 동대문패션타운, 종로와 청계지역, 잠실과 무역타워 지역 이렇게 있습니다.
3. 관광특구로 지정되기 위해서는 다음 네 가지 기준을 따라야 합니다.
4. 외국인 방문객이 100,000명이 넘어야 합니다.
5. 서울특별시는 500,000명이 넘으면 됩니다.
6. 문화체육관광부에 따르면, 관광특구에 관광객의 요구를 만족시키는 관광정보센터, 공공 편의시설, 숙박시설이 갖춰져 있어야 한다고 합니다.
7. 특구와 관련이 없는 용지의 면적이 전체 비율의 10%를 넘으면 안됩니다.
8. 이 세가지 기준을 맞추는 지역들은 같은 지구 안에 있어야 합니다.

관광영어 용어정리

designated 지정된
ratio 비율
be equipped with ~을 갖추고 있다
district 구역, 지구
Ministry of Culture, Sports and Tourism 문화체육관광부
standard 기준
exceed 초과하다, 넘어서다

작문 연습

1. 특구와 관련이 없는 용지의 면적이 전체 비율의 10%를 넘으면 안됩니다.

2. 이 세가지 기준을 맞추는 지역들은 같은 지구 안에 있어야 합니다.

3. 관광특구에 관광객의 요구를 만족시키는 관광정보센터, 공공 편의시설, 숙박시설이 갖춰져 있어야 한다고 합니다.

나의 면접 답변 flow 키워드

Question 11

남산타워에 대해 알려주십시오.
Tell us about Namsan tower.

1. Let me tell you about *Namsan Tower*. 남산타워
2. It is the first radio wave tower in Korea that was set up to promote broadcasting and tourism.
3. Now, it is a big symbol of Seoul and a popular tourist spot, for both locals and foreigners.
4. We can reach *Namsan* 남산 tower by bus or car but the most popular way is riding a cable car.
5. It is also a popular dating course for couples.
6. Enjoying the view of Seoul from inside the cable car is wonderful.
7. There is also *Namsan* 남산 library where you can go to read books and relax.
8. Sometimes they hold exhibitions, too.
9. In Namsan, you can find *Bongsudae*. 봉수대
10. This is the emergency communication method that Korea used during the *Joseon* 조선 Period.
11. When an enemy invaded, they lit a fire on the *Bongsudae* to deliver a quick warning to the other side of the fortress and surrounding areas.
12. If you go there as a couple, I recommend that you place a padlock with a love message on it.
13. You can see countless padlocks hanging on the wall which contain happy and loving memories from numerous couples.

1. 남산타워에 대해서 말하겠습니다.
2. 남산타워는 한국 최초의 전파 송신 타워였고, 방송과 관광을 홍보하기 위해서 설치되었습니다.
3. 이제는 서울의 커다란 상징이 되었고 한국인 외국인 모두에게 인기 있는 관광지가 되었습니다.
4. 남산타워는 버스나 자동차로 갈 수도 있지만 케이블카로 가는 것이 가장 인기 있는 방법입니다.
5. 커플들에게 굉장히 인기 있는 코스이기도 합니다.
6. 케이블카 안에서 즐기는 서울의 경관은 아름답습니다.
7. 책을 읽고 휴식을 취할 수 있는 남산도서관도 있습니다.
8. 가끔은 전시회도 열립니다.
9. 남산에서 봉수대도 볼 수 있습니다.
10. 봉수대는 조선시대에 사용했던 긴급 의사소통 방법이었습니다.
11. 적이 침공하면, 다른 쪽 성과 주변 지역에 빨리 경고를 전달하기 위해 불을 봉수대에 지폈다고 합니다.
12. 커플로서 남산타워에 가게 되면, 사랑 메시지를 써서 자물쇠를 걸어 놓는 장소를 추천합니다.
13. 수많은 커플의 행복하고 사랑스러운 추억이 담긴 셀 수 없이 자물쇠가 벽에 걸려 있는 것을 볼 수 있을 것 입니다.

관광영어 용어정리

radio wave tower 전파 송신탑	emergency 비상 상황	padlock 자물쇠
dating course 데이트코스	fortress 요새	

작문 연습

1. 이제는 서울의 커다란 상징이 되었고 한국인 외국인 모두에게 인기 있는 관광지가 되었습니다.

2. 케이블카 안에서 즐기는 서울의 경관은 매우 아름답습니다.

3. 적이 침공하면, 다른 쪽 성과 주변 지역에 빨리 경고를 전달하기 위해 불을 봉수대에 지폈다고 합니다.

나의 면접 답변 flow 키워드

Chapter 06

지방의 관광지

이 단원의 질문들

01	DMZ와 PLZ에 대해 설명해주십시오. Tell us about the DMZ and PLZ.
02	석굴암의 과학적 가치는 무엇입니까? What is the scientific value of Seokguram grotto?
03	안동에 있는 관광지를 소개해주십시오. Choose and introduce some tourist areas in Andong.
04	경주 동궁과 월지에 대해 설명해주십시오. Tell us about Donggung Palace and Wolji Pond.
05	석가탑과 다보탑을 비교해주십시오. Contrast the Seokgatop and Dabotop Pagodas.
06	첨성대에 대해 알려주십시오. Tell us about Cheomseongdae, the Observatory in Gyeongju.
07	성덕대왕 신종(에밀레종)에 대해 설명해주십시오. Do you know the legend about the bell of King Seongdeok?
08	판문점이란 어떤 곳이며 JSA의 의미는 무엇입니까? Where is Panmunjeom? What does JSA stand for?

Question 03

DMZ와 PLZ에 대해 설명해주십시오.
Tell us about the DMZ and PLZ.

[PLZ]

1. PLZ stands for Peace Life Zone.
2. There is also a Demilitarized Zone called the DMZ around the 38th parallel which divides North and South Korea.
3. The DMZ has been off limits since the armistice agreement ending the Korean War so its ecosystem is well preserved.
4. This unique and natural environment has become famous and is now a popular tourist destination.
5. The PLZ has seven popular locations for tourists from *Goseong* (고성) in the East to *Ganghwa* (강화) Island in the West.
6. As you travel around the PLZ, you can sense the tragedy of war in an unpolluted natural environment.

1. PLZ는 Peace Life Zone을 의미합니다.
2. DMZ라 불리는 비무장 지대가 있고, 남한과 북한의 경계를 세워놓은 38선이 주변에 있습니다.
3. DMZ에 들어가는 것은 한국 전쟁을 끝낸 휴전 협정 이래로 제한되어 있었기에 환경과 생태계가 잘 보존되어 있습니다.
4. 이 독특하고 자연적인 환경은 유명해지고 자연적이고 청정한, 보존된 자원이 사람들의 관심을 끌었고, 투어 프로그램으로 발전하게 되었습니다.
5. PLZ는 고성부터 강화까지 총 7개의 테마의 투어로 이루어져 있습니다.
6. PLZ를 통해서, 전쟁의 비극과 오염되지 않은 깨끗한 자연환경을 볼 수 있습니다.

[DMZ]

1. DMZ is an abbreviation of "Demilitarized Zone".
2. It is located around the 38th parallel between North and South Korea.
3. The borders of North and South Korea are 2km from the designated area clarified on the cease-fire agreement.
4. No military-related facilities can be placed within the 4km buffer.
5. Also, it is firmly agreed that wildlife and ecosystems in the DMZ should be preserved as access has been restricted for over 60 years.
6. The DMZ is a great location for dark tourism.
7. People can look back at the tragedy while exploring the DMZ and hope that the future brings peace and unification on the peninsula.

1. DMZ는 Demilitarized Zone의 약자입니다.
2. 북한과 남한을 사이에 두고 38선이 여기에 위치합니다.
3. 휴전 협정에 의해 휴전선으로부터 남한과 북한 모두가 2km가 떨어져 있습니다.
4. 4km의 완충 지대 이내에서는 어떠한 군사 관련 시설들도 설치될 수 없습니다.
5. 또한, 60년이 넘도록 이 지역에 대한 접근을 제한하면서, DMZ에 있는 야생 동물과 생태계가 철저히 보존될 수 있도록 조약이 맺어져 있습니다.
6. DMZ는 다크 투어리즘으로도 좋은 장소입니다.
7. 사람들은 투어를 하면서 과거의 비극을 돌아보고 남북의 평화 통일을 이루는 미래에 새로운 날이 오길 희망하게 됩니다.

관광영어 용어정리

the 38th parallel 38선
buffer zone 완충 지대
ecosystems 생태계
tragedy 비극
abbreviation 축약형
unification 통일
cease–fire agreement 휴전 협정
peninsula 반도

작문 연습

1. DMZ에 들어가는 것은 한국전쟁을 끝낸 휴전협정 이래로 제한되어 있었기에 환경과 생태계가 잘 보존되어 있습니다.

____

____

2. PLZ를 통해서, 전쟁의 비극과 오염되지 않은 깨끗한 자연환경을 볼 수 있습니다.

____

____

3. 휴전 협정에 의해 휴전선으로부터 남한과 북한 모두가 2km가 떨어져 있습니다.

____

____

나의 면접 답변 flow 키워드

Question 02

석굴암의 과학적 가치는 무엇입니까?
What is the scientific value of Seokguram grotto?

1. *Seokguram* (석굴암) grotto is national treasure No. 24 and part of the *Bulguksa* (불국사) temple complex.
2. It contains one of the best Buddhist sculptures in the world.
3. It was also designated as a UNESCO World Heritage site along with the *Bulguksa* Temple and was built during the *unified Silla* period.
4. The grotto demonstrates the outstanding architectural skill of the *unified Silla kingdom* (통일신라시대) and is the only artificial grotto in the world.
5. It is located high on a mountain.
6. From *Seokguram* near Buddha's perch, we can see the beauty of the sun rising over the sea.
7. It took over 40 years to carve the rough granite to make the stone Buddha.
8. There are several scientific principles that the entire grotto had been extremely well-preserved for over 1,200 years.
9. First, the temperature and humidity was controlled naturally.
10. The grotto was built on a spring which gathered the dew from the air.
11. So, the Buddha statue was quite safe from humidity and moss.
12. Unfortunately, the spring was destroyed by the Japanese and so it no longer exists.
13. The roof dome of the grotto was made of natural stone and earth which also helped to control the temperature and humidity.
14. And finally, the arch-shaped ceiling was built sturdily with square stone blocks.
15. Stone wedges were inserted between the blocks to increase its rigidity and strength.

1. 석굴암은 국보 24호이고, 불국사 지구의 한 부분입니다.
2. 석굴암에는 전 세계 최고의 불교 조각품 중 하나가 있습니다.
3. 석굴암도 유네스코 세계 유산으로 불국사와 함께 지정되었고 통일신라 시대에 지어졌습니다.
4. 석굴암은 통일신라의 뛰어난 건축 기술을 자랑하는 전 세계 유일한 인공 석굴입니다.
5. 석굴암은 산 높은 곳에 위치해 있습니다.
6. 부처님이 앉아 계신 옆 석굴암에서 바다 위로 떠오르는 일출의 아름다움을 볼 수 있습니다.
7. 울퉁불퉁한 화강암을 깎아서 석굴 안 돌부처를 만드는데 40년 이상이 걸렸습니다.
8. 석굴이 1,200년 넘게 지금까지 잘 보존되는 과학적 원리가 몇 가지 있습니다.
9. 첫째로, 온도와 습도가 자연스럽게 조절되고 있습니다.
10. 석굴은 샘 위에 지어졌고 이 샘이 공기 중의 이슬을 모았습니다.
11. 그래서, 부처님상이 습도와 이끼에 꽤나 안전했습니다.
12. 안타깝게도, 샘은 일본에 의해 파괴되었고 현재는 존재하지 않습니다.
13. 석굴의 지붕은 자연석과 흙으로 만들어져서 이것 역시 온도와 습도를 조절하는 데 도움을 줍니다.
14. 마지막으로 아치형의 지붕이 네모난 벽돌로 견고하기 지어졌습니다.
15. 그리고 벽돌 사이사이 돌 쐐기를 넣어서 더 단단함과 견고성을 증가시켰습니다.

관광영어 용어정리

sculpture 조각품	outstanding 뛰어난, 두드러진	sturdily 억세게, 기운차게
humidity 습도	spring 샘	arch-shaped ceiling 아치형 천장
rigidity 단단함	demonstrate 보여주다, 입증하다	granite 화강암
scientific principles 과학적 원리	dew 이슬	moss 이끼
wedge 쐐기		

작문 연습

1. 석굴암은 통일신라의 뛰어난 건축 기술을 자랑하는 전 세계 유일한 인공 석굴입니다.

2. 석굴이 1,200년 넘게 지금까지 잘 보존되는 과학적 원리가 몇 가지 있습니다.

3. 안타깝게도, 샘은 일본에 의해 파괴되었고 현재는 존재하지 않습니다.

Question 03

안동에 있는 관광지를 소개해주십시오.
Choose and introduce some tourist areas in Andong.

1. Let me tell you some places that you can visit in *Andong*. (안동)
2. *Andong* is a city that combines tradition, culture, and history together.
3. People have lived in Andong for numerous years and it has formed an integrated folk culture with various cultural items.
4. First, I highly recommend *Hahoe Folk Village*. (하회마을)
5. This village contains various types of traditional houses dating back to the early Joseon Dynasty.
6. You can experience making red pepper paste, called *Gochujang* (고추장), *Kimchi* (김치), and traditional face masks called *Hahoetal*. (하회탈)
7. The Korean folk village, *Hahoe* (하회), was designated as a World Heritage site by UNESCO.
8. The next place I can recommend is Dosan Confucian Academy.
9. It was built to commemorate Korea's respected and preeminent scholar, *Lee Hwang* (이황), who devoted his life to discipline and educate his students.
10. It was built in 1574, four years after he passed away.
11. The beautiful scenery of the river and forest harmonizing together, makes you feel relaxed as you walk around Dosan.
12. Andong is also famous for *Jjimdak* (찜닭), or steamed chicken. It tastes fantastic!

1. 안동에서 갈 수 있는 관광지들에 대해서 알려드리겠습니다.
2. 안동은 전통, 문화, 그리고 역사가 모두 어우러진 도시입니다.
3. 사람들은 오랫동안 안동에서 살아왔고, 다양한 문화적 상품들이 통합 민속 문화를 만들어 냈습니다.
4. 첫 번째로, 무조건 하회마을을 추천합니다.
5. 이 마을은 조선 초기부터 다양한 종류의 전통 한옥들이 있는 곳입니다.
6. 하회마을에서 고추장 만들기, 김치, 전통 가면인 하회탈 만들기를 할 수 있습니다.

7. 하회마을은 유네스코 세계유산으로 지정되기도 했습니다.
8. 다음으로 추천하는 곳은 도산서원입니다.
9. 한국의 존경 받는 유명한 학자인 이황을 기리기 위해 서원을 설립했고 그는 그의 삶을 후학을 양성하고 교육하는 데 바쳤습니다.
10. 이황이 사망한 4년 후인 1574년에 설립되었습니다.
11. 도산서원 주변을 산책하면 강과 숲이 조화를 이룬 풍경이 당신을 편안하게 만들어줍니다.
12. 안동은 찜닭으로도 유명한데, 맛이 아주 좋습니다.

관광영어 용어정리

preeminent scholar 저명한 학자
discipline 규율, 훈육
folk culture 민속 문화
devote 바치다, 헌신하다
commemorate 기념하다

작문 연습

1. 사람들은 오랫동안 안동에서 살아왔고, 다양한 문화적 상품들이 통합 민속 문화를 만들어 냈습니다.

2. 한국의 존경 받는 유명한 학자인 이황을 기리기 위해 서원을 설립했고 그는 그의 삶을 후학을 양성하고 교육하는데 바쳤습니다.

3. 도산서원 주변을 산책하면 강과 숲이 조화를 이룬 풍경이 당신을 편안하게 만들어줍니다.

나의 면접 답변 flow 키워드

Question 04

경주 동궁과 월지에 대해 설명해주십시오.
Tell us about Donggung Palace and Wolji Pond.

1. *The Wolji pond at Gyeongju Donggung Palace* (경주 동궁과 월지) is an artificial pond from the ancient *Silla period* (신라 시대).
2. *King Munmu* (문무왕) constructed the pond as part of the original palace called *Banwolseong* (반월성).
3. This pond area was used by the crown prince and used for banquets and events to welcome important visitors.
4. It unfortunately fell into disrepair after the collapse of *Silla*.
5. It continued to degrade for centuries until a long-term excavation and restoration project finally started in 1975.
6. Many relics such as pottery, roof tiles, figures of Buddha, and jewelry were found, and the waterway system of this artificial pond was also revealed.
7. Its former name is *Anapji* (안압지).
8. But during the excavation, pottery was discovered with the Chinese Characters "Wolji" inscribed which in English means "the pond reflecting the moon."
9. So, the name *Anapji* was changed to the current name *Donggung* (동궁) Palace and *Wolji* (월지) Pond.
10. There is an *Anapji* exhibition Hall in *Gyeongju National Museum* (경주 국립 박물관) displaying over 700 relics.

1. 경주 동궁의 월지 연못은 고대 신라 시대 때 만든 인공 연못입니다.
2. 문무왕이 원래의 궁인 반월성의 한 부분으로 이 연못을 공사했습니다.
3. 이 연못은 왕세자의 궁으로 사용되기도 했고, 중요한 사신들을 환영하기 위해 연회를 여는 곳으로 쓰이기도 했습니다.
4. 안타깝게도 신라가 멸망하면서 이 연못 또한 파괴되었습니다.
5. 1975년에 드디어 장기간의 발굴과 복원 프로젝트가 있기까지 수 세기 동안 훼손된 상태가 계속되었습니다.
6. 수많은 도자기, 지붕 타일, 부처님상, 보석 같은 유물들이 발견되었고, 인공 연못 같은 수로 시스템도 발견되었습니다.
7. 원래의 이름은 안압지였습니다.
8. 그러나 발굴 동안에, 월지라고 쓰인 자기가 발견되었는데, 달빛을 비추는 연못이라는 의미인 월지라고 새겨져 있었습니다.
9. 그래서 원래 이름 안압지는 현재 동궁과 월지로 바뀌었습니다.
10. 안압지 전시홀은 경주국립박물관에 있고 700여 점 이상의 유물들이 전시되어 있습니다.

관광영어 용어정리

disrepair 황폐

excavation 발굴

waterway system 수로 시설

inscribe 새기다, 조각하다, 쓰다

작문 연습

1. 이 연못은 왕세자의 궁으로 사용되기도 했고, 중요한 사신들을 환영하기 위해 연회를 여는 곳으로 쓰이기도 했습니다.

2. 수많은 도자기, 지붕 타일, 부처님 상, 보석 같은 유물들이 발견되었고, 인공 연못 같은 수로 시스템도 발견되었습니다.

3. 안압지 전시홀은 경주 국립 박물관에 있고 700여 점 이상의 유물들이 전시되어 있습니다.

나의 면접 답변 flow 키워드

Question 05

석가탑과 다보탑을 비교해주십시오.
Contrast the Seokgatop and Dabotop Pagodas.

1. Both pagodas are located at the *Bulguksa* (불국사) temple in *Gyeongju* (경주).
2. To reach them, you must cross two bridges, one called *Cheongun bridge* (청운교) and the other *Baegun* (백운교).
3. *Dabotap* (다보탑) means pagoda of many treasures and is on the right side while *Seokgatop* (석가탑) pagoda stands opposite of it on the left.
4. These pagodas were built during the *Silla dynasty* (신라 시대).
5. *Dabotap* is designated as National Treasure No. 20 and illustrated on the back of the Korean 10-won coin.
6. *Seokgatap* was designated as the 21st National Treasure.
7. The style of both pagodas is contrastive.
8. The design of *Seokgatap* is simple and basic which shows balance, stability, and symmetry.
9. On the other hand, *Dabotap* represents complexity that symbolizes the differences between the celestial and terrestrial worlds.
10. Both are considered remarkable and outstanding traditional structures.
11. They were built by balancing octagonal, rectangular, and circular models in one pagoda design.

1. 두 가지 탑 모두 경주에 있는 불국사에 있습니다.
2. 거기에 가기 위해서 청운교, 백운교라고 불리는 다리를 건너야 합니다.
3. 다보탑은 많은 보물의 탑을 의미하고 석가탑이 왼쪽에 있는 것과 반대인 오른쪽에 위치하고 있습니다.
4. 이 탑들은 신라 시대 때 세워졌습니다.
5. 다보탑은 국보 20호로 지정되었고, 한국 동전 10원 뒷면에 그려져 있습니다.
6. 석가탑은 국보 21호로 지정되었습니다.
7. 두 탑의 스타일은 대조적입니다.
8. 석가탑의 디자인은 깔끔하고 기본적인데 이는 균형, 안정성, 대칭을 보여줍니다.
9. 반면에, 다보탑은 복합성을 나타내고 천상과 지구 사이의 차이점을 상징화하는 의미를 담고 있습니다.
10. 두 탑 모두 놀랍고 뛰어난 전통 구조물로 여겨지고 있습니다.
11. 탑 하나의 디자인에 팔각형, 사각형, 원 모형의 균형을 잘 맞춰서 지었습니다.

관광영어 용어정리

contrastive 대조하는
octagonal 팔각형의
terrestrial 지구의, 육생의
symmetry 대칭, 균형
stability 안정, 안정성
celestial 하늘의, 천체의, 천상의
complexity 복잡성, 복잡함

작문 연습

1. 다보탑은 많은 보물의 탑을 의미하고 석가탑이 왼쪽에 있는 것과 반대인 오른쪽에 위치하고 있습니다.

2. 석가탑의 디자인은 깔끔하고 기본적인데 이는 균형, 안정성, 대칭을 보여줍니다.

3. 반면에, 다보탑은 복합성을 나타내고 천상과 지구 사이의 차이점을 상징화하는 의미를 담고 있습니다.

나의 면접 답변 flow 키워드

Question 06

첨성대에 대해 알려주십시오.
Tell us about Cheomseongdae, the Observatory in Gyeongju.

1. *Cheomseongdae* 첨성대 is the oldest surviving astronomical observatory in Asia.
2. *Cheomseongdae* means "Near the Stars Palace".
3. It functions as a star gazing tower.
4. It was built during the reign of *Queen Seondeok* 선덕대왕 to observe the stars and to predict the weather.
5. It was designated as National Treasure No. 31, due to the quality of the stone structure and its beautiful design.
6. Its cylindrical or bottle shape is composed of 362 stones with 27 layers of granite and these 362 stones represent the 362 days in a lunar year.
7. From the top of *Cheomseongdae*, astronomers observed the sky and recorded celestial phenomena to map out the constellations in the heavens.
8. It also helped farmers prepare their crops by predicting the changes of the seasons.

1. 첨성대는 현재 존재하는 아시아의 천문대 중 가장 오래된 것입니다.
2. 첨성대는 " 별의 궁궐에 더 가까이"라는 뜻입니다.
3. 첨성대는 별을 관측하는 탑의 기능을 했고 통일신라 시대에 지어졌습니다.
4. 선덕대왕이 통치하던 시절, 별을 관측하고 날씨를 예측하기 위해 지어졌습니다.
5. 돌 건축물의 우수성과 아름다운 디자인의 탁월함을 인정받아서 국보 31호로 지정되었습니다.
6. 병과 실린더 모양이고 362개의 화강암으로 27층을 이루고 있고 362는 음력 기준 1년인 362일을 나타냅니다.
7. 천문학자는 첨성대 위에서 하늘을 관측하고 하늘의 천체를 그리기 위해 천체 현상을 기록했습니다.
8. 이는 또한 농부들이 계절의 변화를 예측하며 일을 계획할 수 있게 도와주기도 했습니다.

관광영어 용어정리

astronomical 천문학의
lunar year 태음년
star gazing tower 별을 바라보는 탑
celestial phenomena 천체 현상
cylindrical 원통형의
constellations 별자리
granite 화강암

작문 연습

1. 선덕대왕이 통치하던 시절, 별을 관측하고 날씨를 예측하기 위해 지어졌습니다.

2. 돌 건축물의 우수성과 아름다운 디자인의 탁월함을 인정받아서 국보 31호로 지정되었습니다.

3. 이는 또한 농부들이 계절의 변화를 예측하며 일을 계획할 수 있게 도와주기도 했습니다.

나의 면접 답변 flow 키워드

Question 07

성덕대왕 신종(에밀레종)에 대해 설명해주십시오.
Do you know the legend about the bell of King Seongdeok?

1. *The bell of King Seongdoek* (성덕대왕 신종) is the largest surviving bell in Korea.
2. It is also known as *the Emile Bell* (에밀레종) and is now kept in the National Museum of Gyeongju and designated as the 29th national treasure in Korea.
3. It is said that when the bell rang, the sound could be heard from 40 miles away.
4. The name of the bell, *Emile*, comes from an old *Shilla* word for "mommy" and there is a disturbing legend attached to it.
5. It is said that after the bell first rang, there was no sound at all.
6. People tried several more times to ring the bell but it still didn't produce any sound.
7. A while later, a monk had a dream and said that if a child was added to the molten metal before the bell was cast, the bell would ring.
8. So, the monk took a child and threw her into the metal.
9. Then, after the bell was cast again, it rang and made a beautiful sound.

1. 성덕대왕 신종은 한국에서 현존하는 가장 큰 종입니다.
2. 이것은 또한 에밀레종으로 알려져 있으며 현재 경주의 국립 박물관에 소장되어 있고 국보 29호로 지정되었습니다.
3. 예전에 종이 울렸을 때, 종소리가 40마일 멀리까지 들리고는 했었다고 합니다.
4. 에밀레는 신라의 말로 "어미"라는 뜻에서 유래했고, 이 종에는 충격적인 전설이 하나 있습니다.
5. 처음에 종이 쳐졌을 때, 아무런 소리도 나지 않았다고 합니다.
6. 사람들은 종을 몇 번 더 쳐보았지만, 그래도 소리는 나지 않았습니다.
7. 오랜 시간 뒤에, 한 스님이 꿈을 꾸었는데 한 아이가 종이 주조되기 전에 철 속에 던져지면, 종이 울릴 것이라고 했다고 합니다.
8. 그래서 스님은 아이를 데리고 가서 철 속으로 던졌습니다.
9. 그리고 다시 종이 주조되었을 때, 종이 울렸고 아름다운 소리를 냈습니다.

관광영어 용어정리

surviving 현존하는
disturbing legend 충격적인 전설
monk 스님
cast a bell 종을 주조하다

작문 연습

1. 에밀레종으로 알려져 있으며 현재 경주의 국립박물관에 소장되어 있고 국보 29호로 지정되었습니다.

2. 사람들은 종을 몇 번 더 쳐보았지만, 그래도 소리는 나지 않았습니다.

3. 다시 종이 주조되었을 때, 종이 울렸고 아름다운 소리를 냈습니다.

나의 면접 답변 flow 키워드

Question 08

판문점이란 어떤 곳이며 JSA의 의미는 무엇입니까?
Where is Panmunjeom? What does JSA stand for?

1. *Panmunjeom* (판문점) is a village in Paju in the DMZ between South and North Korea.
2. This is where the Korean armistice agreement was signed in 1953.
3. It is also called the truce village and was where prisoners of war were exchanged in the years following the truce.
4. There was a tragic incident at the *Panmunjeom* in 1976, called the "Axe murder incident."
5. Two United States Army officers were killed by North Korean soldiers in the Joint Security Area in the DMZ.
6. The UN forces trimmed a big poplar tree that partially blocked the view of their command posts.
7. The two were killed and assaulted by North Korean soldiers in a surprise attack who claimed that the tree was planted by *Kim il-Sung* (김일성).
8. The US responded three days later by cutting the tree down with a show of force to intimidate North Korean soldiers.
9. The Joint Security Area is part of the Demilitarized Zone (DMZ) in Korea.
10. The DMZ is the line that has marked the border of South and North Korea since the ceasefire.
11. The JSA is an area where both North and South Korea's militaries can enter and use during discussions between the two countries.
12. A popular movie named JSA was filmed at this location which resulted in an increased interest among tourists.
13. A typical day tour of the JSA includes exploring the 3rd Infiltration Tunnel and the Dora train station and observatory.

1. 판문점은 남한과 북한 사이에 있는 DMZ가 위치한 파주에 있는 마을입니다.
2. 한국 전쟁 휴전 협정이 1953년에 체결된 곳이기도 합니다.
3. 그래서 휴전 마을이라고도 불리고 전후 포로 교환이 이루어진 장소이기도 합니다.
4. 1976년 판문점에서 도끼살인사건이라는 비극이 일어났습니다.
5. 두 명의 미군이 DMZ 안 JSA에서 북한 군인들에게 살해당한 사건입니다.
6. UN 군인들은 지휘소의 시야를 부분적으로 가리는 커다란 미루나무를 잘라냈습니다.
7. 갑작스런 급습에 두 명의 미군 병사가 북한 군에 의해 살해당했습니다. 그 나무가 김일성이 심은 나무라는 이유가 있었던 것입니다.
8. 3일 뒤에 미군은 무력 과시를 하며 나무 전체를 자르고 북한군을 위협했습니다.
9. JSA는 한국 DMZ의 한 부분입니다.
10. DMZ는 휴전선을 그은 이후 남한 북한이 사이를 표기한 경계선을 말합니다.
11. JSA는 남한과 북한 두 군대가 들어가서 토의 등을 할 수 있는 구역입니다.
12. JSA라는 영화도 여기에서 찍었고, 관광객들의 관심을 불러일으키는 결과를 낳았습니다.
13. 전형적인 일일 투어는 제 3 땅굴, 도라산 열차, 전망대를 관광하는 것입니다.

관광영어 용어정리

the 3rd Infiltration Tunnel 제 3 땅굴
prisoners of war 전쟁 포로
armistice agreement 휴전 협정
show of force 무력시위
observatory 전망대
tragic incident 비극적 사건
assault 폭행
intimidate 위협하다

작문 연습

1. 한국 전쟁 휴전 협정이 1953년에 체결된 곳이기도 합니다.

2. UN 군인들은 지휘소의 시야를 부분적으로 가리는 커다란 미루나무를 잘라냈습니다.

3. JSA는 남한과 북한 두 군대가 들어가서 토의 등을 할 수 있는 구역입니다.

나의 면접 답변 flow 키워드

Chapter 07

서울의 5대 궁

이 단원의 질문들

01 **서울에 궁이 5가지가 있습니다. 설명해주십시오.**

There are five main palaces in Seoul. Explain each of them.

A 경복궁과 광화문에 대해서 간략히 설명해주십시오.
Tell us briefly about Gyeongbokgung and Gwanghwamun.

B 창덕궁에 대해 설명해주십시오.
Tell us briefly about Changdeokgung.

C 덕수궁에 대해 설명해주십시오.
Tell us briefly about Deoksugung.

D 창경궁에 대하여 설명해주십시오.
Tell us briefly about Changgyeonggung.

E 경희궁에 대하여 설명해주십시오.
Tell us briefly about Gyeonghuigung.

02 **경복궁, 창덕궁, 덕수궁, 창경궁의 차이점을 간략하게 말해주십시오.**

The differences between Gyeongbokgung, Changdeokgung, Deoksugung, and Changgyeonggung

5대 궁의 중요 포인트들 함께 공부해요.

서울 4대문

- 동대문(흥인지문) : 보물 제1호
- 서대문(돈의문) : 일제가 도로 확장 명분으로 헐어버려 지금은 남아있지 않다.
- 남대문(숭례문) : 국보 제1호. 2008년 화재가 났는데 2013년 복원되었다.
- 북대문(숙정문) : 사람이 다니지는 않는다.

서울 4소문

- 혜화문(동(東)소문) • 소의문(서(西)소문) • 광희문(남(南)소문) • 창의문(북(北)소문)

1. 경복궁 : 대문-광화문, 정전-근정전
2. 창덕궁 : 대문-돈화문, 정전-인정전
3. 창경궁 : 대문-홍화문, 정전-명정전
4. 경희궁 : 대문-흥화문, 정전-숭정전
5. 덕수궁 : 대문-대한문, 정전-중화전

경복궁

근정전

경복궁의 중심이 되는 정전입니다. 국왕의 즉위식, 세자 책봉, 과거 시험, 사신 접대 등 국가의 중요한 의식을 거행하던 장소입니다. 조선 왕실을 상징하는 주요 건물입니다.

광화문

경복궁의 정문입니다. 광화문은 3개의 문이 있습니다. 가운데 문은 임금이 행차하는 문이고, 정면 좌우에는 해태상이 그려져 있습니다. 임진왜란 때 소실되었다가 흥성대원군 경복궁 재건 때 다시 복원되었습니다. 그리고 6.25 때 한 번 더 폭격으로 소실되었습니다. 이후 복원 공사가 이루어졌고 2010년에 완공되었습니다.

흥례문

광화문과 근정문 사이에 있는 중문 목조 건물입니다. '예를 널리 편다'라는 뜻을 지니고 있습니다.

경회루

경복궁에서 가장 인기가 많은 건물 중 하나입니다. 연못 위에 우뚝 서 있고 아름다운 경치를 자랑합니다. 조선시대 때 사신의 접대와 궁중의 연장으로 쓰인 장소입니다.

사정전

왕이 신하들과 정사를 논하고 경전을 공부하던 장소입니다.

강녕전

경복궁에서 왕이 일상을 보내고 침전으로 사용한 장소입니다.

교태전

왕비가 일상을 보내고 침전으로 사용한 장소입니다. 교태전 뒤에는 '아미산'이라는 인공 언덕이 있습니다. 이곳은 화초로 꾸며졌고, 교태전 온돌에서 나온 연기가 빠질 수 있도록 굴뚝을 세웠는데 '아미산굴뚝'이라고 부릅니다.

수문장교대식 (다른 궁, 성 등에서 행사가 열리기도 함)

조선시대에 수문장은 경복궁의 정문인 광화문, 서울의 사대문 등을 지키는 책임자였습니다. 수문장교대의식 행사는 인기 있는 관광자원으로 지금껏 자리매김하고 있습니다.

향원정

고종이 건청궁을 지을 때, 그 앞에 연못을 만들어서 섬도 함께 만들었습니다. 섬 위에 정자를 올리고 구름다리도 만들었습니다. 다리는 '취향교(향기에 취한다)', 정자는 '향원정'이라고 부릅니다.

건청궁

경복궁 안에 있는 궁궐로, 고종이 만들었습니다. 조선 후기 왕과 왕비의 거처, 그리고 외교 접대 장소로 사용되었습니다. 명성황후가 일본인들에게 시해 당한 장소로도 알려져 있습니다. 조선 후기 역사와 관련된 유적지의 예가 되는 곳입니다.

경복궁 안에는 한국민속박물관이 있습니다. 한국의 전통, 생활, 문화의 다양한 모습을 전시하고 있습니다. Nfm.go.kr에서 경복궁을 공부하면서 함께 살펴보면 좋습니다.

창덕궁

이궁으로 지어진 곳입니다. 이궁은 나라의 재난이 생겼을 때 대체 궁으로 사용하기 위한 궁궐입니다. 독특한 건축물, 자연환경과 잘 조화된 모습이 특징입니다. 후원이라는 왕실 정원이 있는 곳으로 유명합니다.

돈화문

창덕궁의 정문입니다. 임진왜란 때 소실되어 1609년 광해군 때 복원된 건물입니다. 서울의 궁궐 정문 중 가장 오래되었다고 볼 수 있습니다.

인정전과 인정문

창덕궁은 왕과 신하들이 공식적인 일을 하던 외전, 왕과 왕족들이 개인적으로 살았던 내전으로 이루어져 있습니다. 돈화문을 지나 금천교라는 돌다리를 지나면 진선문이 나오고, 진선문 다음에는 인정문이 나옵니다. 인정문에서는 왕의 즉위식이 열렸습니다.

선정전

편전으로 사용된 건물입니다. 특이한 점은 유일하게 청색 기와로 되어 있는 건물이라는 점입니다.

희정당

왕의 개인적인 침실 공간으로 사용되다가 조선 후기에는 편전으로 사용된 건물입니다. 조선 후기에 유리 창문, 서양 의자, 카페트 등 서양 문물의 흔적을 볼 수 있는 공간이기도 합니다.

대조전

왕과 왕비의 침실이며, 왕자와 공주를 교육시키던 장소입니다. 1910년 한일병합 회의가 열렸던 장소입니다.

낙선재

헌종이 후궁을 위하여 마련한 공간이며, 단청이 없는 소박한 공간입니다. 고종황제의 외동딸 덕혜옹주가 여생을 보낸 곳으로 알려져 있습니다.

후원

우리 조상들이 자연을 얼마나 중요하게 여겼는지 알 수 있는 왕실 정원입니다. 언덕, 계곡, 연못 모두 아주 조화롭게 배치되어 있는 정원입니다.

부용정

후원 안에 있는 아름다운 연못 위에 있는 정자입니다. 왕과 왕족들이 쉬고, 독서하던 장소입니다.

옥류천

인조 때 바위를 깎아서 작은 폭포를 만들었습니다. 그리고 바위에 옥류천이라고 새겼습니다. 옥류천 주변에는 작은 정자들이 있습니다. 그 중 '청의정'이라는 곳에는 논이 있습니다. 왕이 직접 농사를 지으며 백성들의 마음을 생각하는 공간이었습니다.

덕수궁

고종의 거처로 사용되었던 궁궐입니다. '고종의 장수를 빈다'라는 의미를 가지고 있습니다. 원래는 조선 초기 월산대군의 집터였는데, 선조가 임진왜란 이후 임시거처로 이곳을 사용했습니다. 선조 다음 광해군이 즉위를 했는데, 그 해에 창덕궁이 완성되었습니다. 광해군은 창덕궁으로 거처를 옮기며 이곳을 '경운궁'이라 이름 붙였고, 이후에 '덕수궁'으로 바뀌었습니다. 덕수궁은 19세기 말~20세기 초, 근현대 역사 속 왕실의 다양한 사건들이 일어난 곳입니다. 조선 전통건축 양식과 서양식 건축이 함께 남아있는 궁이기도 합니다.

대한문

덕수궁의 정문입니다.

중화전

덕수궁의 정전입니다.

석조전

고종의 숙소, 사무 공간으로 쓰기 위해 영국인에 의해 설계된 근대식 석조 건입니다. 동관, 서관으로 나뉘어져 있습니다. 1910년에 완공된 건물입니다. 1층은 접견실, 2층은 황제 황후의 침실, 서재로 사용되었습니다. 동관 앞에는 아름다운 서양식 정원과 분수대가 있습니다. 서관은 현재 덕수궁미술관(국립현대미술관)으로 운영되고 있습니다.

정관헌

조선 왕들의 초상화를 봉안했던 장소입니다. 동서양의 스타일을 모두 갖춘 건물입니다.

중명전

황실 도서관으로 사용하기 위해 지은 서양식 건물입니다. 1905년 을사늑약이 체결된 장소이기도 합니다.

창경궁

원래 이름은 수강궁입니다. 세종이 태종을 모시기 위해 지은 궁입니다. 그리고 성종 때 황후들을 모시기 위해 수강궁에서 확장한 별궁이 창경궁입니다. 1909년(순종 3년)에 창경궁 내 동 · 식물원이 만들어졌고, 벚꽃나무를 많이 심었습니다. 이름도 창경원으로 바뀌었습니다. 그 이후 복원 공사가 이루어지면서 창경원 동물원이 과천 서울대공원으로 옮겨졌습니다. 그리고 창경원에서 창경궁으로 이름을 다시 바꾸었습니다.

홍화문
창경궁의 정문입니다. 홍화문 이후 옥천교를 지나면 명정전이 나옵니다.

명정전
창경궁의 정전입니다.

문정전
편전으로 사용된 건물입니다.

수령전
침전입니다.

경희궁

광해군이 창건했으며 원래는 경덕궁으로 불렸습니다. 조선시대에 창덕궁의 서궐이라 불리며 정사를 보고, 즉위식을 거행하기도 했습니다. 하지만 일제시대 때 건물의 대부분이 철거 혹은 이전되고, 일본인들의 학교로 사용되면서 궁궐의 모습을 잃어버렸습니다. 현재 남아 있는 건물은 정문 흥화문, 정전 숭정전, 그리고 후원의 정자였던 황학정 등이 있습니다. 숭정전은 현재 동국대학교에 있습니다.

Question 01

서울에 궁이 5가지가 있습니다. 설명해주십시오.
There are five main palaces in Seoul. Explain each of them.

[A]

경복궁과 광화문에 대해서 간략히 설명해주십시오.
Tell us briefly about Gyeongbokgung and Gwanghwamun.

1. Constructed in 1394, *Gyeongbokgung* (경복궁) was the central building for the government during the *Joseon dynasty* (조선시대) which ruled Korea from 1392 to 1910.

2. It is the most magnificent palace from the 500-year long *Joseon Dynasty*.

3. The name of the palace in English is "a palace of shining happniess."

4. It was damaged during the Japanese colonial occupation but restoration work began and created what we see today.

5. As you enter the palace, the first thing you see is *Geunjeongjeon* (근정전).

6. It is a building used by the king for appointments with officails and foreign visitors.

7. It was therefore, designed as an impressive formal hall to greet foreign envoys.

8. There are three gates used to reach *Geunjeongjeon* Hall

9. One is *Gwanghwamun* (광화문) and the others are *Heungnyemun* (흥례문) near the ticket office and *Geunjeongmun* (근정문) right in front of *Geunjeongjeon*.

10. *Geunjeongjeon* was burnt down during the *Imjin War* (임진왜란) in 1592 and rebuilt later.

11. The next building you can see is *Gyeonghoeru* (경회루).

12. This Pavilion, built on the pond west of *Gangnyeongjeon* (강녕전) was where the king threw feasts for foreign envoys or his court officials.

13. The name means that the king is capable of handling national affairs only when he has the right people around him.

14. It was used on joyous occasions.

15. It is notable for its architectural excellence.

16. As you walk through the yard in the back, you can see *Hyangwonjeon*.
향원전

17. This is also a pavilion constructed on artificial islets with a beautiful bridge.

18. It is awe-inspiring to take a walk here like a king.

19. There's also the changing of guard ceremony that takes place every day at the front gate.

20. *Gwanghwamun* is the main and largest gate of *Gyeongbokgung* Palace, in *Jongnogu*, Seoul, South Korea.

21. It is one of the biggest landmarks of Seoul and keeps the spirit of Korea from the *Joseon Dynasty*.

22. *Gwanghwamun* was built in 1395 as the main gate of *Gyeongbokgung* Palace.

23. You can see the statue of *King Sejong* and *Admiral Yi Sun-sin* in *Gwanghwamun square*.
세종대왕 이순신 장군 광장

1. 1394년에 경복궁이 세워지고, 1392년부터 1910년까지의 조선시대 통치의 중심부가 되었습니다.
2. 조선의 500년 역사의 가장 위대한 궁입니다.
3. 이 궁의 이름은 빛나는 행복이라는 뜻입니다.
4. 일본 식민지 시대에 파괴되었지만, 복원 작업이 시작되어 현재의 모습을 갖추게 되었습니다.
5. 궁에 들어가서 가장 먼저 보는 것은 근정전입니다.
6. 왕이 신하들을 만나고 외국 사신들을 초청했을 때 쓰던 궁입니다.
7. 그래서 외국 사신을 접견하기 위해 인상적이며 격식 있는 형태로 지어졌습니다.
8. 근정전에 가기까지 세 가지 문이 있습니다.
9. 광화문과 티켓 부스 근처의 흥례문, 그리고 근정전 앞의 근정문입니다.
10. 근정전은 1592년 임진왜란 때 불탔고 후에 다시 지어졌습니다.
11. 그다음 건물은 경회루입니다.
12. 이 정자는 강녕전 서쪽에 있는 연못 위에 지어졌는데, 왕이 외국 사신들, 신하들과 파티를 열었던 곳입니다.
13. 이 이름은 왕이 올바른 사람들이 옆에 있을 때, 국정 운영을 잘할 수 있다는 뜻입니다.
14. 이 건물은 기쁜 행사 때 사용되곤 했습니다.
15. 우수한 건축물로 유명한 곳이죠.
16. 그리고 뒷 쪽 뜰로 걸어가보면, 향원전을 볼 수 있습니다.
17. 인공 섬 위에 아름다운 다리와 함께 지어진 정자입니다.
18. 왕처럼 여기에서 걸어보는 것도 매우 인상적인 경험일 것입니다.
19. 문 앞에서 수문장 교대식이 매일 매일 열립니다.
20. 광화문은 서울 종로에 있는 경복궁의 가장 큰 정문입니다.
21. 서울의 커다란 랜드마크 중 하나이고, 조선시대부터의 한국의 깊은 정신을 유지하고 있는 곳입니다.
22. 광화문은 경복궁의 본관 문으로 1395년에 지어졌습니다.
23. 광화문에서 세종대왕과 이순신 동상을 볼 수 있습니다.

관광영어 용어정리

rule 통치, 지배
be capable of 능력이 있는, ~할 수 있는
changing of guard ceremony 위병 교대식
foreign envoy 외국사절
restoration work 복원 작업
artificial islets 인공섬
the Japanese colonial occupation 일제 식민지 지배
national affairs 국사, 국정

작문 연습

1. 1394년에 경복궁이 세워지고, 1392년부터 1910년 까지의 조선시대 통치의 중심부가 되었습니다.

2. 일본 식민지 시대에 파괴 되었지만, 복원 작업이 시작되어 현재의 모습을 갖추게 되었습니다.

3. 이 이름은 왕이 올바른 사람들이 옆에 있을 때, 국정 운영을 잘할 수 있다는 뜻입니다.

나의 면접 답변 flow 키워드

[B]
창덕궁에 대해 설명해주십시오.
Tell us briefly about Changdeokgung.

1. *Changdeokgung* (창덕궁) is a major palace in *Jongno-gu* (종로구) near Gyeongbok Palace.
2. After *Gyeongbokgung* was destroyed during the Imjin War, it served as the second major palace for 270 years.
3. This palace is harmonized with the beauty of nature and it represents the importance of human respect towards the environment.
4. Thus, *Changdeokgung* was designated as a UNESCO World Heritage Site.
5. The giant main gate's name is *Donhwamun* (돈화문) and *Injeongjeon* (인정전) Hall is the throne room.
6. *Seonjeongjeon* (선정전) Hall was used by officials to meet the king and *Huijeongdang* (희정당) Hall used to be the king's bedroom but became another place for officails to meet the king.
7. The *Daejojeon* (대조전) Hall is where the Queen stayed.
8. There's a beautiful garden, *Biwon* (비원), with 300 years' worth of history.
9. There's also the *Buyeongjeon* (부영전) pavilion which was used for celebrations and the *Ongyucheon* (옥류천) stream which is an important part of the garden.
10. That is where the king and officials enjoyed drinking from floating wine cups and wrote poetry.
11. A poem written by *Sukjong* (숙종) is inscribed on a boulder.
12. *Injeongjeon* (인정전) was the main throne hall.
13. Official events including coronations and greeting foreign envoys were usually held there.
14. *Seonjeongjeon* was a throne hall where the king and officials discussed state affairs.

15. *Daejojeon* is a throne hall where the king and queen slept, and the princes and princesses were educated.
대조전

16. The king slept in the left room and the queen slept in the right.

17. *Donhwamun*, the main gate of the palace, means that 'the king's virtue makes people happy and friendly.'
돈화문

18. *Jinseonmun* means 'tell the truth to the king' and citizens could make complaints there.
진선문

19. *Injeongmun* is the gate of *Injeongjeon*.
인정문

20. There are three gates there.

21. The king passed through the biggest one in the middle, the civil ministers passed through the right one, and military officials passed through the left.

1. 창덕궁은 경복궁 근처 종로에 있는 주요 궁입니다.
2. 경복궁이 임진왜란 때 손상된 이후로, 두 번째 주요 궁으로서의 역할을 270년간 하였습니다.
3. 이 궁은 자연의 아름다움과 조화를 이루고 있고, 자연을 향한 인간 존중의 중요성을 나타냅니다.
4. 그래서, 창덕궁은 유네스코 세계 유산에 등재되었습니다.
5. 커다란 궁의 대문은 돈화문이고 인정전이 정전입니다.
6. 선정전은 왕을 만나기 위해 신하들이 사용했던 곳이고, 희정전은 왕의 침실로 사용되었고, 왕과 신하의 접견 장소로 쓰이기도 했습니다.
7. 대조전은 왕비가 지냈던 곳입니다.
8. 비원이라 불리는 아름다운 정원이 있고 이곳은 300년의 역사를 가진 곳입니다.
9. 축하할 일이 있을 때 사용된 부용전 정자와 정원의 중요한 부분인 옥류천도 있습니다.
10. 왕과 신화가 술잔을 물에 띄워서 마시며 시를 썼습니다.
11. 숙종이 쓴 시가 바위에 새겨져 있습니다.
12. 인정전은 대표 정전이었어요.
13. 세자 책봉(대관식)이나 외국 사절단을 맞이하는 공식 행사들이 주로 열렸습니다.
14. 선정전은 왕과 신하들이 국정에 대해 회의하는 정전이었습니다.
15. 대조전은 왕과 왕비가 자는 정전이었고, 왕자와 공주가 교육받았던 곳입니다.
16. 왕은 왼쪽에서 자고, 왕비는 오른쪽에서 잤습니다.
17. 돈화문은 왕의 덕이 백성을 행복하게 한다는 뜻입니다.
18. 진선문은 왕에게 '사실을 말하라' 라는 뜻이고, 백성들이 문 앞에 실제로 항소를 했습니다.
19. 인정문은 인정전의 문입니다.
20. 총 3개의 문이 있습니다.
21. 중간의 가장 큰 문으로 왕이 지나가고, 문관이 오른쪽 문, 무관이 왼쪽 문으로 지나갑니다.

관광영어 용어정리

pavilion 정자　　coronation 대관식

작문 연습

1. 경복궁이 임진왜란 때 손상된 이후로, 두번째 주요 궁으로서의 역할을 270년 간 했습니다.

2. 선정전은 왕을 만나기 위해 신하들이 사용했던 곳이고, 희정전은 왕의 침실로 사용되었고, 왕과 신하의 접견 장소로 쓰이기도 했습니다.

3. 축하할 일이 있을 때 사용된 부용전 정자와 정원의 중요한 부분인 옥류천도 있습니다.

나의 면접 답변 flow 키워드

[C]

덕수궁에 대해 설명해주십시오.
Tell us briefly about Deoksugung.

1. *Deoksugung* 덕수궁 is one of the five royal palaces remaining in Seoul.
2. The name *Deoksugung* holds the meaning of "Palace of virtue and longevity," which prayed for a long life for King *Gojong* 고종.
3. In 1592, the Japanese army landed in Busan and invaded all the way to Seoul.
4. This was during the reign of King *Seonjo* 선조 and he fled away to *Uiju* 의주 and stayed there for one and a half years.
5. When he returned to Seoul, his former residence had been destroyed and there was no place to stay.
6. They used *Deoksugung* which had previously been used as a residence for the kings' relatives.
7. *Gwanghaegun* 광해군 who succeeded King Seonjo renamed it *Gyeongungung* 경운궁 and when he was overthrown by King Injo, the palace was left empty for 270 years.
8. In the late 19th century, after the Korean royal refuge at the Russian legation, King *Gojong* decided to live at this palace.
9. When he came back from Russia in 1897, he proclaimed Korea an empire.
10. The name of the palace was then changed again to *Deoksugung*.

1. 덕수궁은 서울에 남아 있는 5개의 왕궁 중 하나입니다.
2. 덕수궁은 "덕목과 장수의 궁"이란 의미를 지니고 있는데 고종의 장수를 바라는 의미입니다.
3. 1592년 일본군이 부산에 착륙했고, 서울까지 침입해 왔습니다.
4. 선조가 통치하던 시절이었는데, 그는 의주로 피신을 가고 1년 반 정도 지냈습니다.
5. 서울로 선조가 돌아왔을 때 그의 이전 거주지는 파괴되어 있어서 머무를 곳이 없었습니다.
6. 그래서 왕의 친척들이 거주하던 덕수궁을 그의 거주지로 쓰게 되었습니다.
7. 그다음 승계를 이은 광해군이 경운궁으로 이름을 바꾸고, 인조에게 왕권을 타도 당하고 난 후, 270년간 이 궁은 비어 있었습니다.
8. 19세기 후반에, 고종의 아관파천 이후, 고종은 이 궁에서 살기로 결정했습니다.
9. 1897년에 러시아에서 돌아왔을 때, 그는 대한제국을 선포했습니다.
10. 그때 다시 궁 이름을 덕수궁으로 바꾸었습니다.

관광영어 용어정리

virtue 덕, 미덕, 덕목
overthrow 타도하다, 전복시키다
longevity 장수
legation 공사관
flee 달아나다, 도망하다
Korea royal refuge at the Russian legation 아관파천
succeed 물려받다, 승계하다, (자리, 지위 등의) 뒤를 잇다
proclaim 선언하다, 선포하다

작문 연습

1. 선조가 통치하던 시절이었는데, 그는 의주로 피신을 가고 1년 반 정도 지냈습니다.

2. 그래서 왕의 친척들이 거주하던 덕수궁을 그의 거주지로 쓰게 되었습니다.

3. 그다음 승계를 이은 광해군이 경운궁으로 이름을 바꾸고, 인조에게 왕권을 타도당하고 난 후, 270년간 이 궁은 비어 있었습니다.

나의 면접 답변 flow 키워드

[D]
창경궁에 대하여 설명해주십시오.
Tell us briefly about Changgyeonggung

1. *Changgyeonggung* (창경궁) Palace was built by King Sejong for his father in the mid-15th century.

2. Its original name was *Suganggung* (수강궁).

3. Later, King *Seongjong* (성종) changed the name to *Changgyeonggung* and it became the residence of queens.

4. *Honghwamun* (홍화문) is the main gate and *Myeongjeongjeon* (명정전) Hall is the main building of the palace.

5. During the Japanese occupation, they built a zoo and botanical garden planting thousands of cherry blossom trees at *Changgyeonggung* to undermine the Korean national authority.

6. However, after Independence, it was left as a tourist attraction, and then in 1986, all the cherry blossoms were removed and replaced with pine, maple, and zelkova trees.

7. The zoo and botanical garden were also relocated to what it is now Seoul Land.

1. 창경궁은 세종대왕이 아버지를 위해 15세기 중반에 지었습니다.
2. 원래의 이름은 수강궁입니다.
3. 나중에 성종이 창경궁으로 이름을 바꾸었고 나중에 여기는 왕후들의 거주지가 되었습니다.
4. 정문은 홍화문이고, 정전은 명정전입니다.
5. 일제 강점기 때, 우리나라의 국격을 떨어뜨리기 위해 일본이 창경궁을 동물원과 식물원으로 만들고, 수천 그루의 벚나무를 심었습니다.
6. 독립 후에도 이곳은 관광지로 남아 있다가, 1986년에 모든 벚나무들을 없애버리고, 소나무, 단풍나무, 느티나무로 다시 심었습니다.
7. 동물원과 식물원은 지금의 서울랜드로 이전했습니다.

관광영어 용어정리

residence 거주지
relocate 재배치하다
zelkova tree 느티나무
national authority 국가의 권위
undermine (권위 등을) 약화시키다

작문 연습

1. 일제 강점기 때, 우리나라의 국격을 떨어뜨리기 위해 일본이 창경궁을 동물원과 식물원으로 만들고, 수천 그루의 벚나무를 심었습니다.

2. 독립 후에도 이곳은 관광지로 남아 있다가, 1986년에 모든 벚나무들을 없애버리고, 소나무, 단풍나무, 느티나무로 다시 심었습니다.

3. 동물원과 식물원은 지금의 서울랜드로 이전했습니다.

나의 면접 답변 flow 키워드

[E]
경희궁에 대하여 설명해주십시오.
Tell us briefly about Gyeonghuigung.

1. *Gyeonghuigung* is one of the five palaces built during the Joseon Dynasty.

2. It was first constructed by King *Gwanghae* (광해군) and was originally called *Gyeongdeokgung*.

3. But later during the reign of King Injo, it was renamed *Gyeonghuigung* (경희궁).

4. The main gate of *Gyeonghuigung* is *Heunghwamun* (흥화문) and the main throne hall, *Sungjeongjeon* (숭정전), is now located at Dongguk University.

5. In the 19th century, the palace caught fire twice and most of it was damaged.

6. It was also destroyed again during the Japanese occupation.

7. By the time the Korean government tried to restore it, only around 30% of the palace could be reconstructed due to city growth and industrialization.

8. It is designated as Historic Site No. 271.

1. 경희궁은 조선시대에 지어진 다섯 궁 중 하나입니다.
2. 광해군에 의해 처음 지어졌고, 처음의 이름은 경덕궁이었습니다.
3. 하지만 나중에 인조가 통치하던 시절, 경희궁으로 이름을 다시 지었습니다.
4. 경희궁의 정문은 흥화문이고, 정전은 숭정전이고 동국대학교에 있습니다.
5. 19세기에 궁은 두 번이나 불타고, 대부분이 손상되었습니다.
6. 일제 강점기 때 또 한번 파괴되었습니다.
7. 한국 정부가 복구하려고 할 때, 도시 성장과 산업화로 인해 30%만 재건축할 수 있었습니다.
8. 경희궁은 사적 271호로 지정되었습니다.

관광영어 용어정리

construct 구상하다, 건설하다
industrialization 산업화
occupation 점령
throne 왕좌, 옥좌
reign 통치 기간

작문 연습

1. 광해군에 의해 처음 지어졌고, 처음의 이름은 경덕궁이었습니다.

2. 경희궁의 정문은 흥화문이고, 정전은 숭정전이고 동국대학교에 있습니다.

3. 한국 정부가 복구하려고 할 때, 도시 성장과 산업화로 인해 30%만 재건축할 수 있었습니다.

나의 면접 답변 flow 키워드

Question 02

경복궁, 창덕궁, 덕수궁, 창경궁의 차이점을 간략하게 말해주십시오.
The differences between Gyeongbokgung, Changdeokgung, Deoksugung, and Changgyeonggung.

1. The buildings in *Gyeongbokgung* (경복궁) are arranged symmetrically along a main axis to show the grand scale and dignity of the main palace.
2. On the other hand, the buildings in *Changdeokgung* (창덕궁) palace are built out asymmetrically, harmonizing with the surrounding nature.
3. This is one of the reasons it was designated as a UNESCO World Heritage Site.
4. *Gyeongbokgung* was severely damaged many times in the past due to historical tragedies, but *Changdeokgung* has stayed well-preserved.
5. During the *Imjin* War in 1592, *Gyeongbokgung* was destroyed, so *Changdeokgung* became the main palace for the rest of the Joseon period.
6. *Deoksugung* served as an important palace in the late Joseon period.
7. *Joseon* started to accept foreign cultures and became influenced by them.
8. *Deoksugung* has both traditional and western style buildings, such as *Seokjojeon* (석조전).
9. Deoksugung shows the history of the late *Joseon Dynasty*.
10. *Changgyeonggung*'s original name was *Suganggung* (수강궁).
11. It was built by King *Sejong* for his father, *Taejong* of the *Joseon Dynasty*.
12. Later, King *Seongjong* repaired and modified it to be used as the queens' residence and renamed it *Changgyeonggung*.
13. The main hall of *Changgyeonggung* is *Myeongjeongjeon* (영정전), and its main gate is *Heunghwamun* (홍화문).

14. During the Japanese colonial period, Japan turned it into a zoo and planted a botanical garden.

15. But it has now been restored to its original design.

1. 경복궁의 건물들은 중심축을 따라 대칭 구조로 지어졌으며 이는 궁의 웅장함과 위엄을 나타냅니다.
2. 반면에, 창덕궁의 건물은 주변 자연들과의 조화를 고려하여 비대칭으로 지어졌습니다.
3. 이러한 부분이 창덕궁이 유네스코 세계 유산으로 지정된 이유 중 하나입니다.
4. 또한, 경복궁은 역사적 비극 사건들로 인해 여러 차례 손상을 입기도 한 반면 창덕궁은 잘 보존되어 있습니다.
5. 1592년 임진왜란 동안, 경복궁은 파괴되었고, 창덕궁이 남은 조선 기간 동안 주된 궁궐로 쓰여졌습니다.
6. 덕수궁은 조선 후기에 중요한 궁의 역할을 했습니다.
7. 그 당시에 조선은 외국 문물을 받아들이기 시작했고, 여기에 영향을 받았습니다.
8. 덕수궁 석조전과 같이 전통과 서양 스타일 모두를 가진 건축물도 있습니다.
9. 덕수궁은 조선 후기의 역사를 잘 보여줍니다.
10. 창경궁의 원래 이름은 수강궁입니다.
11. 세종이 자신의 아버지, 태종을 위해 지었습니다.
12. 나중에, 성종이 수리하고 변형에서 왕후들의 거주지로 사용하고 창경궁이라고 새로 명명했습니다.
13. 창경궁의 본관은 명정전이고, 정문은 홍화문입니다.
14. 일제 강점기 때, 일본이 여기를 동물원과 식물원으로 바꿨습니다.
15. 지금은 원래의 모습대로 복원되어 있습니다.

관광영어 용어정리

symmetrically 대칭적으로
asymmetrically 불균형하게, 비대칭적으로
residence 주택, 거주지
axis 축, 축선
tragedy 비극
botanical garden 식물원
grand scale 대형의, 대규모의
designate 지정하다
restore 회복시키다, 복원하다
dignity 위엄, 품위
well-preserved 잘 보존된

작문 연습

1. 또한, 경복궁은 역사적 비극 사건들로 인해 여러 차례 손상을 입기도 한 반면 창덕궁은 잘 보존되어 있습니다.

2. 나중에, 성종이 수리하고 변형에서 왕후들의 거주지로 사용하고 창경궁이라고 새로 명명했습니다.

3. 일제 강점기 때, 일본이 여기를 동물원과 식물원으로 바꿨습니다.

나의 면접 답변 flow 키워드

Chapter 08

한국 유네스코 인류무형문화재

이 단원의 질문들

한국 등재 유네스코 인류무형문화재를 말해보십시오.
List and describe UNESCO's intangible cultural heritage of humanity.

01	종묘제례 및 종묘제례악 (2001) Jongmyo Jerye & Jeryeak, Royal Ancestral Rituals in Jongmyo Shrine and its Music
02	판소리 (2003) Pansori Epic Chant, A traditional Musical Storytelling
03	영산재 (2009) Yeongsanjae, Re-enactment of Buddha's Delivery of the Lotus Sutra on the Vulture Peak
04	가곡 (2009) Gagok, Lyric Song Cycles Accompanied by an Orchestra
05	한산모시짜기 (2009) Weaving of Mosi, fine ramie, in the Hansan Region
06	택견 (2011) Taekkyeon, a traditional Korean martial art
07	아리랑 (2012) Arirang, lyrical folk song in the Republic of Korea
08	김장문화 (2013) Kimgjang, making and sharing Kimchi
09	농악 (2014) Nongak, community band music, dance, and rituals in the Republci of Korea
10	줄다리기 (2015) Tugging Rituals and Games
11	제주해녀문화 (2016) Culture of Jeju Haenyeo(Women Divers)

Question 01

종묘제례 및 종묘제례악 (2001)
Jongmyo Jerye & Jeryeak, Royal Ancestral Rituals in Jongmyo Shrine and its Music

1. *Jongmyo Jerye* (종묘제례) is a national ceremony which was held for worshipping Joseon's deceased kings and queens at the Jongmyo shrine.
2. *Jongmyo* shrine is the place where their memorial tablets are preserved.
3. *Jongmyo Jeryeak* (종묘제례악) is an ancient court music performed for the *Jongmyo jerye* ritual together with dancing and singing.
4. The Jerye's dance is called *Ilmu* (일무) and performed by a group of 64 women wearing purple clothes.
5. Traditional Korean instruments such as gongs, lutes, zithers, bells, and flutes were used to play this music.
6. The ritual is regarded as an important ceremony to pray for the eternal peace of spirits.
7. The ritual was performed once a year on the first Sunday in May and conducted by the descendants of the royal family.
8. *Jongmyo Jerye* and *Jeryeak* were selected as the first of Korea's Intangible Cultural Heritage of Humanity by UNESCO in 2001.

> 1. 종묘제례는 조선의 돌아가신 왕과 왕비를 종묘 사적에서 기리기 위해 열리는 국가 행사입니다.
> 2. 종묘 사적은 그들의 기념 명판이 보존되어 있는 공간입니다.
> 3. 종묘제례는 종묘제례의식에서 쓰여진 고대의 궁중 음악이고 춤과 노래가 함께 했습니다.
> 4. 종묘제례의 춤은 일무라고 불리는데 64명의 여자가 보라색 의상을 입고 춤을 춥니다.
> 5. 징, 현악기, 가야금, 종, 피리 등의 한국 전통 악기가 음악 연주에 사용되었습니다.
> 6. 이 의식은 영혼의 영원한 평화를 기리는 중요한 행사로 여겨집니다.
> 7. 의식은 5월 첫째 주 일요일, 1년에 한 번씩 왕가의 후손들에 의해 행해집니다.
> 8. 종묘제례와 제례악은 한국의 첫 번째 유네스코 인류무형문화재로 2011년 지정되었습니다.

관광영어 용어정리

worship 예배, 숭배	preserve 보존하다, 지키다	lutes 현악기
flutes 피리	memorial tablets 기념패	gongs 징
bells 종	descendant 자손, 후손	

작문 연습

1. 의식은 5월 첫째 주 일요일, 1년에 한 번씩 왕가의 후손들에 의해 행해집니다.

2. 종묘제례의 춤은 일무라고 불리는데 64명의 여자가 보라색 의상을 입고 춤을 춥니다.

3. 종묘제례는 조선의 돌아가신 왕과 왕비를 종묘 사적에서 기리기 위해 열리는 국가 행사입니다.

나의 면접 답변 flow 키워드

Question 02

판소리 (2003)
Pansori Epic Chant, A traditional Musical Storytelling.

1. First, I will tell the meaning of the term *Pansori*. (판소리)
2. Pan means "a place where people get together" and sori means "song or sound".
3. *Pansori* is one of the most prominent remaining genres among Korean traditional music.
4. This music is performed by one vocalist with a drummer.
5. The vocalist is called *Sorikkun* (소리꾼) and drummer is called *gosu* (고수).
6. *Gosu* plays the drum while a vocalist sings.
7. Pansori has a very unique singing technique with distinct rhythm and sounds.
8. We can see the life and emotions of both commoners and aristocrats' through the lyrics of *pansori*.
9. *Pansori* is originated from shamans' narrative songs in the 17th century.
10. It was proclaimed as UNESCO's Intangible Heritage of Humanity in 2003.

1. 우선, 판소리의 의미를 먼저 이야기하겠습니다.
2. 판은 "사람들이 모이는 곳"을 의미하고, 소리는 "사운드나 노래"를 의미합니다.
3. 판소리는 한국 전통 음악 가운데 현존하는 가장 유명한 장르 중 하나입니다.
4. 이 음악은 한 명의 성악가와 고수가 연주합니다.
5. 성악가는 소리꾼이라고 불리고 북을 치는 사람을 고수라고 부릅니다.
6. 고수는 성악가가 노래하는 동안 북을 칩니다.
7. 판소리는 뚜렷한 리듬과 매우 독특한 노래 기술을 가지고 있습니다.
8. 당 시대 서민들과 귀족들의 삶과 감정들을 판소리의 가사를 통해 알 수 있습니다.
9. 판소리는 17세기에 무당의 서사무가에서 시작되었습니다.
10. 그리고 2003년에 유네스코 인류무형문화재로 지정되었습니다.

관광영어 용어정리

prominent 중요한, 유명한
proclaim 선언하다
shaman 샤먼, 무당
drummer 고수
vocalist 소리꾼

작문 연습

1. 판은 "사람들이 모이는 곳"을 의미하고, 소리는 "사운드나 노래"를 의미합니다.

2. 당 시대 서민들과 귀족들의 삶과 감정들을 판소리의 가사를 통해 알 수 있습니다.

3. 판소리는 17세기에 무당의 서사무가에서 시작되었습니다.

나의 면접 답변 flow 키워드

Question 03

영산재 (2009)
Yeongsanjae, Re-enactment of Buddha's Delivery of the Lotus Sutra on Vulture Peak

1. *Yoengsanjae* (영산재) is a Korean Buddhist ceremony for the deceased to guide their souls to Paradise.

2. It was created during the *Silla Dynasty* (신라 시대) when Buddhism was introduced in Korea.

3. The procedures of performing this ritual are so complicated that it takes almost four days to complete.

4. *Beompae* (범패) is a sort of dance and song among buddhists and it plays a crucial role in this ritual.

5. This ritual delivers Buddhism as a form of art and inherits the value of Buddha's Lotus Sutra.

6. *Yeongsanjae* is conducted in temples in Korea and admires the Buddha, his words, and monks.

7. It was placed on the list of UNESCO's Intangible Cultural Heritage of Humanity in 2009.

1. 영산재는 고인의 영혼을 천국으로 이끌기 위한 한국의 불교 의식입니다.
2. 불교가 한국에 소개된 신라 시대에 생겨났습니다.
3. 이 의식을 행하는 절차는 매우 복잡해서 끝마치는데 거의 4일 정도가 걸립니다.
4. 범패는 불교 용어로 춤을 추고 노래를 하는 것인데, 이 의식에서 중요한 역할을 합니다.
5. 이 의식은 불교를 예술의 형태로 전달하고 부처님의 법화사상의 가치를 계승하려고 합니다.
6. 영산재는 한국의 절에서 부처의 말씀과 스님들에게 기도하며 행해집니다.
7. 2009년에 유네스코 인류무형문화재로 지정되었습니다.

관광영어 용어정리

the deceased 고인
inherit 상속받다, 물려받다
Lotus Sutra (불교) 법화경
monk 스님, 승도

작문 연습

1. 범패는 불교 용어로 춤을 추고 노래를 하는 것인데, 이 의식에서 중요한 역할을 합니다.

2. 영산재는 한국의 절에서 부처의 말씀과 스님들에게 기도하며 행해집니다.

3. 이 의식을 행하는 절차는 매우 복잡해서 끝마치는데 거의 4일 정도가 걸립니다.

나의 면접 답변 flow 키워드

Question 04

가곡 (2009)
Gagok, Lyric Song Cycles Accompanied by an Orchestra

1. *Gagok* is a Korean traditional vocal music that consists of traditional poetry by playing stringed zither and percussion instruments.
   가곡
2. Most *Gagok* is quite slow.
3. Nowadays, *Gagok* follows faster rhythms and tempos than it did before, but it still contains peaceful and slow tunes.
4. *Gagok* used to be sung by aristocrats but commoners also started to enjoy it.
5. It takes quite a long time to acquire the skills to sing *Gagok*.
6. So it is passed down by practitioners as a form of heritage training.
7. To make the orchestra complete it must have traditional Korean zithers, such as *geomungo* and *gayageum*, *bamboo flutes*, *piri*, and *daeguem*.
   거문고 가야금 단소 피리 대금
8. It was added to the list of UNESCO's Intangible Cultural Heritage of Humanity in 2010.

1. 가곡은 현악기와 타악기를 사용해서 전통 시를 부르는 전통 음악입니다.
2. 대부분의 가곡은 꽤나 조용합니다.
3. 요즘은 가곡이 이전보다 빠른 리듬과 템포를 나타내기도 하지만 여전히 평화롭고 잔잔한 음을 유지합니다.
4. 가곡은 귀족들이 주로 불렀는데, 서민들도 나중에는 즐기기 시작했습니다.
5. 가곡을 부르는 기술을 익히는 것은 꽤 많은 시간이 걸립니다.
6. 그래서 가곡 전문가들이 유산을 물려주는 형태로 전승해오고 있습니다.
7. 연주를 완성하기 위해서는, 전통적인 한국 현악기인, 거문고, 가야금, 대금, 피리, 단소 등이 연주에 사용됩니다.
8. 2010년에 유네스코 무형문화유산으로 지정되었습니다.

관광영어 용어정리

stringed zither 현악기(Korean zither 가야금)
bamboo flutes 대나무 피리
commoners 평민
aristocrats 귀족
percussion instruments 타악기

작문 연습

1. 가곡은 현악기와 타악기를 사용해서 전통 시를 부르는 전통 음악입니다.

2. 요즘은 가곡이 이전보다 빠른 리듬과 템포를 나타내기도 하지만 여전히 평화롭고 잔잔한 음을 유지합니다.

3. 가곡은 귀족들이 주로 불렀는데, 서민들도 나중에는 즐기기 시작했습니다.

나의 면접 답변 flow 키워드

Question 05

한산모시짜기 (2009)
Weaving of Mosi, fine ramie, in the Hansan Region

1. *Hansan* (한산) is the name of the region located in *Chungcheong Province* (충청 지방) in Korea.
2. The area, *Hansan* has fertile land and sea winds which is the perfect environment to plant and harvest ramie.
3. Middle-aged women in *Hasan* weave ramies as a woman-led business and passed down their techniques and experiences to their daughters.
4. Clothes made with ramie are cool on a hot and humid summer.
5. Using ramie, we can make various clothing items, like dress suits and mourning garments.
6. The price can vary from high to low depending on the skills of the weaver, design, and quality.
7. People in one community gathered and worked together to weave ramie which naturally led to stronger relationships being built with each other.
8. These days, there are around 500 people who engage in weaving ramie in the community.
9. It was placed on the list of UNESCO's Intangible Cultural Heritage of Humanity in 2011.

1. 한산은 한국의 충청지방에 위치한 지역의 이름입니다.
2. 한산지역은 비옥한 땅과 해풍이 식물이 살고 모시(ramie)를 기르기에 완벽한 환경을 구비하고 있습니다.
3. 한산 지방의 중년층 여자들이 여성이 이끄는 비즈니스로 모시를 짜고, 딸들에게 이 기술을 전파합니다.
4. 모시로 만든 옷은 엄청 덥고 습한 여름에 시원합니다.
5. 모시를 사용해서 우리는 수트와 상복 등 다양한 옷을 만듭니다.
6. 그리고 모시옷은 디자인, 품질, 만드는 기술에 따라 가격 차이도 많이 납니다.
7. 한 공동체 사람들이 모여서 모시 짜기를 함께하며 자연스럽게 유대감을 형성합니다.
8. 요즘은 약 500여 명의 사람들이 모시 짜기 활동에 참여하고 있습니다.
9. 2011년에 유네스코 인류무형문화재로 지정되었습니다.

관광영어 용어정리

province 주
fertile 비옥한, 기름진
pass down 전파하다, 전달하다
mourning garment 상례복

작문 연습

1. 한산 지방의 중년층 여자들이 여성이 이끄는 비즈니스로 모시를 짜고, 딸들에게 이 기술을 전파합니다.

2. 한 공동체 사람들이 모여서 모시 짜기를 함께하며 자연스럽게 유대감을 형성합니다.

3. 요즘은 약 500 여 명의 사람들이 모시 짜기 활동에 참여하고 있습니다.

나의 면접 답변 flow 키워드

Question 06

택견 (2011)
Taekkyeon, a traditional Korean martial art

1. *Taekkyeon* (택견) is a traditional Korean martial art using rhythmic and gentle dance-like movement against the opponent.
2. It contains both offensive and defensive skills, focusing on how to dominate an opponent without any damage.
3. The role of feet is as important as hands in *Taekkyeon*.
4. There's a *taekkyeon* association in Korea teaching and promoting *taekkyeon* throughout the world with around 50 *taekkyeon* practitioners.
5. People practice this as a daily hobby for their health.
6. It was added to the list of UNESCO's Intangible Cultural Heritage of Humanity in 2011.

1. 택견은 상대를 제압하기 위해 리듬감 있고 부드러운 춤과 같은 동작을 취하는 전통적인 한국의 무술입니다.
2. 공격적임과 방어적인 두 가지 스킬 모두를 가지고 있으며 상대에게 해를 입히지 않고 제압하는 법을 알게 됩니다.
3. 택견에서 발의 역할은 손보다 중요합니다.
4. 50여 명의 택견인들이 세계에 택견을 전승하고 홍보하는 택견 협회가 있습니다.
5. 사람들은 건강을 위해 매일의 취미로 훈련을 합니다.
6. 2011년에 유네스코 인류무형문화재로 지정되었습니다.

관광영어 용어정리

martial art 무술
dominate 지배하다
defensive 방어적인
offensive 공격적인, 불쾌한
rhythmic 리드미컬한, 율동적인
association 협회

작문 연습

1. 택견은 상대를 제압하기 위해 리듬감 있고 부드러운 춤과 같은 동작을 취하는 전통적인 한국의 무술입니다.

2. 공격적임과 방어적인 두 가지 스킬 모두를 가지고 있으며 상대에게 해를 입히지 않고 제압하는 법을 알게 됩니다.

3. 50여 명의 택견인들이 세계에 택견을 전승하고 홍보하는 택견 협회가 있습니다.

나의 면접 답변 flow 키워드

Question 07

아리랑 (2012)
Arirang, lyrical folk song in the Republic of Korea

1. *Arirang* (아리랑) is a Korean folk song.
2. It is so famous that it's even considered as an unofficial national anthem of Korea.
3. The typical lyrics are Arirang, Arirang, Arariyo... Crossing over Arirang Pass.
3. Dear who abandoned me Shall not walk even ten before his/her feet hurt.
4. The original *Arirang* is known as *Jeongseon Arirang* (정선 아리랑) from *Gangwon province* (강원 지방) which has been sung by people for over 600 years.
5. Other forms of famous *arirang* is *Milyang* (밀양) from *Gyeongsang province* (경상도) and *Jindo* (진도) from *Jeolla province* (전라도).
6. *Arirang* can be created by anyone putting their emotion in according to their regional and historical variations.
7. *Arirang* is also used in many subjects like arts, media, musicals, literature, and drama.
8. The rhythm is so addictive and evocative that it brings communication and unity among Korean people.
9. It was selected as one of UNESCO's Intangible Cultural Heritage of Humanity in 2012.

1. 아리랑은 한국 민속 노래입니다.
2. 그리고 한국의 비공식적 애국가로 간주될 만큼 유명합니다. 전형적인 가사는 이렇습니다.
3. 아리랑, 아리랑, 아라리요... 아리랑 고개로 넘어간다. 나를 버리고 가시는 님은 십리도 못가서 발병난다.
4. 원조 아리랑은 강원 지방의 정선 아리랑이라고 알려져 있는데 600년이 넘게 사람들에 의해 불리고 있습니다.
5. 다른 유명한 아리랑은 경상도 지방의 밀양 아리랑, 전라도 지방의 진도 아리랑입니다.
6. 아리랑은 지역, 역사적 정도에 따라 감정을 넣어서 누구나 만들 수 있습니다.
7. 아리랑은 또한 예술, 미디어, 뮤지컬, 문학, 그리고 드라마 등 많은 주제에 사용될 수 있습니다.
8. 리듬은 중독성 있고 좋은 생각을 떠올리게 하면서 한국인들의 소통과 연대감을 불러일으킵니다.
9. 2012년에 유네스코 인류무형문화재로 지정되었습니다.

관광영어 용어정리

folk song 민요
evocative 좋은 기억을 떠올리게 하는, 환기시키는
addictive 중독성의
variation 변이, 변차
national anthem 국가(노래)

작문 연습

1. 원조 아리랑은 강원 지방의 정선 아리랑이라고 알려져 있는데 600년이 넘게 사람들에 의해 불려지고 있습니다.

2. 아리랑은 지역, 역사적 정도에 따라 감정을 넣어서 누구나 만들 수 있습니다.

3. 리듬은 중독성 있고 좋은 생각을 떠올리게 하면서 한국인들의 소통과 연대감을 불러일으킵니다.

나의 면접 답변 flow 키워드

Question 08

김장문화 (2013)
Kimgjang, making and sharing Kimchi

1. *Kimchi* is a Korean traditional fermented vegetable seasoned with spices.
   김치
2. Most Koreans eat this almost every day and it could almost represent the identity of a Korean.
3. Making *Kimchi* is called *Kimjang* in Korean.
   김장
4. Families gather together in autumn every year to make *Kimchi* and doing this together enhances family cooperation and harmony.
5. *Kimchi* culture also differs from region to region and the methods of making *kimchi* is a family tradition that is passed from mother-in-law to daughter-in law.
6. In autumn when the *Kimjang* season comes, the whole family makes and shares large amounts of *Kimchi*.
7. It is enough to last through the piercing winter.
8. *Kimchi* was put on the list of UNESCO's Intangible Cultural Heritage of Humanity in 2013.

1. 김치는 한국의 전통적인 야채를 발효해서 양념을 한 반찬입니다.
2. 대부분 한국인들은 거의 매일 김치를 먹고 심지어 한국의 정체성을 대표하기도 합니다.
3. 김치를 만드는 것을 한국어로 김장이라고 부릅니다.
4. 가족들이 가을마다 함께 모여서 김치를 만드는 것은 가족의 협동과 화합을 나타냅니다.
5. 김치 문화는 지역마다 달라서 김치를 만드는 방법과 김치에 넣는 것들은 가족의 유산으로 시어머니가 며느리에게 물려주는 것이기도 합니다.
6. 가을에 김장철이 다가오면, 전체 가족이 김치를 담그고 매서운 겨울 동안 충분히 김치를 먹을 수 있도록 많은 양을 나눠가집니다.
7. 매서운 겨울 동안 충분히 김치를 먹을 수 있는 양입니다.
8. 2014년에 유네스코 인류무형문화재로 지정되었습니다.

관광영어 용어정리

ferment 발효되다, 발효시키다
identity 정체성
piercing 날카로운, 살을 에는 듯한
mother-in-law 시어머니
transmit 전송하다

작문 연습

1. 대부분 한국인들은 거의 매일 김치를 먹고 심지어 한국의 정체성을 대표하기도 합니다.

2. 김치 문화는 지역마다 달라서 김치를 만드는 방법과 김치에 넣는 것들은 가족의 유산으로 시어머니가 며느리에게 물려주는 것이기도 합니다.

3. 가을에 김장철이 다가오면, 전체 가족이 김치를 담그고 매서운 겨울 동안 충분히 김치를 먹을 수 있도록 많은 양을 나눠가집니다.

나의 면접 답변 flow 키워드

Question 09

농악 (2014)
Nongak, community band music, dance, and rituals in the Republic of Korea

1. *Nongak* is literally farmer's music.
   농악

2. The Cultural Heritage Administration has distinguished five regional Nongak in Korea so far; *Jinju*, *Pyeongtaek*, *Iri*, *Gangneung*, and *Imsil Pilbong nongak*.
   진주 평택 이리 강릉 임실 필봉

3. There are various reasons for singing Nongak like praying to the Gods, rich harvest, and chasing evil spirits away.

4. Farmers performed music, dance, acrobatics, and drama.

5. *Nongak* helps to enhance unity and cooperation in the community and establishes a sense of shared identity among community members.

6. Its style differed from each village in terms of performance style, costumes, and rhythms.

7. It was placed on the list of UNESCO's Intangible Cultural Heritage of Humanity in 2014.

1. 농악은 말 그대로 농부의 음악입니다.
2. 문화재청은 지금까지 한국에서 다섯 지역의 농악을 구별 지었는데, 진주, 평택, 이리, 강릉 그리고 임실 필봉 농악입니다.
3. 신에게 기도하는 것, 풍년을 비는 것, 악령을 내쫓는 것 등 다양한 목적을 띕니다.
4. 농부는 음악, 춤, 곡예, 연극 등과 함께 농악을 불렀습니다.
5. 농악은 공동체의 연대감과 협력을 강화시키고 공동체 일원 간 정체성 공유를 확고히 합니다.
6. 농악은 연주 방식, 관습과 리듬에 따라 각 마을 마다 스타일이 다릅니다.
7. 2014년에 유네스코 인류무형문화재로 지정되었습니다.

관광영어 용어정리

distinguish 구별짓다, 식별하다
regional 지방의
evil spirits 악령
acrobatic 곡예의

작문 연습

1. 신에게 기도하는 것, 풍년을 비는 것, 악령을 내쫓는 것 등 다양한 목적을 띕니다.

2. 농악은 공동체의 연대감과 협력을 강화시키고 공동체 일원 간 정체성 공유를 확고히 합니다.

3. 농악은 연주 방식, 관습과 리듬에 따라 각 마을 마다 스타일이 다릅니다.

나의 면접 답변 flow 키워드

Question 10

줄다리기 (2015)
Tugging Rituals and Games

1. This ritual has two teams standing on the west and east side and pulling ropes from each side.
2. The purpose of doing this is praying for abundant harvest and prosperity.
3. This ritual also functions as building a strong bond within the community and creating solidarity.
4. Normally this game was played in front of a village's shrine after holding ritual ceremonies for their local gods.
5. Elder people in villages encourage younger generations to participate in tugging to strengthen unity and identity of its group members.
6. It was added to the list of UNESCO's Intangible Cultural Heritage of Humanity in 2015.

1. 줄다리기는 서쪽 동쪽으로 두 팀이 서서 양쪽으로 줄을 당기는 것입니다.
2. 줄다리기의 목적은 풍년과 번영을 빌기 위한 것입니다.
3. 이 의식은 또한 커뮤니티의 강한 유대감과 사회적 결속력을 강화하기 위함입니다.
4. 보통 이 게임은 그 지역의 신에게 의식을 치르고 난 뒤에 마을의 성지 앞에서 진행됩니다.
5. 마을의 나이 든 사람들이 어린 세대들을 줄다리기에 참여하게 하여 연대감과 동질감을 쌓기를 격려합니다.
6. 2015년에 유네스코 무형문화유산으로 지정되었습니다.

관광영어 용어정리

abundant 풍부한
ritual ceremony 제례 의식
solidarity 연대, 결속
harvest 수확
prosperity 번영, 번창
tug 잡아당기다

작문 연습

1. 줄다리기는 서쪽 동쪽으로 두 팀이 서서 양쪽으로 줄을 당기는 것입니다.

2. 보통 이 게임은 그 지역의 신에게 의식을 치르고 난 뒤에 마을의 성지 앞에서 진행됩니다.

3. 마을의 나이 든 사람들이 어린 세대들을 줄다리기에 참여하게 하여 연대감과 동질감을 쌓기를 격려합니다.

나의 면접 답변 flow 키워드

Question 11

제주해녀문화 (2016)
Culture of Jeju Haenyeo(Women Divers)

1. In Jeju, there are women who go diving nearly 10 meters under the sea without any oxygen tanks or other devices to catch shellfish, abalone, and etc.
2. These women divers are called haenyeo.
3. Before they dive, they pray for safety and aplentiful catch.
4. This is a family and village business.
5. The skill is passed down to younger generations through an organization known as *haenyeo* association.
   해녀
6. Haenyeo represents the spirit, culture, and character of Jeju islands.
7. It was inscribed on the list of UNESCO's Intangible Cultural Heritage of Humanity in 2016.

1. 제주에는 산소 탱크 같은 장비 없이 바다 속 10m 정도를 다이빙해서 조개나 전복을 잡는 여자들이 있습니다.
2. 이런 여자 다이버들을 해녀라고 부릅니다.
3. 다이빙을 하기 전에, 안전과 많은 수확을 위해 기도를 합니다.
4. 가족이나 마을 비즈니스입니다.
5. 이 기술은 해녀 연합회로 알려진 단체를 통해서 어린 세대들에게 전수됩니다.
6. 해녀는 제주의 혼, 문화 성격을 잘 나타내기도 합니다.
7. 유네스코 인류무형문화재에 2016년에 등재되었습니다.

관광영어 용어정리

diving 다이빙
association 협회
plentiful 풍부한
abalone 전복
shellfish 조개류, 갑각류
inscribe 쓰다, 새기다

작문 연습

1. 제주에는 산소 탱크 같은 장비 없이 바닷속 10m 정도를 다이빙해서 조개나 전복을 잡는 여자들이 있습니다.

2. 가족이나 마을 비즈니스이며, 이 기술은 해녀 연합회로 알려진 단체를 통해서 어린 세대들에게 전수됩니다.

3. 유네스코 인류무형문화재에 2016년에 등재되었습니다.

나의 면접 답변 flow 키워드

Chapter 09

한국 유네스코 세계기록유산

이 단원의 질문들

한국 등재 유네스코 세계기록유산을 모두 말해주십시오.
List and explain UNESCO's Memory of the world, Korea.

01	훈민정음해례본 (1997) Hunminjeongum Manuscript
02	조선왕조실록 (1997) The annals of the Joseon Dynasty
03	직지심체요절 (2001) Movable metal type printing for buddhist
04	승정원 일기 (2001) Seungjeongwon Ilgi, The diaries of the Royal Secretariat
05	해인사대장경판 및 제경판 (2007) Printing woodblocks of the Tripitaka Korean and miscellaneous Buddhist scriptures
06	조선왕조의궤 (2007) The Royal Protocols of the Joseon Dynasty
07	동의보감 (2009) Donguibogam, Principles and Practice of Eastern Medicine
08	일성록 (2011) Ilseongnok, Records of Daily Reflections

09	5.18 민주화운동기록물 (2011) Human Rights Documentary Heritage 1980 Archives for the May 18th Democratic Uprising Against the Military Regime in Gwangju, Republic of Korea
10	난중일기 (2013) Nanjungilgi, War diary of Amiral Yi Sun-sin
11	새마을운동 기록물 (2013) Archives of Saemaul Undong, the New Community Movement
12	한국의 유교책판 (2015) Confucian Printing Woodblocks in Korea
13	KBS 특별생방송 '이산가족을 찾습니다' 기록물 (2015) The Archives of the KBS Special Live Broadcast "Finding Dispersed Families"
14	국채보상운동 The National Debt Redemption Movement
15	조선왕실 어보와 어책 Royal Seal and Investiture Book Collection of the Joseon Dynasty
16	조선통신사기록물 Documents on Joseon Tongsinsa. The History of Peace Building and Cultural Exchanges between Korea and Japan from the 17th to 19th century.

Question 01

훈민정음해례본 (1997)
Hunminjeongum Manuscript

1. This document was registered in 1997 in UNESCO's Memory of the World.

2. *Hunminjeongum* (훈민정음) means "The Proper Sounds for the Instruction of the People" and is the former name of the Korean alphabet, *Hangeul* (한글).

3. This manuscript was published in 1446 with the new Korean alphabet, by King Sejong of the *Joseon Dynasty* who had ordered the development of *Hangeul*, in 1443.

4. Thanks to his great achievement, the Korean people could read and write their own alphabet easily.

5. It also explains how the consonants and vowels were created and formed, based on the position of the human vocal organs.

6. Now, it is kept in the *Gansong Museum* (간송 박물관) and is still considered a unique and outstanding invention.

1. 이 문서는 1997년에 유네스코 세계기록유산에 등재되었습니다.
2. 훈민정음은 백성을 위한 올바른 소리를 알려주다 라는 뜻이고 한글의 이전 이름이기도 합니다.
3. 이 원고는 1446년에 한글을 발명한 조선시대 세종대왕의 한글과 함께 출간되었습니다.
4. 세종대왕의 위대한 업적 덕분에, 한국인들이 우리의 글을 가지고 쉽게 읽고 쓸 수 있게 되었습니다.
5. 그리고 한글은 인간의 음성 기관의 자세를 바탕으로 모음과 자음이 어떻게 만들어지고, 형성되는지를 보여줍니다.
6. 현재는 간송 박물관에 소장되어 있으며 여전히 특별하고 빼어난 발명품으로 여겨지고 있습니다.

관광영어 용어정리

manuscript 원고, 필사본
consonant 자음
vowel 모음
vocal organs 발성 기관

작문 연습

1. 이 원고는 1446년에 한글을 발명한 조선시대 세종대왕의 한글과 함께 출간되었습니다.

2. 그리고 한글은 인간의 음성 기관의 자세를 바탕으로 모음과 자음이 어떻게 만들어지고, 형성되는지를 보여줍니다.

3. 현재는 간송 박물관에 소장되어 있으며 여전히 특별하고 빼어난 발명품으로 여겨지고 있습니다.

나의 면접 답변 flow 키워드

Question 02

조선왕조실록 (1997)
The annals of the Joseon Dynasty

1. The Annals of the Joseon Dynasty : This is the collection of the history of the Joseon Dynasty from the reign of King Taejo, who was the founder of Joseon, to the reign of King *Chuljong*.
2. It was registered in 1997 as UNESCO's Memory of the World.
3. Here are several reasons why it is acknowledged as a world heritage.
4. This is one of the longest records kept out of the world's dynasties.
5. If you make a pile of all the books, it is almost the same height as a 12-story building.
6. The annals are a priceless collection of historical records containing detailed information about various aspects of the Joseon dynasty's society, economics, lifestyle, and culture.
7. It also includes records about Dokdo.
8. The annals are considered very reliable and objective as even Joseon's kings were not allowed to read the records.
9. And the annals had several crises that could have led to its loss but it ended up surviving and being well-preserved for a long time.
10. Several copies of the annals were made, and each were preserved in the different locations.
11. But during the Imjin war, all the locations were burnt down except for the one preserved in Jeonju.
12. Getting through a lot of crises in the past, Korea's ancestors kept them until the end, and nowadays, we can easily read this online. Here's the website. http://sillok.history.go.kr/

13. If we go to Jeonju Hanok Village, we can visit Gyeongi-jeon where the annals had once been kept.

14. This place is a good example of exploring Korea's history with pride.

1. 조선왕조실록 : 조선을 건국한 태조왕부터 철종까지의 역사를 담은 기록물입니다.
2. 1997년 유네스코 세계기록유산으로 등록되었습니다.
3. 이 기록물이 세계문화유산으로 인정되는 몇 가지 이유가 있습니다.
4. 이것은 전 세계 왕조 시대에 보관된 가장 긴 기록 중 하나입니다.
5. 모든 기록물을 한 무더기 쌓아올리면 12층 높이의 건물과 거의 같습니다.
6. 이 실록은 조선의 사회, 경제, 생활상, 그리고 문화에 대한 상세한 정보가 담겨있는 값을 매길 수 없는 역사적 기록물입니다.
7. 독도에 대한 기록도 담겨있습니다.
8. 이 자료는 왕 조차도 자신의 기록을 읽지 못했기에 신뢰성 있는 객관적인 기록으로 간주됩니다.
9. 이 기록물이 사라질 몇 번의 위기가 있었는데 잘 살아남아서 오래도록 잘 보존되고 있습니다.
10. 이 문헌의 사본을 만들어서 여러 다른 장소에 각각 보관을 했습니다.
11. 하지만 임진왜란 때, 전주에 보관된 것을 제외하고는 모든 장소의 복사본이 화재로 소실되었습니다.
12. 과거에 많은 위기를 겪으면서, 우리의 조상들은 끝까지 기록물을 지켰습니다. 요즘은 온라인에서 쉽게 읽을 수 있습니다.
13. 전주한옥마을에 가면 기록물이 보관되었던 경기전에 방문할 수 있습니다.
14. 이곳은 한국의 역사를 자랑스럽게 탐방할 수 있는 좋은 장소입니다.

관광영어 용어정리

작문 연습

1. 조선을 건국한 태조왕부터 철종까지의 역사를 담은 기록물입니다.

____

____

2. 1997년 유네스코 세계기록유산으로 등록되었습니다.

____

____

3. 이 실록은 조선의 사회, 경제, 생활상, 그리고 문화에 대한 상세한 정보가 담겨있는 값을 매길 수 없는 역사적 기록물입니다.

____

____

Question 03

직지심체요절 (2001)
Movable metal type printing for Buddhist text

1. The oldest surviving book printed using movable metal type was published during the *Goryeo Dynasty*. (고려 시대)
2. It is known as the *Jikji simcheyojeol* (직지심체요절) or *jikji simgyeong* (직지 심경) and it describes the essentials of Zen Buddisum.
3. It was used as a study book for monks to perform and study.
4. It was developed 78 years earlier than Gutenberg made in Germany in the middle of the 15th century.
5. It was printed in 1377 at *Heungdeoksa* (흥덕사) Temple in Chungju.
6. Dr. Park, Byunseon, who had worked as a researcher in the France National Library, discovered lost *jikji* there and proved the fact that it is the oldest surviving book printed using movable metal type.
7. Only the lower volumes of *jikji* exists and are still preserved in the French National Museum.
8. With her great achievement, Korea's heritage was recognized internationally and registered in 2001 as a UNESCO Memory of the World.
9. Korea's printing technique started with woodblock printing in the unified *Silla* period, when the oldest existing book printed using movable woodblocks was created. It is called *mu-gu-jeong-gwang-dae-da-rani-gyoeng.* (무구정광대다라니경)

> 1. 금속활자판으로 인쇄된 현존하는 가장 오래된 책은 고려시대에 만들어졌습니다.
> 2. 직지심체요절은 직지심경으로도 알려져 있습니다.
> 3. 스님들이 수행하고 공부할 수 있는 학습서로서도 사용되었습니다.
> 4. 15세기 중반 독일에서 만든 구텐베르그보다 78년 일찍 만들어졌습니다.
> 5. 1377년 충주 흥덕사에서 인쇄가 되었습니다.
> 6. 프랑스 국립도서관에서 연구원으로 일했던 박병선 박사님이 그곳에서 잃어버린 직지를 발견했고, 금속활자본을 활용한 가장 오래된 책이라는 사실을 증명해냈습니다.
> 7. 직지는 하권만 남아있고 아직도 프랑스 국립 박물관에 보관되어 있습니다.
> 8. 그녀의 위대한 업적으로 한국의 유산은 국제적으로 인정을 받았고 2001년 유네스코 세계기록유산으로 등재되었습니다.
> 9. 한국의 인쇄기술은 통일신라시대의 목판인쇄술로 시작이 되었습니다. 현존하는 가장 오래된 목판인쇄본 활용 서적은 '무구정광대다라니경'입니다.

관광영어 용어정리

surviving book 현존하는 책 essentials 본질

작문 연습

1. 금속활자판으로 인쇄된 현존하는 가장 오래된 책은 고려시대에 만들어졌습니다.

2. 직지심체요절 혹은 직지심경으로 알려져 있고, 스님들이 수행하고 공부할 수 있는 학습서로서도 사용되었습니다.

3. 1377년에 청주에 있는 흥덕사에서 인쇄되었고 2001년 세계기록유산으로 등재되었습니다.

나의 면접 답변 flow 키워드

Question 04

승정원 일기 (2001)
Seungjeongwon Ilgi, The diaries of the Royal Secretariat

1. The *Seunjeongwon ilgi* (승정원 일기) is a collection of authentic historic records and state secrets from the Joseon Dynasty during the reign of first king, *Taejo* (태조), until the 27th king, *Sunjong* (순종).

2. There are vast amounts of detailed 288 year old records of the courts daily events and official schedules of the court during the Joseon Dynasty written by royal secretariats.

3. It contains the courts daily schedules, national routines, king and queen's appointments, administrative affairs, and etc.

4. It shows how western cultures and catholicism started to influence Joseon's Confucian society in the 19th century.

5. The size of this document is so abundant that it was estimated to take almost 100 years for a human to translate.

6. The good news is that artificial intelligence that translates *hanja* (Chinese characters) into *hangeul* is being developed and upgraded.

7. So, it will shorten the huge amount of time needed to tanslate the Diary of *Seungjeongwon*.

> 1. 승정원 일기는 첫 번째 왕인 태조부터 27번째 왕인 순종 통치 때 까지의 조선시대에 있었던 사실적 역사기록과 국가기밀을 기록한 문헌집입니다
> 2. 그곳에는 왕조 사관들에 의해 쓰여진 288년 된 방대한 양의 상세한 조선시대 하루 일과와 공식 행사 일정들이 있습니다.
> 3. 궁정일정, 국가일정, 왕과 왕비의 일상, 행정 업무 등의 내용들을 담고 있습니다.
> 4. 서양문화와 천주교가 19세기 조선의 유교사회에 어떤 영향을 끼쳤는지 보여줍니다.
> 5. 이 문헌의 양은 방대해서 인간이 번역을 하려면 100년 가까이 걸리는 것으로 예상된다고 합니다.
> 6. 한문을 한글로 번역하는 인공지능 번역기술이 발달하고 업그레이드 되고 있다는 좋은 소식이었습니다.
> 7. 그래서 번역에 필요한 시간을 상당히 많이 단축시킬 것입니다.

관광영어 용어정리

vast 어마어마한, 광활한
Royal Secretary 승정원 일기, 왕실의 비서
Catholicism 카톨릭교, 천주교

작문 연습

1. 승정원 일기는 첫 번째 왕인 태조부터 27번째 왕인 순종 통치 때까지의 조선시대에 있었던 사실적 역사기록과 국가기밀을 기록한 문헌집입니다.

2. 승정원 일기에는 왕조 사관들에 의해 쓰여진 288년 된 방대한 양의 상세한 조선시대 하루 일과와 공식 행사 일정들이 있습니다.

3. 승정원 일기는 서양문화와 천주교가 19세기 조선의 유교사회에 어떤 영향을 끼쳤는지 보여줍니다.

나의 면접 답변 flow 키워드

Question 05

해인사대장경판 및 제경판 (2007)
Printing woodblocks of the Tripitaka Korean and miscellaneous Buddhist scriptures

1. Registered in 2001 in UNESCO's Memory of the World, the Buddhist Pali Canon, known as the Tripitaka was carved onto more than 80,000 wooden printing blocks.
2. It was made during the *Goryeo* period and called the *Palman Daejanggyeong* which means "the 80,000 Tripitaka."
3. This collection of wooden blocks is stored at *Haeinsa* Temple in *Hapcheon.*
4. The people of *Goryeo* began to make the Tripitaka for fifteen years in a desperate attempt to receive the Buddha's blessing and help in the fight against the Mongolian invasions at the time.
5. These printing blocks are now considered the best example of publishing technology from that period.

1. 유네스코 세계기록유산으로 2001년에 등재되어 트리피타카라고 알려진 팔만대장경은 80,000장이 넘는 목판에 조각으로 새겨져 있습니다.
2. 이것은 고려시대에 만들어졌으며, "팔만개의 경전" 이라는 의미인 팔만대장경이라 불립니다.
3. 이 목판들은 현재 합천 해인사에 소장되어 있습니다.
4. 고려 사람들은 이 장경판을 15년 동안 몽골 침략에 맞서기 위하여 부처님의 은혜를 간절히 바라며 만들었습니다.
5. 이 목판 인쇄물들은 당 시대 최고의 인쇄 기술로 간주하고 있습니다.

관광영어 용어정리

carve (조각 등을) 새기다
wooden blocks 목판
store 저장하다

작문 연습

1. 이것은 고려시대에 만들어졌으며, "팔만개의 경전" 이라는 의미인 팔만대장경이라 불립니다.

2. 고려 사람들은 이 장경판을 15년 동안 몽골 침략에 맞서기 위하여 부처님의 은혜를 간절히 바라며 만들었습니다.

3. 이 목판 인쇄물들은 당 시대 최고의 인쇄 기술로 간주하고 있습니다.

나의 면접 답변 flow 키워드

Question 06

조선왕조의궤 (2007)
The Royal Protocols of the Joseon Dynasty

1. The *Uigwe* (의궤) is a collection of Royal Protocls from the Joseon Dynasty which lasted from 1392 to 1910.
2. This book contains official recordings of court events such as royal weddings, the investiture of queens and crown princes, funerals, royal tomb structures, and etc.
3. As the content required delicate and detailed descriptions, it had to be recorded with drawings.
4. The early era of Joeseon's record were damaged during the Imjin war, so the remaining content are from post-Imjin War.
5. There was an incident in 1866 when French troops attacked Gwanghwa-do and took the Uigwe to France.
6. Long after, Dr. Byusun Park, discovered it at the French national library and the request for returning it to Korea was proceeded.

1. 의궤는 1392년부터 1910년까지 지속된 조선시대 왕들의 외교 의례집입니다.
2. 책에는 왕족 결혼식, 왕비와 세자 즉위식, 장례식, 왕의 무덤 구조 등과 같은 궁의 공식적 행사 기록들이 담겨 있습니다.
3. 내용은 섬세하고 상세한 설명이 필요해서 그림으로 기록되기도 했습니다.
4. 임진왜란 때 조선시대 초기 기록은 훼손되어서 전쟁 이후의 기록이 남아있다.
5. 1866년 프랑스군이 강화도를 공격하여 일어난 사건이 있는데, 그 때 의궤를 프랑스로 가지고 가버렸습니다.
6. 오랜 시간이 지난 뒤, 박병선 박사가 프랑스 국립도서관에서 이를 발견하고 한국으로의 반송 요청을 진행했습니다.

관광영어 용어정리

Royal Protocols 왕실 의례
last 지속되다, 이어지다
investiture 수여식, 임명식
Royal Tomb 왕릉

작문 연습

1. 의궤는 1392년부터 1910년까지 지속된 조선시대 왕들의 외교 의례집입니다.

2. 내용은 섬세하고 상세한 설명이 필요해서 그림으로 기록되기도 했습니다.

3. 책에는 왕족 결혼식, 왕비와 세자 즉위식, 장례식, 왕의 무덤 구조 등과 같은 궁의 공식적 행사 기록들이 담겨 있습니다.

나의 면접 답변 flow 키워드

Question 07

동의보감 (2009)
Donguibogam, Principles and Practice of Eastern Medicine

1. The *Donguibogam* (동의보감) is a medical book written by *Heo Jun* (허준) during the Joseon Dynasty.

2. It is an encyclopedia of "The Principles and Practice of Eastern Medicine" and was written in a simple and easy way so that everyone could understand its teachings.

3. This book contains medical knowledge and techniques concerning medicine, herbs, and food for diseases that occurred during that period.

4. These outstanding records were added to UNESCO's Memory of World in 2009.

1. 동의보감은 조선시대 허준이 지은 의학 서적입니다.
2. 동양 의학의 원리와 관행이 담긴 백과사전 같은 형태이고 쉽고 간단하게 쓰여 있어서 누구나 쉽게 이해할 수 있습니다.
3. 이 책은 의학 지식과 기술을 담고 있으며 약, 한약재, 그 당시에 돌았던 병들을 고치는 음식들도 기록되어 있습니다.
4. 이 뛰어난 기록들은 2009년에 유네스코 세계기록유산에 지정되었습니다.

관광영어 용어정리

encyclopedia 백과사전

작문 연습

1. 동의보감은 조선시대 허준이 지은 의학 서적입니다.

2. 동양 의학의 원리와 관행이 담긴 백과사전 같은 형태이고 쉽고 간단하게 쓰여 있어서 누구나 쉽게 이해할 수 있습니다.

3. 이 책은 의학 지식과 기술을 담고 있으며 약, 한약재, 그 당시에 돌았던 병들을 고치는 음식들도 기록되어 있습니다.

나의 면접 답변 flow 키워드

Question 08

일성록 (2011)
Ilseongnok, Records of Daily Reflections

1. *Ilseongnok* (일성록) are a collection of the King's diaries started by King Jeongjo, the 22nd king of the Joseon Dynasty.

2. The books record the words and behaviors of Joseon's kings for 150 years from the reign of King *Jeongjo* to *Sunjong*, the Emperor *Yunghui*.

3. It is now kept in *Gyujanggak* (규장각) at Seoul National University.

4. Sentences that start with "I am~" are found in this document instead of starting with "King is" because it is in a diary format.

5. *Jeongjo* first wrote it by himself until his 5th year of reign, and then officials took over recording it for objectivity and reliability.

6. This collection contains both his personal diary about the king's activites and a record of the state affairs of Joseon.

7. Unlike other court documents, it contains the king's self-reflection on his governing and thought for his people which made it more valuable and precious.

1. 일성록은 조선의 22대 왕 정조에 의해 시작된 왕의 일기입니다.
2. 그 책은 정조부터 융희황제인 순종까지 150년 간 조선 왕들의 행적과 언행을 보여준다.
3. 현재는 서울대학교 규장각에 보관되어 있습니다.
4. "왕은 ~" 으로 시작되는 문장 대신에 "나는 ~" 이라는 문장을 찾아볼 수 있는데, 일기 형식으로 되어있기 때문입니다.
5. 정조가 직접 쓴 것은 재위 5년 때 까지였고, 그리고는 신하들이 객관성과 신뢰성을 위해 넘겨받아 작성했습니다.
6. 이 책은 왕의 활동과 같은 개인적인 활동과 국사기록이 모두 담겨져 있습니다.
7. 다른 문헌들과 달리 이 책은 자신의 정치에 대한 자기 반성과, 이 책을 더욱 가치있고 소중하게 만들어 주는 그의 백성에 대한 생각이 담겨 있습니다.

관광영어 용어정리

reflections 반성
state affairs 국정
state administration 관행 관리

작문 연습

1. 일성록은 조선의 22대 왕 정조에 의해 시작된 왕의 일기입니다.

2. 일성록은 정조부터 융희황제인 순종까지 150년 간 조선 왕들의 행적과 언행을 보여준다.

3. 다른 문헌들과 달리 일성록은 자신의 정치에 대한 자기 반성과, 이 책을 더욱 가치있고 소중하게 만들어 주는 그의 백성에 대한 생각이 담겨 있습니다.

나의 면접 답변 flow 키워드

Question 09

5.18 민주화운동기록물 (2011)
Human Rights Documentary Heritage 1980 Archives for the May 18th Democratic Uprising Against the Military Regime in Gwangju, Republic of Korea

1. The May 18th *Gwangju* (광주) Uprising took place in 1980, when the enraged people of *Gwangju* protested passionately against the government and the imposition of martial law.

2. It played an important role in opening the way to democracy in Korea, and it also influenced other East Asian countries to move towards democracy, such as the Philippines, Vietnam, and Thailand.

3. During the protests, many tragedies occurred but their sacrifice served the purpose of spreading the message nationwide and internationally.

4. The archives of this important event were registered in 2011 as a UNESCO Memory of the World.

1. 분노한 광주 시민들이 정부와 계엄령에 대항하기 위해 1980년 5월 18일에 광주에서 발생한 봉기입니다.
2. 한국의 민주화를 일으키게 한 중요한 역할을 했고, 필리핀, 베트남, 태국과 같은 다른 동아시아 국가들의 민주화 움직임에도 영향을 주었습니다.
3. 항쟁하는 동안, 많은 비극이 일어났지만 그들의 희생이 막대한 영향력을 발휘하여 전 세계에 메시지를 전달했습니다.
4. 이 중요한 기록은 2011년에 유네스코 세계기록유산으로 지정되었습니다.

관광영어 용어정리

protest 항의, 시위
democracy 민주주의
martial law 계엄령
imposition (새로운 법률이나 세금 등의) 시행
enrage 격분하게 만들다
sacrifice 희생, 희생물

작문 연습

1. 분노한 광주 시민들이 정부와 계엄령에 대항하기 위해 1980년 5월 18일에 광주에서 발생한 봉기입니다.

2. 한국의 민주화를 일으키게 한 중요한 역할을 했고, 필리핀, 베트남, 태국과 같은 다른 동아시아 국가들의 민주화 움직임에도 영향을 주었습니다.

3. 항쟁하는 동안, 많은 비극이 일어났지만 그들의 희생이 막대한 영향력을 발휘하여 전 세계에 메시지를 전달했습니다.

나의 면접 답변 flow 키워드

Question 10

난중일기 (2013)
Nanjungilgi, War diary of Amiral Yi Sun-sin

1. The *Nanjung Ilgi*(War Diary of Admiral Yi Sun-sin) is the handwritten journal of Admiral Yi Sun-sin from 1545 to 1598.
   난중일기
2. It consists of 7 volumes and is designated as national treasure No. 76.
3. Admiral Yi is a highly respected hero during the Japanese invasion as a sea battle commander.
4. He wrote in detail about daily combat along with his personal views and feelings.
5. Even weather descriptions are well-recorded.
6. This war diary has also been read by many westerners while researching about sea battles.
7. This collection was registered in 2013 in UNESCO's Memory of the World.

1. 난중일기는 1545년부터 1598년까지 이순신 장군이 직접 손으로 쓴 일기입니다.
2. 7권으로 구성되어 있고 국보 76호로 지정되어 있습니다.
3. 이순신 장군은 일본이 침략했을 때 영웅의 활약을 한 사람으로 매우 존경받는 인물입니다.
4. 해군 사령관으로 개인의 관점과 감정과 일상의 전투들을 기록했습니다.
5. 심지어 날씨에 대한 묘사도 잘 기록되어 있습니다.
6. 이 전쟁 일기는 해전에 대해 조사하는 서구 사람들이 많이 읽기도 했습니다.
7. 2013년에 세계기록유산으로 등재되었습니다.

관광영어 용어정리

national treasure 국보
volumes 용량
the Japanese invasion 일본의 침략

작문 연습

1. 이순신 장군은 일본이 침략했을 때 영웅의 활약을 한 사람으로 매우 존경받는 인물입니다.

2. 해군 사령관으로 개인의 관점과 감정과 일상의 전투들을 기록했습니다.

3. 이 전쟁 일기는 해전에 대해 조사하는 서구 사람들이 많이 읽기도 했습니다.

나의 면접 답변 flow 키워드

Question 11

새마을운동 기록물 (2013)
Archives of Saemaul Undong, The New Community Movement

1. It was registered in 2013 in UNESCO's Memory of the World.

2. *Saemaul Undong* (새마을운동) was active from 1970 to 1979 in Korea and this archive contains presidential speeches, government papers, manuals, video clips, and photographs that are all related to the *New Community Movement*.

3. This movement played a crucial role in helping Korea to rapidly grow into a major economic industry from one of the world's poorest developing countries.

4. *Saemaul Undong* is exported as a benchmarking model. Public officials and village leaders from many countries still visit Korea to learn how Korea achieved its unprecedented transformation.

> 1. 2013년에 유네스코 세계기록유산으로 지정되었습니다.
> 2. 새마을운동은 1970년부터 1979년까지 진행되었고 이 기록물에는 새마을운동과 관련된 대통령 연설, 정부 문서들, 매뉴얼, 비디오, 사진들이 모두 들어 있습니다.
> 3. 이 운동은 한국이 가장 가난한 개발도상국 중 한 국가에서 커다란 경제산업을 이룩하는데 큰 일조를 했습니다.
> 4. 새마을운동은 다른 나라에 벤치마킹 모델로 수출도 되고 있습니다. 다른 나라의 공무원이나 마을 장들은 한국에 와서 이런 전례 없는 변화의 양상이 어떻게 이루어졌는지 배우기 위해 방문하기도 합니다.

관광영어 용어정리

archive 기록 보관소
unprecedented 전례 없는, 유례 없는
benchmarking 벤치마킹
developing country 개발도상국
presidential speech 대통령 연설

작문 연습

1. 새마을운동은 1970년부터 1979년까지 진행되었고 이 기록물에는 새마을운동과 관련된 대통령 연설, 정부 문서들, 매뉴얼, 비디오, 사진들이 모두 들어 있습니다.

2. 이 운동은 한국이 가장 가난한 개발도상국 중 한 국가에서 커다란 경제산업을 이룩하는데 큰 일조를 했습니다.

3. 새마을운동은 다른 나라에 벤치마킹 모델로 수출도 되고 있습니다. 다른 나라의 공무원이나 마을 장들은 한국에 와서 이런 전례 없는 변화의 양상이 어떻게 이루어졌는지 배우기 위해 방문하기도 합니다.

나의 면접 답변 flow 키워드

Question 12

유교책판 (2015)
Confucian Printing Woodblocks in Korea

1. Confucian woodblock prints consist of more than 60,000 hand-carved blocks to write books during the Joseon Dynasty.
2. They were registered in 2015 as a UNESCO Memory of the World and are now stored at the Advanced Center for Korean Studies.
3. Compared the Tripitaka Koreana, Confucian printed books were made by scholars and handed down to their descendants.
4. They covered a wide range of topics such as history, economy, and arts.
5. But the common theme was always Confucian morality.
6. The woodblocks were first created to enable scholars to engage with each other and exchange ideas.

1. 유교책판은 6만 권이 넘고 조선시대에 손으로 조각한 목판으로 책을 인쇄할 때 사용되었습니다.
2. 2015년에 유네스코 세계기록유산으로 지정되었고 현재는 한국국학진흥원에 소장되어 있습니다.
3. 팔만대장경과 비교하자면, 유교책판은 학자들에 의해 만들어졌고 그 후손들에게 물려지곤 했습니다.
4. 학자들은 역사, 경제, 예술 등 다양한 주제들을 다뤘습니다.
5. 하지만 공통된 주제는 언제나 유교적 도덕성이었습니다.
6. 유교책판은 처음에 학자들이 서로 함께 아이디어를 공유하기 위해 만들어지기 시작했습니다.

관광영어 용어정리

Confucian Printing Woodblocks 유교책판
morality 도덕
hand-carved 손으로 조각한
Confucian 유교의

작문 연습

1. 유교책판은 6만 권이 넘고 조선시대에 손으로 조각한 목판으로 책을 인쇄할 때 사용되었습니다.

2. 팔만대장경과 비교하자면, 유교책판은 학자들에 의해 만들어졌고 그 후손들에게 물려지곤 했습니다.

3. 유교책판은 처음에 학자들이 서로 함께 아이디어를 공유하기 위해 만들어지기 시작했습니다.

나의 면접 답변 flow 키워드

Question 13

KBS 특별생방송 "이산가족을 찾습니다" 기록물 (2015)
The Archives of the KBS Special Live Broadcast "Finding Dispersed Families"

1. It was registered in 2015 in UNESCO's Memory of the World.
2. The archives of the KBS Special Live Broadcast "Finding Dispersed Families" contain more than 20,000 recordings of live broadcasts.
3. The program achieved great recognition both in Korea and abroad because of its focus on the deep sorrow felt by dispersed families.
4. This program shows how terrible war is and how human lives are destroyed, both in Korea and all over the world.
5. International viewers showed deep sympathy and understanding towards the dispersed families.
6. The program was considered a big humanitarian contribution and named the most humanitarian program by journalists at the 6th World Media Conference.

1. 2015년에 유네스코 세계기록유산으로 지정되었습니다.
2. 이산가족찾기 방송은 2만여 가지가 넘는 실제 생방송 기록물로 구성되어 있습니다.
3. 이 프로그램은 이산가족의 슬픔에 관심을 가짐으로써 한국과 해외에서 많은 인식을 얻을 수 있었습니다.
4. 이 프로그램은 전쟁이 얼마나 참혹하고 인간의 삶이 얼마나 파괴될 수 있는지를 보여줬습니다.
5. 그리고 이산가족에 대한 이해를 보여줌으로써 이 프로그램은 인도주의적 기여를 했습니다.
6. 제6회 세계미디어학회에서 기자들에게 가장 인도주의적인 프로그램으로 불리기도 했습니다.

관광영어 용어정리

broadcast 방송하다
dispersed families 이산가족
humanitarian 인도주의적인

작문 연습

1. 이 프로그램은 전쟁이 얼마나 참혹하고 인간의 삶이 얼마나 파괴될 수 있는지를 보여줬습니다.

2. 그리고 이산가족에 대한 이해를 보여줌으로써 이 프로그램은 인도주의적 기여를 했습니다.

3. 제 6회 세계미디어 학회에서 기자들에게 가장 인도주의적인 프로그램으로 불리기도 했습니다.

나의 면접 답변 flow 키워드

Question 14

국채보상운동
The National Debt Redemption Movement

1. The National Debt Repayment Movement was a movement initiated by the people of the Korean Empire to repay their country's debt through collecting individual donations.

2. After the Japan-Korea treaty in 1905, Japan offered a large amount of loans to our government as a part of their colonization policy.

3. *Seo Sang-don* (서상돈) started it in Daegu and national debt at that time was around 13 million won.

4. National debt redemption movement was started in Daegu, *Gwangmunsa* (광문사), on January 29, 1907.

5. They suggested paying off 13 million won to Japan through an anti-smoking campaign.

6. Especially the women took the leading role in raising funds.

7. Women sold jewelry to supplement their living expenses.

8. The movement failed under Japanese oppression.

9. Although we didn't achieve our goal, we saw the hope for independence desired by people living in the dark ages.

10. In 1997, the gold collection movement reappeared as the second national debt redemption movement.

11. It is a valuable asset to our heritage and it's worth sharing with the rest of the world.

1. 국채보상운동은 대한제국 시기에 국민들 개개인의 모금을 통해 나라빚을 갚는 것을 목적으로 시작이 되었습니다.
2. 1905 한일협약 이후, 일본은 식민지 정책의 일환으로 우리나라에 큰돈을 빌려주게 됩니다.(빚이 생기게 된 이유)
3. 대구에서 서상돈에 의해 운동이 시작되었고, 그 당시에 나라빚은 1300만원에 달했습니다.
4. 국채보상운동은 1907년 1월 29일, 대구의 광문사 라는 출판사에서 시작되었습니다.

5. 금연운동을 통해 담뱃값을 아껴 빚을 갚자는 제안이 나왔습니다.
6. 특히, 부녀자들이 모금운동에 적극적으로 참여했습니다.
7. 여성들은 예물(보석)들을 팔아서 생활비에 보탰습니다.
8. 일본의 탄압으로 이 운동은 실패하고 말았습니다.
9. 비록 목표한 바를 이루지는 못했지만, 어두운 시절 우리나라 사람들의 독립을 향한 염원을 볼 수 있는 계기가 되었습니다.
10. 1997년 IM때, 금 모으기 운동을 통해서 국채보상운동이 재현되기도 했습니다.
11. 우리 인류자산의 귀중한 자산이며, 국제 사회에 퍼뜨릴 만한 가치가 있는 운동입니다.

관광영어 용어정리

repayment 상환
donation 기부, 기증
loan 대출금
anti-smoking 흡연에 반대하는
fund 기금
living expenses 생활비
initiate 착수하다, 시작하다, 일으키다, 개시하다
treaty 조약
pay off ~을 다 갚다, 청산하다
conviction 신념, 확신
supplement (생활비를) 보태다

작문 연습

1. 국채보상운동은 대한제국 시기에 국민들 개개인의 모금을 통해 나라 빚을 갚는 것을 목적으로 시작이 되었습니다.

2. 1905 한일협약 이후, 일본은 식민지 정책의 일환으로 우리나라에게 큰돈을 빌려 주게 됩니다.

3. 대구에서 서상돈에 의해 운동이 시작되었고, 그 당시에 나라 빚은 1300만원에 달했습니다.

나의 면접 답변 flow 키워드

Question 15

조선왕실 어보와 어책
Royal Seal and Investiture Book Collection of the Joseon Dynasty

1. It is a collection of royal seals and investiture books made for the kings and queens of Joseon.
2. It was produced from the beginning of Joseon until the very end of the dynasty which lasted around 570 years.
3. The seals and books were given to the kings and queens to commemorate their important occasions and ceremonies like coronation and inauguration of official titles.
4. The different names and titles were engraved into the seal and the investiture books also provided the names and descriptions of the ceremonial events.
5. It has great value because it reflects the changes in time through its content, authors, and sentence structure.

1. 조선의 어보와 어책은 당시 왕과 왕비들을 위해 제작되었던 것들입니다.
2. 초기에 제작되어서 조선 끝까지 570년간 제작되었습니다.
3. 조선의 어보와 어책은 대관식이나 취임식 등의 중요한 행사나 의식이 있을 때 이를 기념하기 위해 만들었습니다.
4. 각각 다른 이름과 명칭들이 어보에 새겨졌고 어책에는 이런 행사, 의식들을 설명하는 글이 실렸습니다.
5. 내용, 저자, 그리고 문장들을 보며 조선시대의 변천사를 엿볼 수 있는 점에서 큰 가치를 지니는 유산입니다.

관광영어 용어정리

seal 인장, 도장, 인감
commemorate (중요 인물, 사건을) 기념하다, 기리다
inauguration 취임식
investiture (세자빈을) 책봉하다, 임명식, 수여식, 임관식
coronation (새 왕의) 대관식, 즉위식

작문 연습

1. 초기에 제작되어서 조선 끝까지 570년간 제작되었습니다.

2. 조선의 어보와 어책은 대관식이나 취임식 등의 중요한 행사나 의식이 있을 때 이를 기념하기 위해 만들었습니다.

3. 다른 이름과 명칭들이 어보에 새겨졌고 어책에는 이런 행사, 의식들을 설명하는 글이 실렸습니다.

나의 면접 답변 flow 키워드

Question 16

조선통신사기록물

Documents on Joseon Tongsinsa. The History of Peace Building and Cultural Exchanges between Korea and Japan from the 17th to 19th century.

1. The Joseon *Tongsinsa* (통신사) were ambassadors sent occasionally by the Joseon Dynasty of Korea to Japan about 12 times after the Imjin War, from 1607 to 1811(around 200 years).
2. Korea and Japan worked together to register this heritage which is the first successful case.
3. *Tongsin* means sharing faith.
4. *Tongsinsa* (통신사) visited Japan when there were special occasions or a new succession to the throne and delivered the King's credentials.
5. Diplomatic documents, travel records, and cultural exchange records are written in the documents.
6. Through regular and consistent visits, Korea and Japan again established diplomatic relations.
7. From *Hanyang* (한양) to *Edo* (에도), it took more than 6 months for them to travel and they could sing and drink with Japanese officials on the road.
8. Tongsinsa parade had always received a big welcome and applause by the Japanese and it influenced Korea and Japan's diplomatic relations in a positive way.
9. If you want to know more details about it, I recommend that you visit the Historical Museum of Joseon *Tongsinsa* in *Busan*.

1. 조선통신사는 임진왜란 이후 200년간 조선에서 일본을 다녀간 통신사들을 말합니다.
2. 이번에 일본과 한국이 같이 힘을 합쳐서 기록유산에 등재시킨 첫 번째 사례입니다.
3. 통신은 신의를 나누다 라는 뜻입니다.
4. 통신사는 특별한 행사가 있거나 왕위 계승식을 할 때 일본을 방문했고 왕의 국서를 전달하는 역할을 했습니다.
5. 외교문서, 여행 기록, 그리고 문화교류 기록들이 이 문서에 담겨있습니다.

6. 이런 계속되는 방문들로, 한국과 일본은 다시금 외교 관계를 수립하게 되었습니다.
7. 한양에서 에도까지는 6개월이 넘는 시간이 걸렸기에, 가는 길에 일본 사신들과 함께 노래하고, 술도 마시고 했습니다.
8. 통신사 행렬은 항상 큰 환영을 받았습니다. 그리고 서로의 외교적 관계에 긍정적인 영향을 미쳤습니다.
9. 더 자세한 사항을 알고 싶으시면, 부산에 있는 조선통신사역사관에 방문하는 것을 추천합니다.

관광영어 용어정리

ambassador 대사, 사신, 사절
occasions 행사,
throne 왕좌, 옥좌
faith 믿음, 신뢰, 신의
succession 계승, 승계
parade 행진

작문 연습

1. 통신사는 특별한 행사가 있거나 왕위 계승식을 할 때 일본을 방문했고 왕의 국서를 전달하는 역할을 했습니다.

2. 한양에서 에도까지는 6개월이 넘는 시간이 걸렸기에, 가는 길에 일본 사신들과 함께 노래하고, 술도 마시고 했습니다.

3. 통신사 행렬은 항상 큰 환영을 받았습니다. 그리고 서로의 외교적 관계에 긍정적인 영향을 미쳤습니다.

나의 면접 답변 flow 키워드

Chapter 10

한국 유네스코 세계문화유산

이 단원의 질문들

다양한 유산들이 유네스코 세계문화유산에 등재되었습니다. 나열해보고 설명해주십시오. 유네스코 등재의 기준은 무엇입니까?

Many cultural locations were designated as UNESCO World Heritage Sites. List and describe them. What are the criteria needed to be met to be designated as a UNESCO World Heritage Site?

01	창덕궁 Changdeok gung Palace
02	석굴암과 불국사 (1995) Seokguram Grotto and Bulguksa Temple
03	해인사 장경판전 (1995) Haeinsa Temple Janggyeong Panjeon, the Depositories for the Tripitaka Koreana Woodblocks
04	백제역사유적지구 Baekje Historic Areas
05	화성 Hwaseong Fortress
06	조선왕릉 Royal Tombs of the Joseon Dynasty
07	남한산성 NamHansanseong

Question 01

창덕궁
Changdeok gung Palace

1. *Changdeok gung Palace* (창덕궁) was built in 1405 by King *Taejong* and was originally intended to be used in emergencies or when the king wanted time away from the main palace, *Gyeongbokgung* (경복궁).
2. However, during the early years of the Joseon dynasty, most kings preferred *Changdeok* to the main palace as *Gyeongbok* was haunted by memories of a bloody past.
3. During the Japanese invasion in 1592-1598, all of Seoul's palaces were destroyed.
4. When returning to Seoul, King *Gwanghaegun* (광해군) rebuilt *Changdeok* gung Palace while the old main palace was left in ruins for over 270 years.
5. *Changdeokgung* means the "Palace of Illustrious Virtue" and its design followed the Korean style of harmonizing with nature instead of the traditional Chinese-oriented style of symmetrical arrangements.
6. The palace we see today looks very different from the original.
7. Its size has been reduced and distorted due to deliberate destruction under Japanese rule during the early 20th century.
8. However, the palace still follows the basic geomantic principle of an ideal home with a mountain at the back and water in the front.
9. And its buildings are still well-arranged in harmony with its natural surroundings.

1. 창덕궁은 1405년에 태종에 의해 지어졌고, 원래는 중심 궁궐인 경복궁에서 나와 시간을 따로 가지거나, 비상시에 쓰기 위해서 사용되었습니다.
2. 그러나, 조선시대 초기 동안, 대부분의 왕은 경복궁이 잔혹한 역사를 많이 겪었기에, 경복궁보다 창덕궁을 선호했습니다.
3. 1592년에서 1598년의 일제 침략기에, 서울의 모든 궁은 손상을 입었습니다.
4. 서울로 돌아올 때, 광해군은 창덕궁을 재건립했는데, 그전에 있던 궁은 270년간 폐허로 남아 있게 되었습니다.
5. 창덕궁은 "빛나는 덕목의 궁" 이라는 뜻이고, 중국 전통의 대칭 구조 형태가 아닌 자연과 조화를 이루는 한국적인 방식을 따라서 디자인했습니다.
6. 오늘날 우리가 보는 궁은 원래의 것과 매우 다릅니다.
7. 20세기 동안 일본의 지배하에 여러 차례 손상을 입어서 크기도 많이 줄었고, 형태도 왜곡되었습니다.
8. 하지만, 이 궁은 여전히 배산임수의 기본적인 지형 원리를 따르고 있습니다.
9. 그리고 궁의 건물들은 자연환경과 조화를 이루어 잘 배치되어 있습니다.

관광영어 용어정리

haunt 귀신이 나타나다, 출몰하다
symmetrical 대칭적인
distorted 왜곡된, 비뚤어진
geomantic 풍수학의

작문 연습

1. 그러나, 조선시대 초기 동안, 대부분의 왕은 경복궁이 잔혹한 역사를 많이 겪었기에, 경복궁보다 창덕궁을 선호했습니다.

2. 서울로 돌아올 때, 광해군은 창덕궁을 재건립했는데, 그전에 있던 궁은 270년간 폐허로 남아 있게 되었습니다.

3. 하지만, 이 궁은 여전히 배산임수의 기본적인 지형 원리를 따르고 있습니다.

나의 면접 답변 flow 키워드

Question 02

석굴암과 불국사 (1995)
Seokguram Grotto and Bulguksa Temple

1. The Seokguram Grotto is part of the *Bulguksa* (불국사) temple complex located in Gyeongju, the former capital of the Silla Kingdom which existed from 57 B.C.E to 935.

2. The grotto is near the summit of *Mt. Toham* (토함산), 565 meters above sea level and overlooking the East Sea in the distance.

3. Seokguram was originally constructed in 751 and completed in 774.

4. Most ancient cave temples in Asia are built in naturally occurring caves or are dug into the hillside.

5. However, *Seokguram* (석굴암) Grotto was built using granite blocks to form the chambers, which were then covered in earth.

6. The interior of the grotto consists of a rectangular chamber leading to the main dome shaped chamber representing the ancient view that heaven was round and earth was square.

7. Inside the main chamber is a Buddhist sculpture of Sakyamuni achieving enlightenment.

8. Surrounding the Buddha is a breathtaking scene of other scupltures and decorations.

9. The original construction techniques created a preserved environment, helping the sculptures last many years.

10. However, the grotto shrine is still a great demonstration of Korea's traditional Buddhist art and sculptures.

11. Unfortunately, 20th century interference and efforts to preserve the monument hindered the years of self-preservation and now are artificially preserved.

1. 석굴암은 경주 불국사에 있는데, 경주는 기원전 57년부터 935년까지 있었던 신라 시대의 수도였습니다.
2. 석굴은 토함산의 정상부에 있으며 동해안을 바라볼 수 있고, 해안선 기준 565m 지범에 있습니다.
3. 석굴암은 751년에 짓기 시작하여 774년에 완성되었습니다.
4. 예전에 굴 안에 지어진 절들은 자연 동굴 안에서 지어지거나 비탈을 파서 지어진 것들입니다.
5. 그러나, 석굴암은 화강암을 사용하여 흙으로 덮은 방을 만들었습니다.
6. 석굴의 내부는 직사각형 모양이고 돔 모양의 방인데, 하늘은 둥글고 땅은 네모라는 고대의 시각을 나타내주고 있습니다.
7. 진리를 터득한 석가모니 상이 굴 안에 있습니다.
8. 불상 주변에는 빼어난 조각품들과 장식들이 둘러싸여 있습니다.
9. 원래의 건축 기법은 조각품을 수년간 지속되게 하는 환경을 만드는 것이었습니다.
10. 하지만, 석굴은 여전히 한국 전통 불교 예술과 조각품의 큰 표본이 되고 있습니다.
11. 안타깝게도, 20세기 외세의 간섭과 이를 지키려는 노력이 자가 보존을 막았으며, 현재는 인공적으로 보존되고 있습니다.

관광영어 용어정리

grotto 석굴암
enlightenment 깨우침, 이해
summit 정상, 꼭대기, 절정
interference 간섭, 방해
rectangular 직사각형의
hinder 방해하다, ~를 못하게 하다
sculpture 조각품
artificially 인위적으로, 인공적으로

작문 연습

1. 석굴암은 경주 불국사에 있는데, 경주는 기원전 57년부터 935년까지 있었던 신라 시대의 수도였습니다.

2. 석굴의 내부는 직사각형 모양이고 돔 모양의 방인데, 하늘은 둥글고 땅은 네모라는 고대의 시각을 나타내주고 있습니다.

3. 안타깝게도, 20세기 외세의 간섭과 이를 지키려는 노력들이 자가 보존을 막았으며, 현재는 인공적으로 보존되고 있습니다.

Question 03

해인사 장경판전 (1995)
Haeinsa Temple Janggyeong Panjeon, the Depositories for the Tripitaka Koreana Woodblocks

1. *Haeinsa* (해인사) Temple is one of the most famous sites in Korea because it is home to the Korean Buddhist canon, the Tripitaka Koreana.

2. The Tripitaka Koreana is a collection of 81,258 wooden printing blocks that were carved and conditioned for over 15 years and completed in 1251.

3. It is the world's most comprehensive and oldest intact Buddhist canon in *Hanja* script.

4. It was created in hopes of receiving the blessings of the Buddha to defend the Korean peninsula from being taken over by the Mongols.

5. The canon is kept in the highest point of the temple, taking advantage of the terrain and incredible building techniques and remaining well preserved.

6. The design of the buildings ensures humidity and temperature change is kept out, even during extreme seasonal changes and monsoons.

7. It is unbelievable that the printing blocks are in almost perfect condition after over 700 years of existence.

1. 한국 불교의 중대한 문헌인 팔만대장경이기 때문에, 해인사는 한국의 유명한 사적 중 하나입니다.
2. 1251년에 완성된 팔만대장경은 81,252장의 목판 수집품이며, 목판에 새겨지고 15년 동안 보관되었습니다.
3. 세계에서 가장 종합적이고 오래된 한자로 쓰인 온전한 문헌입니다.
4. 몽골족들이 한반도를 침입하는 것을 막고 붓다의 은혜를 기리기 위해 만들어졌습니다.
5. 이 문헌은 지형의 유리한 점을 활용해 절의 제일 높은 곳에 비치되었고, 우수한 건축 기술과 보존 기술로 잘 보관되고 있습니다.
6. 700년 동안 보관된 이후에도 완벽한 상태로 보존되는 것 자체가 믿을 수 없을 만큼 경이롭습니다.
7. 건물의 디자인은 계절의 변화와 장마 동안에도 견딜 수 있게 습도와 기온에 최적화되어 있습니다.

관광영어 용어정리

canon 주요 문헌 목록
comprehensive 포괄적인, 종합적인
monsoon 우기, 장마, 폭풍우

작문 연습

1. 1251년에 완성된 팔만대장경은 81,252장의 목판 수집품이며, 목판에 새겨지고 15년 동안 보관되었습니다.

2. 이 문헌은 지형의 유리한 점을 활용해 절의 제일 높은 곳에 비치되었고, 우수한 건축 기술과 보존 기술로 잘 보관되고 있습니다.

3. 건물의 디자인은 계절의 변화와 장마 동안에도 견딜 수 있게 습도와 기온에 최적화되어 있습니다.

나의 면접 답변 flow 키워드

Question 04

백제역사유적지구
Baekje Historic Areas

1. *Baekje*(백제) was one of the longest standing kingdoms in the Korean peninsula, surviving from 18 B.C.E to 660 C.E in the mountainous mid-west region of Korea.
2. There are eight main archaeological sites associated with the *Baekje* kingdom.
3. They demonstrate the relationships, architectural developments, and spread of Buddhism between the ancient kingdoms of Korea, China, and Japan from the 5th to 7th century.
4. These are the *Gongsanseong*(공산성) fortress and royal tombs at *Songsan-ri*(송산리) in *Gongju*(공주), the *Busosanseong*(부소산성) fortress and *Gwanbuk-ri* administrative buildings, the Jeongnimsa temple, the royal tombs in *Neungsan-ri*(능산리) and the *Naseong*(나성) city wall in *Buyeo*(부여), and the royal palace at *Wanggung-ri*(왕궁리) and the *Mireuksa*(미륵사지) temple in Iksan.
5. This collection of Buddhist temples, ancient tombs, stone pagodas, and architecture demonstrate the culture, religion, and aesthetics of the ancient kingdom of *Baekje*.

1. 백제는 한국의 서부 산악지형에 기원전 18세기부터 서기 660년까지 오랫동안 존재했던 왕국 중 하나입니다.
2. 백제 왕국과 연관된 8개의 주요 고고유적지가 있습니다.
3. 이 유적지들은 5세기부터 7세기까지 고대 왕국이었던 한국, 중국, 그리고 일본의 관계, 건축의 발전, 불교의 전파를 보여주고 있습니다.
4. 공산성, 공주 송산리 고분군, 부소산성, 관북리 유적, 정림사지, 능산리 고분군, 부여 나성, 왕궁리 유적, 그리고 익산의 미륵사지가 있습니다.
5. 불교 사적, 고대의 무덤, 석탑, 그리고 건축물의 집합은 고대 백제 왕국의 문화, 종교, 미학을 보여주고 있습니다.

관광영어 용어정리

aesthetic 미학

administrative 관리상의, 행정상의

archaeological sites 고고 유적지

작문 연습

1. 백제는 한국의 서부 산악지형에 기원전 18세기부터 서기 660년까지 오랫동안 존재했던 왕국 중 하나입니다.

2. 이 유적지들은 5세기부터 7세기까지 고대 왕국이었던 한국, 중국, 그리고 일본의 관계, 건축의 발전, 불교의 전파를 보여주고 있습니다.

3. 불교 사적, 고대의 무덤, 석탑, 그리고 건축물의 집합은 고대 백제 왕국의 문화, 종교, 미학을 보여주고 있습니다.

나의 면접 답변 flow 키워드

Question 05

화성
Hwaseong Fortress

1. *Hwaseong* (화성) Fortress in *Suwon* was built in 1796 under the watchful eye of King Jeongjo.

2. This was not just another one of Korea's many fortresses, but it was King *Jeongjo's* (정조) memorial in loving memory of his father.

3. King Jeongjo's father, the Crown Prince Sado was executed at the age 27 by his own father, King *Yeongjo* (영조) when King Jeongjo (previously Prince Jeongjo) was only 10 years-old.

4. The true circumstances surrounding his father's execution is often debated but it's safe to say that King Jeongjo felt a strong determination to restore his honor.

5. During King Jeongjo's reign, it was decided that a new city and defense needed to be constructed to the south of Seoul.

6. So, seeing a chance to restore his father's honor, King Jeongjo moved his father's tomb to Mt. Hwa, south of Suwon and began the huge task of building a massive city fortress, complete with an emergency palace.

7. The care and devotion put into the project by the King is evident from the sheer beauty and elegance of the fortifications.

8. Remarkably, the construction took only two years, likely due to the king's constant attention.

1. 수원 화성은 정조의 예리한 감시 아래 1796년에 수원에서 지어졌습니다.
2. 정조가 아버지를 사랑하는 기억을 담아서 지은 요새이기에 여느 다른 요새들과는 다릅니다.
3. 정조의 아버지인 사도세자는 그의 아버지 영조에 의해 27살에 처형을 당했습니다. 그때 정조는 오직 10살이었습니다.
4. 사도세자를 둘러싼 진실 공방에 관해서는 논쟁의 여지가 많지만, 정조가 그의 명예를 회복하기 위해 큰 결단을 한 것이라고 보면 맞을 것 같습니다.
5. 정조의 통치기간 동안, 새 도시와 수비 시설이 서울의 남단에 설치되어야 한다고 결정이 났습니다.
6. 아버지의 명예를 회복할 기회를 보다가, 정조는 수원 화산으로 아버지의 무덤을 옮기고 거대한 요새와 임시 궁을 짓는 일을 시작했습니다.
7. 정조가 이 일에 쏟아 부은 노력은 요새의 온전한 아름다움과 고상함을 통해 명백히 드러납니다.
8. 왕의 지속적인 관심 아래, 이 공사는 2년 정도 밖에 걸리지 않았습니다.

관광영어 용어정리

watchful 지켜보는, 신경 쓰는
fortification 방어 시설
determination 투지, 결정
execution 처형, 사형
Crown Prince 왕세자
remarkably 도드라지게, 주목할 만한

작문 연습

1. 아버지의 명예를 회복할 기회를 보다가, 정조는 수원 화산으로 아버지의 무덤을 옮기고 거대한 요새와 임시 궁을 짓는 일을 시작했습니다.

2. 사도세자를 둘러싼 진실 공방에 관해서는 논쟁의 여지가 많지만, 정조가 그의 명예를 회복하기 위해 큰 결단을 한 것이라고 보면 맞을 것 같습니다.

3. 정조의 아버지인 사도세자는 그의 아버지 영조에 의해 27살에 처형을 당했습니다. 그 때 정조는 오직 10살이었습니다.

나의 면접 답변 flow 키워드

Question 06

조선왕릉
Royal Tombs of the Joseon Dynasty

1. The kingdom of Joseon was heavily influenced by the eachings of Confucius.
2. At the heart of these teachings is respect for distant ancestors.
3. Many people considered themselves part of a continuous spiritual bloodline connecting their ancestors with their future children.
4. Ancestors were considered to still exist on a spiritual plane and deserved attention from the living.
5. With this in mind, Koreans placed great emphasis on choosing favorable burial sites and carried out rituals in hope that their ancestors would reward their living descendants.
6. There are 42 Joseon royal tombs and 40 of them are in Seoul, South Korea or surrounding areas.
7. They also have to be at least 4km away from the capital but not more than 40km, and they should be in sacred places far from human activities.
8. Landscape should have a hill that meets flatland, and is facnig towards water.
9. The sites for these royal tombs were chosen carefully based upon their natural surroundings.

1. 조선왕조는 유교의 가르침에 큰 영향을 받았습니다.
2. 이 가르침의 중심에는 먼 조상들을 향한 공경이 있습니다.
3. 많은 사람은 조상들과 자신의 미래 자식들이 영적 혈통으로 계속해서 연결이 된다고 믿었습니다.
4. 조상들은 영적 차원에서 계속 존재한다고 간주하고, 현세의 사람들이 신경 써야 한다고 생각했습니다.
5. 이러한 마음으로 훗날 자손들에게 조상들이 덕을 줄 것이란 희망 하에 한국인들은 묘지의 장소를 고르는 것과 의식을 치르는 것을 매우 중요하게 여겼습니다.
6. 42개의 왕릉이 있는데, 그 중 40개는 서울과 주변 지역에 있습니다.
7. 수도에서부터 적어도 4km는 떨어져 있어야 하지만 40km가 넘으면 안되며, 인간 활동지에서 떨어져서 신성한 곳에 놓여야 했습니다.
8. 자연경관은 앞에는 언덕이 평지와 맞닿아야 하고, 앞으로는 물이 흘러야 합니다.
9. 왕릉의 터는 심사숙고해서 자연환경을 기반으로 정해졌습니다.

관광영어 용어정리

teachings of Confucius 공자의 가르침
descendant 후손
favorable 호의적인
place emphasis on ~을 강조하다
bloodline 혈통

작문 연습

1. 많은 사람은 조상들과 자신의 미래 자식들이 영적 혈통으로 계속해서 연결이 된다고 믿었습니다.

2. 이러한 마음으로 훗날 자손들에게 조상들이 덕을 줄 것이란 희망 하에 한국인들은 묘지의 장소를 고르는 것과 의식을 치르는 것을 매우 중요하게 여겼습니다.

3. 수도에서부터 적어도 4km는 떨어져 있어야 하지만 40km가 넘으면 안되며, 인간 활동지에서 떨어져서 신성한 곳에 놓여야 했습니다.

나의 면접 답변 flow 키워드

Question 07

남한산성
NamHansanseong

1. *Namhansanseong* (남한산성) was built as an emergency fortress capital during the 17th century and was continuously occupied and developed for 300 years.

2. The site was originally a smaller fortress called *JuAhnSeong* (주안성) fortress which was then transformed into the large *Namhanseong* fortress in preparation for an expected invasion by the Chinese Manchu-Qing dynasty.

3. It was designed to shelter not only the nobility, but also the common people during an attack.

4. The fortress was built using the mountainous terrain 25km southeast from Seoul and 500m above sea level.

5. The layout of the fortress was inspired by traditional East Asian construction from the Chinese Zhou dynasty.

6. It made the best use of the naturally steep terrain and high plateau.

7. The walls have gun bastions and use special grey bricks intended for shock absorption from cannon attacks.

1. 남한산성은 17세기 피난궁으로 지어졌고, 300년간의 역사를 가지고 있습니다.
2. 원래는 좀 더 작은 주안성 요새에서 만주족 청나라의 침입에 대비해 남한성으로 변모했습니다.
3. 귀족들의 뿐만 아니라, 공격이 있을 시에는 일반 서민들도 함께 은신처가 될 수 있었습니다.
4. 서울로부터 남동쪽 25km의 산악지형과 500m 높이에 남한산성이 지어졌습니다.
5. 남한산성의 배치는 전통 동아시아 건축에서 영감을 얻어서 지어졌습니다.
6. 가파른 지형과 높은 고원을 잘 활용하여 지어졌습니다.
7. 벽에는 총 보루가 있고, 대포의 공격에 충격 흡수를 위해 회색 벽돌을 사용했습니다.

관광영어 용어정리

absorption 흡수
steep 가파른, 비탈진
plateau 고원
transform 변형시키다
fortress 요새, 성
bastion 보루, 요새
mountainous terrain 산이 많은 지형
shelter 피난처, 보호소

작문 연습

1. 남한산성은 17세기 피난궁으로 지어졌고, 300년간의 역사를 가지고 있습니다.

2. 원래는 좀 더 작은 주안성 요새에서 만주족 청나라의 침입에 대비해 남한성으로 변모했습니다.

3. 벽에는 총 보루가 있고, 대포의 공격에 충격 흡수를 위해 회색 벽돌을 사용했습니다.

나의 면접 답변 flow 키워드

Question 08

종묘
Jongmyo Shrine

1. Two years after the founding of the Joseon Dynasty, King Taejo moved the capital to present day Seoul.

2. Upon deciding the location of this new city, he ordered the construction of his palace and two other key facilities.

3. The facilities were as sacred and as important as the palace itself, with one built for the gods of land and crops and the other as the royal ancestral shrine, *Jongmyo*.

4. The royal ancestral shrine held the spirit tablets of former members of the royal family and numerous ceremonies were held in honor of these ancestors.

5. Jongmyo is composed of two halls: The Main Hall, which keeps 49 royal spirit tablets and the Hall of Eternal Peace, which keeps 34.

6. The Main Hall is for those who gained great respect and the Hall of Eternal Peace is for those who didn't, but are still honored.

7. There were also two kings who were overthrown during their reign due to misrule and so were not given the honor of being held in the great shrine.

8. The immense respect given to this ancestral shrine is evident in its unique architecture, displaying a dignity and elegance worthy of its role as the spiritual heart of the Joseon Dynasty.

1. 조선 건국 2년 후에, 태조 왕은 현재의 서울로 수도를 옮겼습니다.
2. 새로운 도시의 장소를 정하자마자, 궁과 주요 시설들을 짓기를 명령했습니다.
3. 그 시설들은 궁만큼이나 신성하고 중요했는데, 땅과 곡식의 신을 위해 지은 것과 왕실 조상을 모셔두는 사당인, 종묘를 지었습니다.
4. 종묘에는 이전의 왕실 가족들의 위패를 모셔두었고 조상들을 기리기 위한 수많은 행사가 열렸습니다.
5. 종묘는 두 개의 홀로 이루어져 있는데, 정전에는 49위, 영녕전에는 34위의 신주가 모셔져 있습니다.
6. 정전은 크게 존경받았던 인물들이 모셔져 있고, 영녕전은 상대적으론 덜하지만 여전히 명예로운 곳입니다.
7. 정치를 잘못해서 통치기간 동안 타도 당한 두 왕이 있는데, 이들의 신주는 종묘에 모셔져 있지 않습니다.
8. 종묘의 특이한 건축구조는 근엄과 고귀함을 나타내며 조선시대 영적인 중추 역할을 한다고 볼 수 있으며, 종묘를 얼마나 가치 있게 여겼는지를 그대로 보여줍니다.

관광영어 용어정리

upon ~ing ~하자마자 곧
overthrow (지도자 정부를) 타도하다
crops 농작물
reign 통치기간, 치세
royal ancestral shrine 종묘제례
misrule 실정, 악정
sacred 성스러운, 종교적인
immense 엄청난, 어마어마한
spirit tablets 위패, 신주
dignity 위엄, 품위
be composed of ~로 구성되어 있다

작문 연습

1. 그 시설들은 궁만큼이나 신성하고 중요했는데, 땅과 곡식의 신을 위해 지은 것과 왕실 조상을 모셔두는 사당인, 종묘를 지었습니다.

2. 정치를 잘못해서 통치기간 동안 타도 당한 두 왕이 있는데, 이들의 신주는 종묘에 모셔져 있지 않습니다.

3. 종묘의 특이한 건축구조는 근엄과 고귀함을 나타내며 조선시대 영적인 중추 역할을 한다고 볼 수 있으며, 종묘를 얼마나 가치 있게 여겼는지를 그대로 보여줍니다.

나의 면접 답변 flow 키워드

Question 09

한국의 역사마을 : 양동마을과 하회마을
Historic Villages of Korea, Hahoe and Yangdong

1. In the Joseon Dynasty, clans from the noble families were encouraged to settle in villages in the countryside and live life according to Confucian ideals.
2. The sites chosen for these villages were selected based on natural surroundings and so were often in extremely beautiful locations near rivers and mountains.
3. The ruling family then brought in many of their relatives, developed these communities, and then gained influence via education and acceptance into government positions.
4. Some of these families produced many influential members and became known as elite-clan villages.
5. One of the best of these elite-clan villages still surviving today is *Hahoe*, which is nestled in the bend of a river next to a small mountain.
6. The village has maintained its elite-clan structure with clan shrines and Confucian academies in untainted natural environment.
7. Another famous village is *Yangdong*, which instead of being built by a low-lying river like *Hahoe*, is nestled in the ridges of *Mt. Seolchang*, 161 meters above sea-level.
8. But, it is still surrounded by a breathtaking landscape.
9. There is a gingko tree which is over 500 years old, as well as ancient architecture including the remains of houses which survived the Japanese invasion of 1592 to 1598.

1. 조선시대에, 귀족 가문의 씨족들이 시골의 마을에 정착했고, 유교 이상에 맞게 삶을 살았습니다.
2. 이 마을로 선택된 지역들은 자연환경에 둘러싸여 있어서 강과 산 주변에 매우 아름다운 곳에 있었습니다.
3. 그리고 통치가문이 친척들을 데려왔고, 공동체를 만들었으며 교육과 관직 수용을 통해 영향력을 행사하였습니다.
4. 어떤 가문들은 영향력 있는 인재들을 배출했고, 엘리트 씨족 마을이 되기도 했습니다.
5. 우수한 엘리트 가문 중 현재까지 남아 있는 곳은 작은 산 옆에 강 굽이에 자리잡은 하회마을입니다.
6. 이 마을은 사당, 유교 학교, 그리고 때 묻지 않는 자연환경과 함께 엘리트 가문 체계를 유지하고 있습니다.
7. 또 하나의 마을은 양동마을인데, 하회마을처럼 낮은 강가에 지어지는 대신, 161m에 달하는 설창산 마루에 자리잡았습니다.

8. 그래도 풍경 하나는 여전히 끝내줍니다.
9. 그 마을에는 500년이 넘는 은행나무와 1592년~1598년간의 일본 침략에도 살아남은 집들을 포함한 고대 건축물들이 있습니다.

관광영어 용어정리

Confucian ideals 유교 이상
gingko tree 은행 나무
breathtaking (너무 아름답거나 기가 막혀서) 숨이 턱 막히는
nestle (아늑한) 곳에 따뜻이 앉다, 자리잡다
elite-clan 엘리트 씨족

작문 연습

1. 이 마을로 선택된 지역들은 자연 환경에 둘러 쌓여 있어서 강과 산 주변에 매우 아름다운 곳에 위치해 있었습니다.

____

____

2. 그리고 통치가문이 친척들을 데려왔고, 공동체를 만들었으며 교육과 관직 수용을 통해 영향력을 행사하였습니다.

____

____

3. 또 하나의 마을은 양동마을인데, 하회마을처럼 낮은 강가에 지어지는 대신, 161m에 달하는 설창산 마루에 자리잡았습니다.

____

____

나의 면접 답변 flow 키워드

Question 10

고창, 화순, 강화의 고인돌
Gochang, Hwasun, and Ganghwa Dolmen Sites

1. Built in the Bronze Age, dolmens or "*goindol*" (고인돌) in Korean are monuments made of big pieces of stone arranged to form chambers.

2. Although these monuments can be found around the world in small numbers, Korea has by far the largest collection with over 30,000 in South Korea and up to 15,000 in North Korea.

3. It is assumed that these dolmens were used as burial sites.

4. Thanks to the artifacts and human remains found at these locations we can catch a wonderful glimpse into Korea's past.

5. There are two main types of dolmen in Korea, one style dominating the North of the peninsula and the other the south.

6. *Gochang* (고창) County in North Jeolla Province is said to be the densest dolmen cluster in the world with over 447 discovered so far over a 1.8 kilometer stretch of mountains.

7. The site is also interesting as it contains examples of the two main types of dolmen in Korea.

8. In the most southern part, the northern style of dolmen can be seen.

9. The large collection of dolmens in *Hwasun* (화순) County in South Jeolla Province were discovered recently in 1995 buried under bushes but well preserved.

10. There are a total of 597 dolmens over a stretch of around 5 kilometers along a valley that include examples of different styles of dolmens.

11. One includes a dolmen named "stone hurling rock" which is one of the largest dolmens in the world, estimated to weigh about 280 tons.

12. The Ganghwa County site in the Incheon metropolitan area contains a total of 127 dolmens scattered around the northern base of *Mt. Goryeo*.

1. 청동시대에 지어진 고인돌은 커다란 돌로 큰 방을 만든 형태입니다.
2. 세계 각지에서도 작게나마 고인돌이 발견되기는 하지만, 남한에 30,000개가 넘고, 북한에 15,000개가 넘는 가장 많은 수의 고인돌이 발견되었습니다.
3. 이런 고인돌들은 매장지(장례식 터)로 사용된 것으로 추정됩니다.
4. 유적들과 사람의 유해가 이 장소들에서 발견되었기에, 우리는 한국의 아름다운 역사를 엿볼 수 있습니다.
5. 한국에는 북방식 고인돌과 남방식 고인돌 이렇게 두 종류의 고인돌이 있습니다.
6. 전라북도 고창군은 1.8km에 걸쳐 447개의 고인돌이 발견되면서 전 세계적으로 가장 밀집 지역으로 불립니다.
7. 이 지역이 재미있는게, 두 형태의 고인돌 모두가 발견되었다는 점입니다.
8. 대부분 남쪽에서는, 북방식 고인돌이 발견되곤 합니다.
9. 1995년 전라도 화순군에 다량의 고인돌이 덤불 속에서 잘 보존된 채로 발견되었습니다.
10. 597개의 고인돌이 5km에 달하는 계곡을 따라 발견되었습니다.
11. "핑매바위"라고 불리는 추정 200톤에 달하는 세계에서 가장 큰 고인돌도 포함되어 있습니다.
12. 인천 대도시의 강화에서도 127개의 고인돌이 고려산의 북쪽 지역에서 발견되었습니다.

관광영어 용어정리

Bronze Age 청동기 시대
glimpse 잠깐 보다, 얼핏 보다
valley 계곡, 골짜기
artifacts 유물
bush 관목, 덤불
burial site 매장터
cluster 무리, 클러스터
dolmen 고인돌
peninsula 반도
scattered 드문드문, 산발적인

작문 연습

1. 세계 각지에서도 작게나마 고인돌이 발견되기는 하지만, 남한에 30,000개가 넘고, 북한에 15,000개가 넘는 가장 많은 수의 고인돌이 발견되었습니다.

2. 유적들과 사람의 유해가 이 장소들에서 발견되었기에, 우리는 한국의 아름다운 역사를 엿볼 수 있습니다.

3. 전라북도 고창군은 1.8km에 걸쳐 447개의 고인돌이 발견되면서 전 세계적으로 가장 밀집 지역으로 불립니다.

나의 면접 답변 flow 키워드

Question 11

제주 화산섬과 용암동굴
Jeju Volcanic Island and Lava Tubes

1. *Jeju* Island was formed by volcanic activity over 250,000 years ago.
   제주

2. The two best examples of the volcanic landforms on the island are *Mt. Halla*, and the lava tubes which were formed by explosive eruptions of basaltic lava.

3. Both of these formations are not only beautiful, but are also highly necessary for research into the geological history of the earth.

4. *Jeju* Island is an oval shaped piece of land 70km from east to west and 30km north to south.

5. The entire island is around three times the size of Koreas' capital city, Seoul.

6. Mt. Halla is at the center of the island with its gentle slopes and lake-filled crater at the summit.

7. The mountain is a habitat for a wide variety of plant life ranging from subtropical plants at its base to temperate and polar species higher up.

8. With the mountain dominating the ground above, the lava tubes can be seen underground.

9. There are 20 or more of these lava tubes under Jeju Island with various lengths, structures, and states of erosion.

10. These tubes are cave-like structures which formed around flowing lava before being drained and leaving a hollow center.

1. 250,000년 전에 화산 활동에 의해 제주도가 형성되었습니다.
2. 제주도의 두 가지 최적의 화산지형은 한라산과 용암동굴인데, 이 둘 모두 현무암으로 변하는 용암의 분화에 의해 형성되었습니다.
3. 이 두 지형 모두 아름답고 이 지구의 지리학적 역사 연구에 매우 필요한 곳입니다.
4. 제주도는 북쪽에서 남쪽으로 30km, 동쪽에서 서쪽으로 70km에 달하는 타원형의 섬입니다.
5. 섬 전체는 한국의 수도인 서울보다 세 배 정도 큽니다.

6. 한라산은 완만한 경사와 정상에는 호수가 있는 분화구가 있으며, 섬 가운데 있습니다.
7. 한라산은 다양한 식물들의 서식지인데, 맨 아래는 아열대 식물부터 고지대에는 온대식물과 극지식물까지 있습니다.
8. 지형 위에는 산이 있고, 지하에는 용암 동굴이 있습니다.
9. 제주도에는 다양한 길이, 구조, 침식 형태를 가진 20개가 넘는 용암 동굴이 있습니다.
10. 이들은 용암이 흐르고 빠져나가면서 가운데가 비어 있는 지형을 가지게 된 동굴 지형입니다.

관광영어 용어정리

volcanic landforms 화산지형
crater 분화구
lava tube 용암 동굴
slope 경사지
polar species 극 지대 생물 종들
oval 타원형의
geological 지질학의
temperate 온대의, 온화한 (temperate climate : 온화한 기후)
basaltic lava 현무암으로 변하는 용암
subtropical 아열대의
hollow (속이) 빈

작문 연습

1. 제주도의 두 가지 최적의 화산지형은 한라산과 용암동굴인데, 이 둘 모두 현무암으로 변하는 용암의 분화에 의해 형성되었습니다.

2. 이 두 지형 모두 아름답고 이 지구의 지리학적 역사 연구에 매우 필요한 곳입니다.

3. 이들은 용암이 흐르고 빠져나가면서 가운데가 비어 있는 지형을 가지게 된 동굴 지형입니다.

나의 면접 답변 flow 키워드

Question 12

산사, 한국의 산지 승원
Sansa, Buddhist Mountain Monasteries in Korea

1. These monasteries and their unique practices are representative of early Buddhism in Korea.
2. The *Sansa* 산사 are Buddhist mountain monasteries which are located in the southern parts of Korea.
3. During the *Goryeo* Dynasty, Buddhist culture was widely accepted and the temples also grew at that time.
4. Each temple has many distinctive structures, objects, shrines, and documents.
5. They are very sacred places.
6. These mountain monasteries are sacred places and daily religious practices are held every day.
7. It was designated as UNESCO's World Heritage in 2018.
8. The seven temples list are: *Tongdosa* 통도사 Temple(Yangsan, Gyeongsangnam-do), *Buseoksa* 부석사 Temple(Yeongju, Gyeongsangbuk-do), *Bongjeongsa* 봉정사 Temple(Andong, Gyeongsangbuk-do), *Beopjusa* 법주사 Temple(Boeun, Chungcheongbuk-do), *Magoksa* 마곡사 Temple(Gongju, Chungcheongnam-do), *Seonamsa* 선암사 Temple(Suncheon, Jeollanamdo), and *Daeheungsa* 대흥사 Temple(Haenam, Jeollanam-do).
9. *Sansa* was praised as "outstanding universal value" by UNESCO World Heritage Center because it increased the status of Buddhism in Korea since the 7th century.
10. I think it is very pleasing news that *Sansa* is acknowledged as a valuable cultural heritage site and we all need to make efforts to uphold our heritage.

1. 한국의 산지 승원과 이들의 특별한 관행들은 한국 초기 불교를 대표합니다.
2. 산사는 한국의 남쪽 지방에 있는 산에 위치한 절들을 말합니다.
3. 고려시대에는, 불교문화가 융성하였기에 그 시절에 절이 많이 생겼습니다.
4. 각 절마다 독특한 구조, 물체, 신전, 그리고 문헌들이 소장되어 있습니다.

5. 매우 신성시되는 장소들이죠.
6. 이 산사들은 성스러운 장소들이며 종교적 관행이 매일 열립니다.
7. 2018년 유네스코 세계유산으로 지정되었습니다.
8. 7개의 절은, 양산 통도사, 영주 부석사, 안동 봉정사, 보은 법주사, 공주 마곡사, 순천 선암사, 해남 대흥사입니다.
9. 7세기부터 전해 내려온 한국 불교의 위상을 드높인 것을 인정받은 산사는 유네스코 세계유산센터에서 "탁월한 보편적 가치"를 인정받았습니다.
10. 산사가 귀중한 문화유산으로 인정받은 것에 큰 기쁨을 느끼며, 이 유산을 보존하기 위해 우리 모두 노력해야 한다고 생각합니다.

관광영어 용어정리

monastery 수도원, 승원	representative 대표	distinctive 독특한
sacred 성스러운, 종교적인	praise 칭찬, 칭송	uphold 유지시키다, 지키다

작문 연습

1. 산사는 한국의 남쪽 지방에 있는 산에 위치한 절들을 말합니다.

2. 산사가 귀중한 문화유산으로 인정받은 것에 큰 기쁨을 느끼며, 이 유산을 보존하기 위해 우리 모두 노력해야 한다고 생각합니다.

3. 7세기부터 전해 내려온 한국 불교의 위상을 드높인 것을 인정받은 산사는 유네스코 세계유산센터에서 "탁월한 보편적 가치"를 인정받았습니다.

나의 면접 답변 flow 키워드

Chapter 11

국보·보물·명승·사적

이 단원의 질문들

01	국보 1호부터 3호까지 설명해주십시오. Can you list National Treasure No. 1 to No. 3?
02	보물 1호부터 3호까지 설명해주십시오. Can you list the treasures No.1 to No.3?
03	명승 1호를 설명해주십시오. Do you know the No. 1 scenic location in Korea?
04	사적 1호를 설명해주십시오. What is historical landmark No.1 in Korea?

Question 01

국보 1호부터 3호까지 설명해주십시오.
Can you list National Treasure No.1 to No.3?

[A]

국보 1호 남대문(숭례문)
Namdaemun(Sungnyemun)

1. One of the major gates in Seoul is *Namdaenum*(남대문). It is the oldest gate and the first National Treasure of South Korea.

2. Namdaemun is also called *Sungnyemun*(숭례문).

3. The gate was an entrance from the south side of the city wall.

4. This gate was to greet important foreign emissaries and controlled what came in and out of the city walls.

5. They started building *Namdaemun* in 1395 during the reign of King *Taejo*.

6. King *Taejo* wanted to build a wall to protect the city and needed a main gate to control everything.

7. Building the gate took about three years.

8. *Namdaemun* was re-built again but this time it was by King Sejong the Great.

9. Then, during the Korean War, *Namdaemun* was destroyed by the Japanese and was in horrible shape. It was later restored to its original glory.

10. On February 2008, there was a big fire that gravely damaged *Namdaemun* gate.

11. The fire was started by a man who was very angry about his life.

12. Many people were very upset.

13. The government started to restore *Namdaemun* after the incident and it took about three years to complete.

14. Now, *Namdaemun* is back with a new and different style but still many people come to see the gate.

1. 서울의 대표 문들 중 하나는 남대문이고 가장 오래된 문입니다. 그리고 우리나라 국보 1호입니다.
2. 남대문은 숭례문이라고도 불립니다.
3. 이 대문은 도시의 남쪽을 여는 문이었습니다.
4. 이 문은 중요한 외국 사절들을 맞이하거나 도시 안에 오고 나가는 것을 통제하는 역할을 했습니다.
5. 남대문을 태조왕이 통치하던 1395년에 짓기 시작했습니다.
6. 태조왕은 도시를 지키기 위해 벽을 만들기 원했고, 문이 모든 것을 규제하길 원했습니다.
7. 문을 짓는 것은 3년 정도 걸렸습니다.
8. 남대문은 세종대왕 때 다시 한번 재건축되었습니다.
9. 한국전쟁 동안, 남대문은 일본에 의해 파괴되고 또 고쳐진 후 이전의 영광을 찾게 되었습니다.
10. 그리고 2008년 2월에 남대문을 심하게 손상시키게 된 화재가 있었습니다.
11. 자신의 삶에 분노를 느낀 한 남자가 남대문에 불을 질렀습니다.
12. 사람들은 매우 화가 났습니다.
13. 정부는 남대문을 복원하기 시작했고, 완료하는데 3년이 걸렸습니다.
14. 이제 남대문은 새로운 스타일로 변했고, 많은 사람이 남대문을 보러 옵니다.

관광영어 용어정리

emissary 사절, 특사
rebuilt (건물 등을) 다시 짓다
glory 영광
reign 통치기간
restore 복원하다

작문 연습

1. 이 문은 중요한 외국 사절들을 맞이하거나 도시 안에 오고 나가는 것을 통제하는 역할을 했습니다.

____

____

2. 태조왕은 도시를 지키기 위해 벽을 만들기 원했고, 문이 모든 것을 규제하길 원했습니다.

____

____

3. 남대문은 새로운 스타일로 변했고, 많은 사람들이 남대문을 보러 옵니다.

____

____

[B]

국보 2호 서울 원각사지 10층 석탑
Wongaksa pagoda

1. *Wongaksa* Pagoda is the second National Treasure of Korea.
   원각사

2. *Wongaksa* Pagoda is a very tall pagoda that stands ten stories high. It was supposed to be part of the *Wongaksa* temple.

3. Now, it is located in *Tapgol Park* (Pagoda Park).
   탑골공원

4. Wongaksa Pagoda is now located in the former location of *Wongaksa* Temple.

5. This pagoda is considered to be one of the greatest art designs during the Joseon Dynasty.

6. So, they wanted to protect it by putting glass around it since it was turned into a park.

7. This pagoda is made out of marble but it looks like it is made from wood.

8. As you look at its shapes from each story, it has many kinds of designs and pictures, such as, pictures of dragons, tigers, lotus flowers, and other special and unique images.

1. 원각사 탑은 국보 2호입니다.
2. 원각사 석탑은 10층으로 매우 크고 원각사 절의 한 부분이었습니다.
3. 지금은 탑골공원(파고다공원)에 있습니다.
4. 원각사가 예전에 같은 위치에 있었습니다.
5. 이 탑은 조선시대에서 위대한 예술 디자인 중 하나로 여겨졌습니다.
6. 그래서 이 탑을 보호하기 위해 절이 공원으로 바뀔 때 유리를 둘러쌓아 보호하길 원했습니다.
7. 이 탑은 대리석으로 만들었는데, 나무로 만든 것처럼 보입니다.
8. 각 층마다 모양을 보면, 다양한 디자인과 그림들이 있습니다. 용, 연꽃, 그리고 다른 특이한 사진들이 있어서 재미있게 감상할 수 있습니다.

관광영어 용어정리

pagoda (아시아 국가 사찰의) 탑
marble 대리석
lotus flowers 연꽃

작문 연습

1. 원각사 석탑은 10층으로 매우 크고 원각사 절의 한 부분이었습니다.

2. 그래서 이 탑을 보호하기 위해 절이 공원으로 바뀔 때 유리를 둘러쌓아 보호하길 원했습니다.

3. 이 탑은 대리석으로 만들었는데, 나무로 만든 것처럼 보입니다.

나의 면접 답변 flow 키워드

[C]
국보 3호 서울 북한산 신라 진흥왕 순수비
Bukhansan Monument

1. *Bukhansan Monument* (북한산 순수비) became the 3rd National Treasure of Korea.
2. On *Bukhan* Mountain, the monument was created from the stone on *Bibong* (비봉) Peak.
3. Since it has stood outside for many years, it has weathered significantly.
4. For this reason, it was moved to Gyeongbokgung Palace to take care of it. Later it was moved to the National Museum of Korea.
5. In search of new borders, *Silla King Jinheung* (신라 진흥왕) was happy to expand his territory to the Han River.
6. The writing mentions how the monument was made and explains the achievements of *King Jinheung*.
7. The exact date of the monument's creation is not mentioned because it was so hard to read the words that rusted away from bad weather.
8. But it is old enough that it could have been made around 561 CE or 568 CE.

1. 북한산 신라 진흥왕 순수비는 국보 3호가 되었습니다.
2. 북한산에, 이 순수비는 비봉에 위치해 있었습니다.
3. 오랜 시간 산에 있어서 날씨로 인해 손상이 많이 되었습니다.
4. 그래서 보존을 위해 경복궁으로 옮겨졌다가 이제는 국립중앙박물관에 있습니다.
5. 새로운 영토를 찾으며, 진흥왕은 한강 유역으로 영토를 넓히는 것에 기뻐하였습니다.
6. 비석 위에 쓰인 글귀는 어떻게 비가 세워졌고, 진흥왕의 업적을 알려주고 있습니다.
7. 좋지 못한 날씨탓에 글자 부분 또한 녹슬어 정확하게 만들어진 날은 알 수 없습니다.
8. 하지만 서기 561년 혹은 568년 정도에 만들어진 것으로 추정됩니다.

관광영어 용어정리

expand 확장하다
territorial 영토의
monument 기념비적인 건축물
rust away 부식되다, 녹슬다

작문 연습

1. 오랜 시간 산에 있어서 날씨로 인해 손상이 많이 되었습니다.

2. 비석 위에 쓰인 글귀는 어떻게 비가 세워졌고, 진흥왕의 업적을 알려주고 있습니다.

3. 좋지 못한 날씨탓에 글자 부분 또한 녹슬어 정확하게 만들어진 날은 알 수 없습니다.

나의 면접 답변 flow 키워드

Question 02

보물 1호부터 3호까지 설명해주십시오.
Can you list treasure No.1 to No.3?

[A]
보물 1호 흥인지문(동대문)
Heunginjimun(Dongdaemun)

1. *Heunginjimun* (흥인지문) is another name for *Dongdaemun* (동대문).
2. *Dongdaemun* is another famous gate that surrounded Seoul during King Taejo's reign during the Joseon Dynasty.
3. It was called the "Great East Gate."
4. It was built in 1398 and was changed again in 1453.
5. This gate also had an extra wall called *Ongseong* (옹성) to protect the weak side of the wall from any enemies that climbed over.
6. Because the gate had been through a lot of weather, like rain, snow, and wind, the roof was damaged. They wanted to do repairs to preserve the gate and the roof.
7. *Dongdaemun* is also known for its famous market.
8. People all over the world come to enjoy shopping there.
9. It is also famous for having the *Dongdaemun* Design Plaza for people to shop and enjoy the atmosphere.
10. This place is the hub for fashion design and it is a popular tourist attraction because it is exciting.

> 1. 흥인지문은 동대문의 또 다른 이름입니다.
> 2. 동대문은 태조 왕 시절에 서울을 둘러싸고 있던 또 다른 유명한 성문입니다.
> 3. 동대문이라고 불렸습니다.
> 4. 1398년에 지어졌고 1453년에 수정 작업을 하기도 했습니다.
> 5. 동대문에는 적들이 취약한 부분의 벽들을 넘어 침입하는 것으로부터 보호하기 위해 옹성이라는 여분의 벽도 있습니다.
> 6. 성문이 그동안 비, 눈, 바람 등을 많이 맞으며 손상이 가해졌기에 사람들은 문과 지붕을 수리해서 보존하고자 했습니다.
> 7. 그리고 동대문은 쇼핑하는 곳으로도 굉장히 유명합니다.
> 8. 전 세계의 사람들이 동대문으로 와서 쇼핑을 즐깁니다.
> 9. 동대문 주변에 DDP가 있는 것으로 유명해서 쇼핑도 하고 즐길 수 있는 분위기가 형성되어 있습니다.
> 10. 이곳은 패션 디자인의 허브 역할을 하며 워낙 재밌기에 관광객들에게 인기가 많은 곳입니다.

관광영어 용어정리

reign 통치기간
tourist attraction 관광 명소
hub 중심지
preserve 지키다, 보존하다
enemy 적
be known for ~로 알려져 있다
damage 피해, 손상

작문 연습

1. 동대문은 태조 왕 시절에 서울을 둘러싸고 있던 또 다른 유명한 성문입니다.

2. 동대문에는 적들이 취약한 부분의 벽들을 넘어 침입하는 것으로부터 보호하기 위해 옹성이라는 여분의 벽도 있습니다.

3. 동대문은 패션 디자인의 허브 역할을 하며 워낙 재밌기에 관광객들에게 인기가 많은 곳입니다.

나의 면접 답변 flow 키워드

[B]

보물 2호 옛 보신각 동종
Bronze Bell of Bosingak Tower

1. *Bosingak Bell*(보신각 종), located in Seoul, has been standing since 1395 and is one of the few famous bells that is still around.
2. This bell has a special name called "bell street" since it is on *Jongno* street.
3. It had survived through fire and war, so it is not in good shape.
4. This bell was designated as Bosingak by Emperor *Gojong*(고종) in 1895.
5. This bell was very special in the town because this helped let people know that they will be closing and opening the four main gates.
6. They let people know of any fire that was around the area by usnig it as an alarm.
7. Nowadays, the bell is used on New Year's Eve to celebrate the new year's but it is not used much since there are many people in Seoul.

> 1. 서울에 있는 보신각 동종은 1395년부터 아직 존재하고 있고 유명한 종 중에 하나입니다.
> 2. 이 종은 종로 거리에 있어서 종의 거리 라는 특별한 이름도 가지고 있답니다.
> 3. 이 종은 전쟁과 화재를 겪어서 오랫동안 상태가 좋지 않았습니다.
> 4. 이 종은 1895년 고종 때 보신각이라고 지정되었습니다.
> 5. 이 종은 4대 문이 닫히고 열리는 것을 알려주는 역할을 해서 특별했습니다.
> 6. 종을 울림으로써 주변에 불이 나는 것을 알리기도 했지요
> 7. 현재는 새해 전날 새로운 해를 축하하기 위해 쓰이지만, 서울에 사람들이 많아서 자주 울리지는 않습니다.

관광영어 용어정리

designate 지정하다
Emperor 황제
in good shape 상태가 좋은

작문 연습

1. 서울에 있는 보신각 동종은 1395년부터 아직 존재하고 있고 유명한 종 중에 하나입니다.

2. 이 종은 4대 문이 닫히고 열리는 것을 알려주는 역할을 해서 특별했습니다.

3. 현재는 새해 전날 새로운 해를 축하하기 위해 쓰이지만, 서울에 사람들이 많아서 자주 울리지는 않습니다.

나의 면접 답변 flow 키워드

[C]
보물 3호 서울 원각사지 대원각사비
Korea-Seoul-Tapgol Park Wongaksa Monument

1. Tapgol Park is a public park that was once the site of *Wongaksa* Buddhist Temple in the 15th century.
2. In 1471, one monument of *Wongaksa* was erected with writing on the front and back of the stone.
3. There are some designs that can be seen at the base, like a turtle, which is made of granite.
4. At the top is a turtle design made of marble.
5. This park also had some historical moments on March 1st, 1919 when then Korean Independence movement was held for the Proclamation of Independence.
6. This park area is now more popular as a resting place among elders.

1. 탑골공원은 15세기에 원각사 절이 있었던 공원입니다.
2. 원각사 대원각사비는 1471년에 비석 앞뒤에 글을 적어서 세워졌습니다.
3. 거북이 디자인의 받침을 만들었고, 화강암으로 만들어졌습니다.
4. 거북이의 머릿돌은 대리석으로 만들어졌습니다.
5. 탑골공원은 1919년 3월 1일에 독립선언을 위한 한국 독립운동이 일어난 역사적인 순간이 깃든 곳이기도 합니다.
6. 이 공원은 현재는 노인들이 모여서 휴식을 하는 것으로 더 유명합니다.

관광영어 용어정리

erect (똑바로) 세우다
granite 화강암
Proclamation of Independence 독립선언
Korean Independence movement 한국독립운동

작문 연습

1. 원각사 대원각사비는 1471년에 비석 앞 뒤에 글을 적어서 세워졌습니다.

2. 거북이 디자인의 받침을 만들었고, 화강암으로 만들어졌습니다.

3. 탑골공원은 1919년 3월 1일에 독립선언을 위한 한국 독립운동이 일어난 역사적인 순간이 깃든 곳이기도 합니다.

나의 면접 답변 flow 키워드

Question 03

명승 1호를 설명해주십시오.
Do you know the No. 1 scenic location in Korea?

1. I will tell you about the No. 1 scenic location called *Myeongseong*(명승).
2. *Sogeum* Mountain was originally called *Cheonghak Mountain*(청학산).
3. This mountain is famous for its beautiful landscape.
4. *Yulgok*(율곡), one of the greatest scholars in Korea, changed the name of *Sogeum River*(소금강).
5. 129 wild species of plants including pine trees and oriental oak trees grow in this area.
6. Animals like the mountain goat, which is nearly extinct, are also living there.
7. Renowned for its beautiful natural landscape, Sogeumgang Mountain forms part of *Ohdaesan National Park*(오대산 국립 공원).

1. 한국의 명승 1호에 대해 이야기하겠습니다.
2. 소금산은 원래는 청학산으로 불렸습니다.
3. 아주 아름다운 절경으로 유명한 곳입니다.
4. 한국에서 유명한 학자였던 율곡 이이가 소금강이라고 다시 이름을 지었습니다.
5. 소나무, 떡갈나무 등을 포함한 129여 가지의 야생 식물들이 그 지역에 자라고 있습니다.
6. 또한, 산양 같은 멸종 위기에 처한 동물들도 살고 있습니다.
7. 아름다운 절경으로 유명한 소금강은 오대산 국립공원의 일부이기도 합니다.

관광영어 용어정리

scholar 학자
renowned for ~으로 유명한
extinct animal 멸종 위기 동물
mountain goat 산양
species (생물의) 종

작문 연습

1. 한국에서 유명한 학자였던 율곡 이이가 소금강이라고 다시 이름을 지었습니다.

2. 소나무, 떡갈나무 등을 포함한 129여 가지의 야생 식물들이 그 지역에 자라고 있습니다.

3. 또한, 산양 같은 멸종 위기에 처한 동물들도 살고 있습니다.

나의 면접 답변 flow 키워드

Question 04

사적 1호를 설명해주십시오.
What is historical landmark No. 1 in Korea?

1. The first historical landmark is called *Sajeok*. (사적)
2. Historical Spota No.1 in Korea is *Poseokjeong* (포석정) in *Gyeongju*. (경주)
3. It was built during the *Unified Silla* period.
4. The only thing you can see now is a granite-made waterway feature.
5. This place was built for entertainment and parties for the kings and aristocrats.
6. They enjoyed having parties and used to hold big events there, too.
7. It is said that the canal was used for a drinking game.
8. They floated cups that had alcohol in it on streaming canals, and then the cup stops at one person, that person would have to drink right away and make a poem.
9. If you see the 22-meter long canal, it has so many curves and shapes that no one could predict where the cup would stop.
10. I think people in that period also liked to drink and enjoy together.

1. 역사적인 장소를 사적이라고 부릅니다.
2. 한국의 사적 1호는 경주의 포석정입니다.
3. 통일신라 시대에 지어졌습니다.
4. 현재는 화강암으로 만들어진 수로 형태만 볼 수 있습니다.
5. 왕과 귀족들이 연회를 여는 장소로 지어졌습니다.
6. 그들은 장소에서 파티를 즐겼고 큰 행사들을 열기도 했습니다.
7. 이 수로는 술 게임을 하면서 쓰여졌다고 전해집니다.
8. 술잔을 띄워서 수로에 떠 있게 하고 어떤 사람 앞에 잔이 멈추면, 그 사람은 술을 바로 마시고 시를 읊어야 하는 규칙입니다.
9. 22m나 되는 수로를 보면, 많은 곡선과 모양으로 되어 있어서 아무도 잔이 어디에 멈출지 예상을 할 수 없습니다.
10. 그 시대에 사람들도 역시나 함께 마시고 즐기는 것을 좋아했나 봅니다.

관광영어 용어정리

granite-made waterway 화강암으로 만든 수로
curves and shapes 곡선과 모양들
float (물 위에) 띄우다, 떠가다
canal 수로, 운하
aristocrats 귀족

작문 연습

1. 현재는 화강암으로 만들어진 수로 형태만 볼 수 있습니다.

2. 그들은 장소에서 파티를 즐겼고 큰 행사들을 열기도 했습니다.

3. 22m나 되는 수로를 보면, 많은 곡선과 모양으로 되어 있어서 아무도 잔이 어디에 멈출지 예상을 할 수 없습니다.

나의 면접 답변 flow 키워드

Chapter 12 관광학개론 관련 문제들

이 단원의 질문들

01	CIQ란 무엇인가? 그리고 한국의 크루즈 투어에 대해서 설명해주십시오. What does CIQ stand for? Tell me about it. Could you give an explanation about cruise tour in Korea?
02	MICE에 대해 알고 있습니까? 무엇을 의미합니까? Do you know about MICE? What does it stand for?
03	SIT와 FIT용어에 대해서 설명해주십시오. Could you explain the terms SIT and FIT?
04	관광과 트레블의 차이점은 무엇입니까? What's the difference between tourism and travel?
05	1330에 대해 설명해주십시오. Do you know anything about 1330?
06	팸투어, 지속가능한 관광, 에코 관광, 다크 투어리즘, 인센티브 투어, 관광두레, 오버 투어리즘, 발룬투어리즘에 대해 설명해주십시오. Tell me about fam tour, sustainable tourism, eco-tourism, tour Dure, overtourism, voluntourism.
07	한국에 몇 군데에 슬로시티가 있습니다. 슬로시티는 어떤 의미를 지니나요? 한국의 슬로시티들을 설명해주십시오. There are several slow cities in Korea. Do you know the meaning of slow city? Can you list some slow cities in Korea.
08	람사르 협약에 대해 설명해주십시오. Tell us about the Ramsar Convention.

09 여행업의 종류는 어떤 것들이 있습니까?
What types of travel businesses are there?

10 인바운드 관광과 아웃바운드 관광에 대해서 설명해주십시오.
What are inbound and outbound tours?

11 평창올림픽 등 국제행사를 홍보하는 방안이 있나요?
Are there any ways to promote international events such as the PyeongChang Olympics?

Question 01

CIQ란 무엇인가? 그리고 한국의 크루즈 투어에 대하여 설명해주십시오.
What does CIQ stand for? Tell me about it. Could you give an explanation about cruise tour in Korea?

1. CIQ stands for Customs, Immigration, and Quarantine.
2. Three procedures must be carried out when you enter or leave a sea port or an airport.
3. Customs is about imposing tariffs to control and inspect the flows of goods that go into or out of a country.
4. Immigration is to confirm one's identity, visa, and purpose of visit to decide entry or exit.
5. Quarantine is performed to conduct inspection for preventing disease from insects and microorganisms that could harm ecosystems in that country.
6. Cruise tour is a travel business where travelers use cruise as their main transportation.
7. Korea is very close to China, Japan, and Russia.
8. So, cruise tours are very convenient when going from harbor to harbor.
9. Korea have ports in Busan, Jeju, Incheon, Sokcho, and etc.
10. Busan and Jeju ports have had a relatively high number of tourists so far.
11. It is said that cruise tourists are steadily increasing every year.
12. So, cruise tours can definitely contribute to the growth of the tourism industry.
13. One concern about cruise tours is that Korean tour programs are focused on shopping.
14. Cruise tours allow travelers to stay in one spot for a short period of time and most schedules are packed with shopping.
15. I think Korea needs to develop tour programs that have less focus on shopping for cruise travelers.

1. CIQ는 세관, 출입국 관리 그리고 검역을 나타냅니다.
2. 항만이나 공항을 이용하여 출입국을 할 때, 이 세가지 절차가 수행되어야 합니다.
3. 세관은 그 나라로 들어가고 나가는 물품들의 흐름을 단속하고 검사하기 위해 관세를 부과하는 것을 말합니다.
4. 출입국 관리는 한 사람의 신원, 비자, 방문 목적 등을 확인하여 출입국을 결정하는 것을 말합니다.
5. 검역은 그 나라의 생태계를 위협할 수 있는 질병, 해충, 미생물 등을 방지하기 위해 실행됩니다.
6. 크루즈 투어는 여행자들일 여행 교통수단으로서 크루즈를 사용하는 여행 상품입니다.
7. 한국은 영국, 일본, 그리고 러시아와 가깝습니다.
8. 그래서 크루즈 투어가 항구에 들릴 수 있기에 편리합니다.
9. 한국에는 부산, 제주, 인천, 속초 등에 항만이 있습니다.
10. 지금까지 상대적으로 제주와 부산에 크루즈 관광객들이 많았습니다.
11. 매년 크루즈 투어객들이 조금씩 늘어나고 있다고 합니다.
12. 그래서 크루즈 투어는 관광산업의 성장에 분명히 기여할 수 있습니다.
13. 우려되는 점 하나는, 한국의 관광 프로그램은 쇼핑에 집중되어 있습니다.
14. 크루즈 투어는 여행자들이 짧은 시간 동안 한 장소를 둘러봐야 하기에, 대부분의 시간이 쇼핑에 집중되어 있습니다.
15. 제 생각에는 크루즈 여행객을 위한 쇼핑만이 아닌 투어 프로그램을 만들면 좋을 것 같습니다.

관광영어 용어정리

carry out 실행하다
custom 세관
microorganisms 미생물
procedures 절차
immigration 출입국관리
quarantine 검역
impose 부과하다
goods 물품
under construction 공사중
tariff 관세
inspect 검사하다
ecosystems 생태계

작문 연습

1. 세관은 그 나라로 들어가고 나가는 물품들의 흐름을 단속하고 검사하기 위해 관세를 부과하는 것을 말합니다.

____

____

2. 검역은 그 나라의 생태계를 위협할 수 있는 질병, 해충, 미생물 등을 방지하기 위해 실행됩니다.

____

____

3. 크루즈 투어는 여행자들이 짧은 시간 동안 한 장소를 둘러봐야 하기에, 대부분의 시간이 쇼핑에 집중되어 있습니다.

____

____

Question 02

MICE에 대해 알고 있습니까? 무엇을 의미합니까?
Do you know about MICE? What does it stand for?

1. MICE stands for meeting, incentive, conference, and exhibition.
2. It is a combination of tourism and international conference.
3. Since all four are related to the tourism industry, MICE industry is considered to be a high-value business.
4. For example, successful conference meetings bring a large amount of economic and social profit and can be a great way of building a positive nation brand.
5. To host various conferences from all over the world, MICE convention centers are being built in many areas.
6. Major convention centers are EXCO in Daegu, BEXCO in Busan, ICC JEJU in Jeju, KINTEX in Ilsan, CECO in Changwon, and DCC in Daejeon.
7. It is said that Korea has a lot of MICE events. The number of events are important, but it would also be good to think about ways to improve the quality, promotion strategy, and infrastructure.

1. MICE는 회의, 보상, 컨퍼런스, 박람회를 의미합니다.
2. 이것은 관광과 국제회의를 합친 것입니다.
3. 네 가지 모두 관광 산업과 연관이 있기에 MICE산업은 고부가 가치 사업으로 간주됩니다.
4. 예를 들면, 성공적인 국제회의는 막대한 양의 경제적, 사회적 이익을 가져오고, 긍정적인 국가 브랜드재고에 좋은 방법입니다.
5. 전 세계로부터 다양한 회의를 유치하기 위하여 우리는 많은 지역 MICE 컨벤션 센터를 설립하고 있습니다.
6. 주요 컨벤션 센터들은 대구의 EXCO, 부산의 BEXCO, 제주의 ICC 제주, 일산의 KINTEX, 광주의 김대중컨벤션센터, 창원의 CECO, 대전의 DCC, 그리고 인천의 송도 컨벤시아가 있습니다.
7. 한국에는 MICE 이벤트가 많이 열린다고 합니다. 행사의 수도 중요하지만, 퀄리티, 홍보 전략, 인프라 향상하는 방법을 고민하는 것도 좋을 것 같습니다.

관광영어 용어정리

stands for (약어 등을) 나타내다, 의미하다
positive nation brand 긍정적인 국가 브랜드
high-value business 고부가가치 비즈니스
MICE industry 마이스 산업
international conference 국제회의

작문 연습

1. 전 세계로부터 다양한 회의를 유치하기 위하여 우리는 많은 지역 MICE 컨벤션 센터를 설립하고 있습니다.

2. 성공적인 국제 회의는 막대한 양의 경제적, 사회적 이익을 가져다줍니다.

3. 네 가지 모두 관광 산업과 연관이 있기에 MICE 산업은 고부가 가치 사업으로 간주됩니다.

나의 면접 답변 flow 키워드

Question 03

SIT와 FIT에 대해서 설명해주십시오.
Could you explain the terms SIT and FIT?

1. SIT stands for Special Interest Travel.
2. SIT has a special purpose or theme for those who are specifically interested in a theme.
3. Several examples of SIT tours I would like to mention are cruise, winery, eco, coffee, culture, art, architecture, and healing tours.
4. Each tour has its own distinctive content.
5. Through SIT tours, travelers desire to get meaningful and unforgettable experiences.
6. These days, many people seek to try new and interesting experiences. Because of this, SIT tours are becoming popular.
7. To conduct the perfect SIT tour, a tour guide is required to have professional knowledge about that special theme.
8. One example of SIT is when the Jeju Tourism Organization invited bicycle community members from Vietnam to Jeju and conducted a Special Interest Tour.
9. One of the participants said, "Jeju's bike roads are excellent for bike riders and its landscape is wonderful enough to catch tourists' hearts."
10. FIT stands for Foreign Independent Travel.
11. There are no fixed schedules or locations for this tour since it is totally made to fit the traveler.
12. During FIT, travelers enjoy whatever they want without tour guides.
13. FIT is getting more popular these days because there is an abundance of content and information on the Internet and social media.

1. SIT는 Special Interest Travel을 나타냅니다.
2. SIT는 특별히 그 테마에 흥미가 있는 사람들을 위한 특별한 목적, 테마를 가지고 있습니다.
3. SIT 투어에 대해 몇 가지 예를 들자면, 크루즈투어, 와이너리투어, 에코투어, 커피투어, 문화투어, 아트 투어, 건축, 힐링 투어 등을 들 수 있겠습니다.
4. 각각의 투어는 다른 투어 패키지와 비교했을 때, 그 투어만의 뚜렷한 콘텐츠가 있습니다.
5. SIT투어를 통해, 여행자들은 그들의 목적에 부합하는 의미 있고 잊을 수 없는 경험들을 원합니다.
6. 요즘은 많은 사람이 더 새롭고 흥미로운 것을 찾으려고 해서 SIT형태의 투어는 점점 더 인기가 많아집니다.
7. 완벽한 SIT투어를 진행하기 위해서, 투어가이드는 그 특별한 주제에 대해 전문적인 지식을 가져야 합니다.
8. SIT투어의 예를 하나 들자면, 제주관광공사가 베트남의 자전거 동호회 사람들을 초대해서 SIT투어를 진행했습니다.
9. 참가자 중 한 명이, "제주의 자전거 도로는 자전거를 타는 사람들에겐 정말 최고이며, 풍경도 관광객들의 마음을 사로잡기에 아주 아름답죠." 라고 말했습니다.
10. FIT는 Foreign Independent Travel을 나타냅니다.
11. 자유여행객을 위한 것이기에 고정된 스케줄이나 투어 장소가 없다는 것이 특징입니다.
12. FIT를 하는 동안, 여행자는 관광가이드 없이 그들이 원하는 것은 뭐든지 즐길 수 있습니다.
13. 풍부한 콘텐츠와 정보가 인터넷과 SNS에 항상 있기 때문에 FIT 형태의 관광은 요즘 계속 인기가 많아지고 있습니다.

관광영어 용어정리

distinctive contents 독특한 콘텐츠
catch tourists' heart 관광객들의 마음을 사로잡다
unforgettable experiences 잊을 수 없는 경험
fixed schedule 고정된 스케줄
professional knowledge 전문적인 지식
abundant contents 풍부한 콘텐츠
Jeju Tourism Organization 제주관광공사
social media 소셜미디어 (SNS)

작문 연습

1. SIT는 특별히 그 테마에 흥미가 있는 사람들을 위한 특별한 목적, 테마를 가지고 있습니다.

2. 완벽한 SIT투어를 진행하기 위해서, 투어가이드는 그 특별한 주제에 대해 전문적인 지식을 가져야 합니다.

3. 자유여행객을 위한 것이기에 고정된 스케줄이나 투어 장소가 없다는 것이 특징입니다.

나의 면접 답변 flow 키워드

Question 04

관광과 트레블의 차이점은 무엇입니까?
What's the difference between tourism and travel?

1. First, let's take a look at the exact definition of the two terms from the dictionary.
2. Tourism is the business of providing services for people who are touring.
3. For example it provides accommodations, transportation, hotels, restaurants, and trips.
4. Travel refers to the activity of going on a long journey.
5. For example, if you are going to the market to buy some vegetables, you don't call it travelling.
6. But if you are going on a two-week business conference, you can say that you are travelling.
7. Tourism also refers to travel, but it includes commercial things.
8. For example, tourism deals with general things like accommodations and transportation.
9. Tourism is travel for pleasure and the business of attracting, accommodating, and entertaining tourists and operating tours.
10. Tourism is significant as it brings in large amounts of income into the Korean economy.

1. 첫째로, 사전에서 두 용어의 정확한 정의를 살펴보겠습니다.
2. 관광은 사람들의 관광을 위해 서비스를 제공하는 업무라고 합니다.
3. 예를 들면, 관광은 숙박, 교통, 호텔, 레스토랑, 그리고 여행을 제공합니다.
4. 여행은 여정을 떠나는 활동을 의미합니다.
5. 예를 들면, 야채를 사러 시장에 가면, 이것은 여행이라고 부르지 않습니다.
6. 그런데, 비즈니스 회의에 2주 동안 참석하러 가는 것이면, 이것은 여행이라고 할 수 있습니다 .
7. 관광은 여행을 의미하기도 하는데, 이것은 상업적인 것들을 포함합니다.
8. 예를 들자면, 관광은 일반적으로 숙박, 교통 같은 것들을 다룹니다.
9. 관광은 즐거움을 위한 여행이고, 고객을 끌어들이고, 숙박시키고, 관광객을 즐겁게 하고, 투어를 진행하는 하는 비즈니스입니다.
10. 관광은 한국 경제에 막대한 수입을 가져다주기에 중요합니다.

관광영어 용어정리

take a look 살펴보다
long journey 긴 여정, 긴 여행
commercial 상업적인
significant 중대한, 중요한

작문 연습

1. 첫째로, 사전에서 두 용어의 정확한 정의를 살펴보겠습니다.

____

____

2. 예를 들자면, 관광은 일반적으로 숙박, 교통 같은 것들을 다룹니다.

____

____

3. 관광은 한국 경제에 막대한 수입을 가져다주기에 중요합니다.

____

____

나의 면접 답변 flow 키워드

Question 05

1330에 대해 설명해주십시오.
Do you know anything about 1330?

1. The 1330 call center provides information and services for most regions of Korea as well as interpretation services in English, Japanese, and Chinese.
2. It provides you detailed travel related-information.
3. If you have any concerns, it gives you reliable solutions as well.
4. It's open throughout the year.
5. This service is offered in 8 languages; English, Korean, Japanese, Chinese, and so on.
6. It's a public service run by the Korean Tourism Organization, so it's free.
7. It is to help travelers have a great experience without worry during their stay in Korea.
8. If you want to call, just dial 1330.
9. Select the language and then use it!
10. If you want to use it abroad, Video call is also available using their app.

1. 1330 콜센터는 한국의 대부분 지역에 대한 정보와 서비스를 제공하고, 영어, 일본어, 중국어 통역 서비스도 지원합니다.
2. 여행에 관련된 정보를 자세하게 제공하기도 합니다.
3. 문제가 생기면, 신뢰할 만한 해결책도 제공해 줍니다.
4. 연중무휴로 운영됩니다.
5. 이 서비스는 영어, 한국어, 일본어, 중국어 등 8가지 언어의 통역을 제공합니다.
6. 한국관광공사에서 제공하는 공공서비스이기에 무료로 사용 가능합니다.
7. 여행자들이 한국에 머무는 동안 아무 걱정 없이 멋진 경험을 할 수 있도록 돕기 위함입니다.
8. 통화하길 원하면 그냥 1330을 누르시면 됩니다.
9. 그리고 언어를 선택하고 사용하세요!
10. 해외에서 사용하길 원하시면, 어플을 활용한 화상통화도 가능합니다.

관광영어 용어정리

interpretation services 통역 서비스
travel related-information 관광 관련 정보
reliable solutions 믿을 수 있는 해결책
public service 공공 서비스

작문 연습

1. 1330 콜센터는 한국의 대부분 지역에 대한 정보와 서비스를 제공하고, 영어, 일본어, 중국어 통역 서비스도 지원합니다.

2. 문제가 생기면, 신뢰할 만한 해결책도 제공해 줍니다.

3. 여행자들이 한국에 머무는 동안 아무 걱정 없이 멋진 경험을 할 수 있도록 돕기 위함입니다.

나의 면접 답변 flow 키워드

Question 06

팸투어, 지속가능한 관광, 에코 관광, 다크 투어리즘, 인센티브 투어, 관광두레, 오버 투어리즘, 발룬투어리즘에 대해 설명해주십시오.
Tell me about fam tour, sustainable tourism, eco-tourism, tour Dure, overtourism, voluntourism.

1 팸투어(fam tour)

1. Fam tour is short for familiarization tour.
2. It is a tour that is designated for travel agents and journalists.
3. Through the Fam tour, new travel programs and products are expected to be promoted when the guests go back to their workplaces.
4. For example, I saw a news article that mentioned that the Korean government invited Chinese journalists to Jeju island to promote the island to tourists.
5. Before selling the tour products, the agents or government can try it out in advanced, and get feedback from the guests before releasing the final product.

1. 팸투어는 familiarization 투어의 줄인 말입니다.
2. 이것은 여행사나 언론인들을 위해 보통 기획되는 투어입니다.
3. 팸투어를 통해서, 투어 참가자들이 그들의 일터로 돌아갔을 때 새로운 여행 프로그램이나 상품들이 홍보될 수 있길 기대합니다.
4. 예를 들면, 이번 한국 정부에서는 제주도 홍보를 위해 중국 언론인들을 제주도로 초대한 기사가 있습니다.
5. 상품을 판매하기 전에, 에이전트나 정부는 미리 시도해볼 수가 있고, 최종 상품을 선보이기 전 참가객들의 피드백을 받을 수 있습니다.

관광영어 용어정리

travel agents 여행사 직원, 여행사
journalists 기자
workplace 직장
in advanced 사전에, 미리

작문 연습

1. 팸투어는 familiarization 투어의 줄인 말입니다.

2. 이것은 여행사나 언론인들을 위해 보통 기획되는 투어입니다.

3. 팸투어를 통해서, 투어 참가자들이 그들의 일터로 돌아갔을 때 새로운 여행 프로그램이나 상품들이 홍보될 수 있길 기대합니다.

나의 면접 답변 flow 키워드

2 지속가능한 관광(sustainable tourism)

1. Sustainable tourism is about visiting tourist spots which do not negatively affect the environment, economy, and society.
2. It ensures the tourists have a meaningful experience by raising their awareness to promote sustainable tourism.
3. It also encourages people to minimize the impact on the environment and local culture.
4. For sustainability, we need to keep a balance between development and environmental issues.
5. Plus, local people need to have the opportunity to be part of tourism for the social equality that brings financial benefits to the residents.
6. As people realize this, the concepts of green tourism, eco-tourism, and fair tourism has emerged.

1. 지속가능한 관광은 환경, 경제, 사회를 훼손시키지 않으면서 관광지를 방문하는 것을 말합니다.
2. 관광객의 의미 있는 경험, 그리고 지속가능한 관광을 추구하는 것을 인지하게 합니다.
3. 사람들이 환경과 지역 문화에 영향을 최소한으로 주는 것을 장려합니다.
4. 지속가능성을 위해 우리는 개발과 환경 문제 사이의 균형이 필요합니다.
5. 또한, 지역 사람들은 관광의 한 부분이 될 기회를 가져서 거주민들에게 재정적 이득을 가져다 주는 사회 평등을 실현할 수 도 있습니다.
6. 이것이 실현됨으로써, 그린투어리즘, 에코투어리즘, 그리고 공정 관광이 생겨났습니다.

관광영어 용어정리

sustainable tourism 지속가능한 관광
eco-tourism 생태 관광
resident 거주자
social equality 사회적 평등
local culture 지역 문화
fair tourism 공정 관광

작문 연습

1. 관광객의 의미 있는 경험, 그리고 지속가능한 관광을 추구하는 것을 인지하게 합니다.

2. 사람들이 환경과 지역 문화에 영향을 최소한으로 주는 것을 장려합니다.

3. 지속가능성을 위해 우리는 개발과 환경 문제 사이의 균형이 필요합니다.

나의 면접 답변 flow 키워드

3 에코 투어리즘(eco-tourism)

1. Eco-tourism is participating in environmentally responsible tours in which travelers can realize the importance of the environment.
2. Tourism can possibly damage nature, but eco-tourism aims to protect it as much as possible and promote conservation.
3. It also tries to minimize the negative effect that tourism can cause to the environment.
4. For example, the number of daily visitors who can access *Huwon* (후원) of Changeokgung is restricted to protect the palace.
5. At the peak of *Jirisan* (지리산), *Nogodan* (노고단), you are not allowed to eat anything for environmental reasons.
6. Also, the *Jeju Olle Trail* (제주 올레길) and the *Changnyeong* (창령) *Upo* (우포늪) *Wetlands* are also great examples of eco-tourism.

1. 에코투어리즘은 여행자들이 환경의 중요성을 깨달을 수 있게 환경적으로 책임감을 갖게 되는 투어에 참여하는 것입니다.
2. 관광은 자연을 훼손할 수도 있는데, 에코투어리즘은 가능한 자연을 보호하는 것과 보존을 장려하는 것을 목표로 합니다.
3. 그리고 관광이 환경에 미치는 부정적인 영향들을 최소화합니다.
4. 예를 들면, 창덕궁 후원에 올 수 있는 방문객 수를 궁을 보호하기 위해서 제한하고 있습니다.
5. 지리산 정상, 노고단에서는 환경적인 이유로 어떤 것도 먹을 수 없도록 되어 있습니다.
6. 그리고 올레길과 창녕 우포늪은 에코투어리즘의 좋은 사례입니다.

관광영어 용어정리

conservation 보존, 보호
minimize the negative effect 부정적인 효과를 최소화하다

작문 연습

1. 관광은 자연을 훼손할 수도 있는데, 가능한 자연을 보호하는 것과 보존을 장려하는 것을 목표로 합니다.

2. 그리고 관광이 환경에 미치는 부정적인 영향들을 최소화합니다.

3. 지리산 정상, 노고단에서는 환경적인 이유로 어떤 것도 먹을 수 없도록 되어 있습니다.

나의 면접 답변 flow 키워드

4 다크 투어리즘(dark tourism)

1. The dark in dark tourism means "a dark chapter of history".
2. It is visiting a place where something terrible once happened.
3. This kind of tourism is considered an important and meaningful concept as we can learn a wide range of lessons from reflecting upon past disasters.
4. In Seoul, there is the War Memorial in Yongsan city.
5. We can see how tragic the Korean War was from each exhibition and sculpture.
6. One more place I can recommend is *Seodaemun Prison History Museum* (서대문 형무소 역사관) near Independence Gate in Seoul.
7. It was a prison built and used during the Japanese occupation.
8. Many Koreans who resisted against the Japanese were arrested, tortured, and killed here.
9. This prison shows how Koreans fought through a dreadful chapter of history with the hope of independence.

1. 다크투어리즘의 다크는 "역사의 어두운 챕터" 를 의미합니다.
2. 다크투어리즘은 역사적으로 끔찍한 일이 일어난 장소를 방문하는 것입니다.
3. 과거의 참사를 돌이켜보며 커다란 교훈을 얻을 수 있기에 중요하고 의미 있는 투어로 간주됩니다.
4. 서울에서는 용산에 있는 전쟁 기념관을 들 수 있습니다.
5. 전시회, 조각품들로부터 한국전쟁이 얼마나 비극적이었는지를 알 수 있습니다.
6. 추천할 수 있는 또 다른 장소는 서울 독립문 근처에 있는 서대문 형무소 역사관입니다.
7. 이것은 일본 식민지 시대에 지어지고 사용된 감옥입니다.
8. 일본에 저항한 많은 한국인이 체포되고, 고문당했으며, 죽어갔습니다.
9. 이 감옥은 얼마나 한국인들이 독립의 희망을 가지고 무시무시한 시기를 싸워 나갔는지 보여줍니다.

관광영어 용어정리

a wide range of 광범위한
fight through 끝까지 싸우다
the Japanese occupation 일제강점기
sculpture 조각품
reflect upon 되돌아보다
dreadful chapter 끔찍한 시기

작문 연습

1. 다크투어리즘은 역사적으로 끔찍한 일이 일어난 장소를 방문하는 것입니다.

2. 전시회, 조각품들로부터 한국전쟁이 얼마나 비극적이었는지를 알 수 있습니다.

3. 일본에 저항한 많은 한국인이 체포되고, 고문당했으며, 죽어갔습니다.

나의 면접 답변 flow 키워드

5 인센티브 투어(incentive tourism)

1. Incentive tours are provided by a company for their employees as an incentive to help them engage with their work efficiently and successfully.
2. A company provides incentive tours to excellent employees in the hope that their colleagues will work better after they come back.
3. Employees can also get the chance to travel and bond with their co-workers.
4. Incentive tours bring a large amount of profit to the tourism industry as most companies offer premium tour packages to reward their best employees.
5. One example of an incentive tour to Korea is when a Chinese company sent their employees to Korea to have a giant chicken and beer party on *Wolmi Island* (월미도) last year.
6. Around five thousand Chinese joined this tour and enjoyed the combination of chicken and beer (also known as Chi Maek).

1. 인센티브 여행은 회사가 직원들을 위해 보상 차원에서 제공하는 것인데, 일을 더 효율적이고 성공적으로 할 수 있도록 도와주는 여행입니다.
2. 한 회사가 우수한 직원들이 동료들과 여행에서 돌아왔을 때 일을 더 잘할 수 있도록 기대하기도 합니다.
3. 직원들은 여행의 기회를 가지게 되고 동료들과 끈끈해질 수 있는 기회가 되기도 합니다.
4. 대부분의 회사들이 최고의 직원에게 최고의 투어 상품을 선사하길 원하기 때문에 인센티브 투어는 관광산업에 큰 수익을 가져다 줍니다.
5. 인센티브 투어의 한 가지 예를 들자면, 작년에 중국 회사에서 한국에 직원들을 여행 보냈고 성대한 치맥 파티를 월미도에서 했습니다.
6. 약 5천 명의 중국인들이 이 투어에 참석했고, 치킨과 맥주의 조합 즉 치맥이라 불리는 것을 즐겼습니다.
7. 치맥은 국내 해외에서 모두 인기가 있습니다.

관광영어 용어정리

engage with 참여하다
efficiently 능률적으로
bond 유대
a large amount of 다량의
reward 보상

작문 연습

1. 인센티브 여행은 회사가 직원들을 위해 보상 차원에서 제공하는 것인데, 일을 더 효율적이고 성공적으로 할 수 있도록 도와주는 여행입니다.

2. 직원들은 여행의 기회를 가지게 되고 동료들과 끈끈해질 수 있는 기회가 되기도 합니다.

3. 약 5천 명의 중국인들이 이 투어에 참석했고, 치킨과 맥주의 조합 즉 치맥이라 불리는 것을 즐겼습니다.

나의 면접 답변 flow 키워드

6 관광두레(tour Dure)

1. *Tour Dure* is a community-based tourism business.
관광두레

2. *Dure* used to be a traditional custom where the villagers would help each other work.

3. The term "tourism" combined with *Dure* makes another similar meaning nowadays.

4. It is a business where local residents produce and sell local specialties, cultures, one day classes, and travel packages to tourists.

5. The government and the Korea Tourism Organization also support these local residents who voluntarily create and operate community-based businesses.

6. It allows tourists to spend money and time in the area, and it helps the development of those tour spots.

7. *Tour Dure* makes a meaningful economic effect of creating jobs and income via tourist attractions.

8. Encouraging *Tour Dure* business can be a good solution to meet the purpose of sustainable tourism.

9. I think it could also be an effective way to promote unknown tourist attractions in rural areas in Korea.

1. 관광두레는 공동체 기반의 관광사업입니다.
2. "두레"는 마을사람들이 서로의 일을 도와주는 관습을 이야기하던 용어였습니다.
3. '관광'이란 용어와 두레가 합쳐져서 요즘은 또 다른 의미를 만들어냅니다.
4. 현지 거주자들이 직접 생산하고, 특산품을 팔고 문화 원데이 클래스를 열고, 여행상품을 파는 형태의 비즈니스를 이야기 합니다.
5. 정부와 한국관광공사도 지역사람들이 자발적으로 커뮤니티 기반의 사업을 운영할 수 있도록 지원해줍니다.
6. 관광객들은 그 지역에서 돈과 시간을 쓸 수 있고, 이는 관광지개발에도 도움을 줍니다.
7. 관광두레는 일자리를 창출, 관광지를 통한 수입을 만드는 의미 있는 경제적 효과도 가져다줍니다.
8. 관광두레사업을 격려하는 것은 지속가능한 관광의 목적에 부합하는 해결책입니다.
9. 아직 알려지지 않은 한국의 농촌관광지를 홍보하는 좋은 방안이 될 수 있다고 생각합니다.

관광영어 용어정리

villagers 마을사람
resident 거주자
local specialty 특산품
via 거쳐, 통하여
rural area 지방 지역

작문 연습

1. 현지 거주자들이 직접 생산하고, 특산품을 팔고 문화 원데이 클래스를 열고, 여행상품을 파는 형태의 비즈니스를 이야기합니다.

2. 관광두레는 일자리를 창출, 관광지를 통한 수입을 만드는 의미 있는 경제적 효과도 가져다줍니다.

3. 관광두레사업을 격려하는 것은 지속가능한 관광의 목적에 부합하는 해결책입니다.

나의 면접 답변 flow 키워드

7 오버 투어리즘(overtourism)

1. Overtourism, in other words, touristification happens when there are too many tour visitors.
2. In Bukchon Hanok Village, visitors have been increasing for many years and local residents in that village are making a lot of complaints about noise and disturbances.
3. I recently visited Bukchon Hanok Village and there were lots of volunteers holding signs reading, "Please keep silent," to stop tourists from making noise and protect local residents. I could feel how serious the overtoursim issue is these days.
4. I think overtourism is a problem that can be solved together by residents, tourists, and the government altogether.
5. To solve this problem, we better put a time-limit on the tours of that place so that residents can be comfortable when there's no tourists.
6. Also, we can ask for the kind understanding from the residents so that it can also lead to the development of that popular tour site.
7. Travelers also have responsibility in creating a better place for people to "live" and "visit" together. It will help local residents have less negative experiences.
8. The government needs to also make efforts to control the tourist numbers by raising prices or enact some criteria for certain attractions.

1. 오버투어리즘, 다른 말로는 투어리스티피케이션은 관광객이 너무 많을 때 일어나는 현상입니다.
2. 북촌한옥마을은 수년째 방문객이 증가하고 있고, 그 마을의 주민들은 관광객 소음에 대해 불편을 호소하고 있습니다.
3. 최근 북촌한옥마을을 방문했는데 자원봉사자들이 "조용히 해주세요."라는 팻말을 들고 소음을 차단하여 주민들을 지키려는 모습들을 볼 수 있었다. 오버투어리즘의 심각성을 깨달을 수 있었습니다.
4. 오버투어리즘은 주민, 관광객, 정부가 함께 해결할 수 있는 문제라고 생각합니다.
5. 이 문제를 해결하기 위해서는 관광지 관광에 시간제한을 두어 관광객이 없을 때 주민들이 편해질 수 있게 할 수 있습니다.
6. 또한, 인기 있는 관광 장소의 발전을 위해 주민들에게 이해를 부탁할 수도 있습니다.
7. 여행객들도 살기도 좋고 방문하기도 좋은 더 나은 장소를 만들기 위해 책임감을 가져야 합니다. 거주민들이 관광에 대한 좋은 경험을 하는 것을 줄여줄 수 있습니다.
8. 정부는 관광지 입장료를 늘리거나 관련 기준을 제정하여 관광객 수를 조절하는 등의 노력을 할 수도 있습니다.

관광영어 용어정리

complaint 불평
disturbance 방해
local resident 지역 주민
criteria 기준

작문 연습

1. 북촌한옥마을은 수년째 방문객이 증가하고 있고, 그 마을의 주민들은 관광객 소음에 대해 불편을 호소하고 있습니다.

2. 또한, 인기 있는 관광 장소의 발전을 위해 주민들에게 이해를 부탁할 수도 있습니다.

3. 정부는 관광지 입장료를 늘리거나 관련 기준을 제정하여 관광객 수를 조절하는 등의 노력을 할 수도 있습니다.

나의 면접 답변 flow 키워드

8 발룬 투어리즘(voluntourism)

1. There are many forms of tourism that aims to improve our life such as eco-tourism, fair tourism, and sustainable tourism.
2. I think voluntourism is similar in this way.
3. Voluntourism is a combination of volunteering and tourism.
4. People can use their time and energy to help others while travelling.
5. Literally, you can spend your holiday working as a volunteer without being paid, like charity.
6. Voluntourism not only provides volunteer work, but also it gives new chances for tourists to find new places to travel, experience other cultures, and learn more about local residents.
7. It makes the trip more rewarding and worthwhile than just having fun sightseeing and going to attractions.

1. 에코투어리즘, 공정관광, 지속가능한 관광처럼 우리의 삶을 향상시켜주는 많은 형태의 관광이 있습니다.
2. 발룬투어리즘도 이런 면에서 비슷하다고 생각합니다.
3. 발룬투어리즘은 봉사활동과 관광의 합성어입니다.
4. 사람들은 여행하는 동안 다른 사람들을 돕기 위해 시간과 에너지를 쓸 수 있습니다.
5. 말 그대로, 돈을 받지 않고 자원봉사자로 일하면서 휴가를 보내는 것입니다.
6. 발룬투어리즘은 여행자들에게 봉사활동 경험을 제공할 뿐만 아니라 여행할 새로운 장소 발굴과, 다른 문화를 경험하고, 지역 문화를 배울 수 있는 기회도 제공합니다.
7. 단지 즐거운 관광만을 하는 것 보다 여행을 더 보람차고 가치 있게 만들어 줍니다.

관광영어 용어정리

combination 결합, 합성, 조합
worthwile ~할 가치있는, 보람있는
charity 자선단체
sightseeing 관광
rewarding 보람있는

작문 연습

1. 에코투어리즘, 공정관광, 지속가능한 관광처럼 우리의 삶을 향상시켜주는 많은 형태의 관광이 있습니다.

____

____

2. 말 그대로, 돈을 받지 않고 자원봉사자로 일하면서 휴가를 보내는 것입니다.

____

____

3. 발룬투어리즘은 여행자들에게 봉사활동 경험을 제공할 뿐만 아니라 여행할 새로운 장소 발굴과 다른 문화를 경험하고, 지역 문화를 배울 수 있는 기회도 제공합니다.

____

____

나의 면접 답변 flow 키워드

Question 07

한국에 몇 군데에 슬로시티가 있습니다. 슬로시티는 어떤 의미를 지니나요? 한국의 슬로시티들을 설명해주십시오.
There are several slow cities in Korea. Do you know the meaning of slow city? Can you list some slow cities in Korea.

1. Slow city movement was started by mayors of small towns in Italy, and it is called cittaslow in Italian.
2. As technology has developed rapidly, our life became fast, convenient, and easy. These qualities are not always good.
3. People started missing the old days that had a clean, peaceful, natural, and relaxing environment.
4. To be assigned as a slow city, the population of the city should be less than 50,000.
5. There are currently 16 slow cities in Korea which are *Namyangju* (남양주), *Yesan* (예산), *Shinan* (신안), *Sangju* (상주), *Cheongsong* (청송), *Hadong* (하동), *Damyang* (담양), *Jeonju* (전주), *Jecheon* (제천), *Wando* (완도), *Yeongwol* (영월), *Taeahn* (태안), *Gimhae* (김해), *Youngyang* (영양), *Seocheon* (서천), and *Mokpo* (목포).
6. The goals of the slow city movement are to make life better away from the urban lifestyle and improving the quality of life.
7. Also, it is to protect the environment and develop unique qualities in each city.

1. 슬로시티운동은 이탈리아 작은 마을의 시장들에 의해 시작되었고 이탈리아어로는 시타슬로우라고 합니다.
2. 기술이 빠르게 발달하면서, 우리의 삶도 빠르게, 편하게, 그리고 쉽게 변하는데, 이것이 항상 좋은 것은 아닙니다.
3. 많은 사람이 과거의 깨끗하고, 조용하고, 자연스럽고, 편안한 환경을 그리워하기 시작했습니다.
4. 슬로우시티로 지정되기 위해서는 도시의 인구가 50,000명 이하여야 합니다.
5. 현재 우리나라에 16개의 슬로우시티가 있습니다. 남양주, 예산, 신안, 상주, 청송, 하동, 담양, 전주, 제천, 완도, 그리고 영월, 태안, 김해, 영양, 서천, 목포입니다.
6. 슬로우시티 운동의 목표는 사람들의 도시 생활 스타일을 더 좋게 하고, 삶의 질을 높이는데 있습니다.
7. 그리고 각 도시의 개성을 발전시키고 환경을 보호하려는 목적도 있습니다.

관광영어 용어정리

mayor 시장
Cittaslow 느린 도시 (slow town)
urban lifestyle 도시적 라이프스타일
uniqueness 독특함, 유일함

작문 연습

1. 슬로시티운동은 이탈리아 작은 마을의 시장들에 의해 시작되었고 이탈리아어로는 시타슬로우라고 합니다.

2. 슬로우시티로 지정되기 위해서는 도시의 인구가 50,000명 이하여야 합니다.

3. 슬로우시티 운동의 목표는 사람들의 도시 생활 스타일을 더 좋게 하고, 삶의 질을 높이는데 있습니다.

나의 면접 답변 flow 키워드

Question 08

람사르 협약에 대해 설명해주십시오.
Tell us about the Ramsar Convention.

1. The Ramsar Convention is an international treaty to conserve and sustain wetlands in the world.
2. This convention first started in 1971 in *Ramsar* (람사르), Iran.
3. Every three years, a conference is held to make policies and to administer the work to implement its goals.
4. Well-known wetlands in Korea are Sooncheon Bay and *Upo Wetlands* (우포늪).
5. *Sooncheon Bay* (순천만) is so famous for its vast reed field where we can see migratory birds.
6. So, if you go *Soonchoen* (순천), *Jeonlado* (전라도), I highly recommend that you go to Suncheon Bay.
7. Upo Weltands has numerous endangered and rare species.
8. It also provides habitats for migatory birds and rare species, like the crane, geese, and turtles.

1. 람사르협약은 전 세계 습지를 보존하고 유지하기 위한 국제적 협약입니다.
2. 이 협약은 1971년 이란 람사르에서 처음 시작되었습니다.
3. 3년마다, 목표를 실행하기 위해 정책을 만들고 일을 집행하는 컨퍼런스가 열립니다.
4. 우리나라의 유명한 습지는 순천만 습지와 우포늪입니다.
5. 순천만은 광활한 갈대밭으로 유명해서 철새들을 많이 볼 수 있습니다.
6. 그래서 전라도 순천에 가게 되며, 꼭 순천만 습지에 가십시오
7. 우포늪은 수많은 멸종 위기의 희귀한 동식물이 있습니다.
8. 우포늪도 철새들, 학, 거위, 거북이 같은 희귀 생물들에게 삶의 터전을 제공합니다.

관광영어 용어정리

International treaty 국제협약, 국제조약
implement 시행하다
endangered species 멸종위기에 처한 종
administer 관리하다
numerous 많은
sustain 지속시키다
migatory birds 철새
conserve 보존하다
vast reed field 광활한 갈대 숲
habitat 서식지

작문 연습

1. 람사르협약은 전 세계 습지를 보존하고 유지하기 위한 국제적 협약입니다.

2. 3년마다, 목표를 실행하기 위해 정책을 만들고 일을 집행하는 컨퍼런스가 열립니다.

3. 순천만은 광활한 갈대밭으로 유명해서 철새들을 많이 볼 수 있습니다.

나의 면접 답변 flow 키워드

Question 09

여행업의 종류는 어떤 것들이 있습니까?
What types of travel businesses are there?

1. There are three types of travel businesses in Korea.
2. First is general travel business which is for both Korean and foreign guests who travel to Korea or abroad.
3. Second is domestic travel business for Koreans who only take domestic trips.
4. Last is overseas travel business for Koreans who travel abroad.

1. 한국에는 세 가지 종류의 여행업이 있습니다.
2. 첫번째는 한국과 해외를 여행하는 한국인과 외국 손님 모두를 위한 일반 여행업입니다.
3. 두 번째는 국내 여행만 하는 한국인을 위한 국내 여행업입니다.
4. 마지막은, 한국인이 해외로 가는 것에 대한 국외 여행업입니다.

관광영어 용어정리

general travel business 일반여행업
domestic travel business 국내여행업
overseas travel business 국외여행업

작문 연습

1. 첫 번째는 한국과 해외를 여행하는 한국인과 외국 손님 모두를 위한 일반 여행업입니다.

2. 두 번째는 국내 여행만 하는 한국인을 위한 국내 여행업입니다.

3. 마지막은, 한국인이 해외로 가는 것에 대한 국외 여행업입니다.

나의 면접 답변 flow 키워드

Question 10

인바운드 관광과 아웃바운드 관광에 대해서 설명해주십시오.
What are inbound and outbound tours?

1. Inbound tourism is travel business for foreign visitors.
2. For example, if Chinese tourists visit Korea for a trip, then it is called inbound tour.
3. But, if Koreans visit China, then it is outbound tour.
4. The two have a slight opposite meaning.

1. 인바운드 관광은 외국 사람들을 위한 여행업입니다.
2. 예를 들면, 중국인들이 한국에 여행을 오면, 인바운드 투어입니다.
3. 그러나, 만약 한국인이 중국에 가게 되면, 이건 아웃바운드 투어입니다.
4. 이 두 가지 개념은 약간 상반된 의미라고 보시면 됩니다.

관광영어 용어정리

inbound 인바운드
outbound 아웃바운드
opposite meaning 반대 의미

작문 연습

1. 인바운드 관광은 외국 사람들을 위한 여행업 입니다.

____

____

2. 예를 들면, 중국인들이 한국에 여행을 오면, 인바운드 투어입니다.

____

____

3. 이 두 가지 개념은 상반된 의미라고 보시면 됩니다.

____

____

Question 11

평창올림픽 등 국제행사를 홍보하는 방안이 있나요?
Are there any ways to promote international events such as the Pyeongchang Olympics?

1. There are three ways we can promote this international event.
2. First, we can push celebrity marketing.
3. BTS is a globally famous k-pop group and have a giant influence in leading hallyu culture around the world.
4. It will be a good way to promote internationally if they are holding a promotion campaign or working as representative models to promote this event.
5. Second, developing online content and making them viral through social media would work well.
6. The online platform is a great tool to spread messages easily and quickly.
7. Making unique and creative content can be a good way to promote this event.
8. Lastly, we can install a promotion booth at an exhibition or the airport so that visitors can experience and become aware of this event in advance.
9. Since the pandemic issue got worse this year, many international fairs or exhibitions were held online instead.
10. This also can be a good way to promote during this period of time.

1. 이 국제 행사를 홍보할 세 가지 방안이 있습니다.
2. 첫째, 유명인 마케팅을 진행할 수 있습니다.
3. BTS가 전 세계적으로 유명한 케이팝 그룹이고, 세계에 한류를 이끄는 커다란 영향을 행사하고 있습니다.
4. 그들이 캠페인을 열거나, 행사를 홍보하는 대표 모델로 일한다면 세계적으로 홍보하는 좋은 방법이 될 것 입니다.
5. 두 번째로, 온라인 컨텐츠를 개발하고 SNS로 퍼뜨리는 것이 좋을 것 같습니다.
6. 온라인 플랫폼은 메시지를 쉽고 빠르게 퍼뜨리기 좋은 수단입니다.
7. 독특하고 창의적인 컨텐츠를 만드는 것이 행사를 홍보하는데 좋은 방안이 될 수 있습니다.
8. 마지막으로, 전시회나 공항에 홍보 부스를 설치해서 방문객들이 행사를 미리 경험하고 알 수 있도록 합니다.
9. 팬데믹 이슈가 올해 심해졌기 때문에, 많은 국제 행사와 전시들은 온라인으로 대신 열렸습니다.
10. 이 시국에 행사를 홍보하는 좋은 방안이 될 수 있습니다.

관광영어 용어정리

International Olympics Committee IOC위원회
Asiatic black bear 반달가슴곰
disabled 장애를 가진
foodies 먹방을 좋아하는 사람들 (미식가)

작문 연습

1. 첫째, 유명인 마케팅을 진행할 수 있습니다.

2. 독특하고 창의적인 컨텐츠를 만드는 것이 행사를 홍보하는데 좋은 방안이 될 수 있습니다.

3. 팬데믹 이슈가 올해 심해졌기 때문에, 많은 국제 행사와 전시들은 온라인으로 대신 열렸습니다.

나의 면접 답변 flow 키워드

Chapter 13

롤플레이 상황별 대처

이 단원의 질문들

01 고향은 어디입니까? 고향에 있는 관광지를 설명해보십시오
Where is your hometown? Please introduce some tourist areas iny our hometown.

02 위안부 문제에 대한 본인의 생각을 말해주십시오
What is your opinion in regards to the Japanese militarys' sexual slavery issue?

03 경복궁 야간 관광이 문화재 보존에 부정적인 영향을 끼친다고 하는데 어떻게 생각하십니까?
It is said that allowing a night tour of Gyeongbokgung palace can possibly negatively affect the preservation of cultural properties. What do you think about this?

04 우리나라 관광의 문제점과 개선방향은 무엇입니까?
What do you think are problems in Korea's tourism? What can we do to make improvements?

05 의료관광이란? 의료관광의 현재 문제점과 개선점은 무엇입니까?
Do you know about medical tourism? What are the current problems and solutions for medical tourism?

06 투어 도중 딜레이가 생겨 스케줄이 자꾸 지연이 될 때 고객들이 불안해 합니다. 문제를 어떻게 해결하실 것입니까?
Let's say your tour is constantly delayed due to various reasons. Your guests become agitated. What would you do to solve this problem?

07 덤핑(dumping)을 근절할 수 있는 방안이 있습니까?
Is there any way of eradicating dumping in tourism?

08 관광가이드가 되고 싶은 이유, 그리고 어떤 노력을 했습니까?
What are the qualifications to be a tour guide? Why did you want to become a tour guide and what steps did you take needed to become one?

09 관광객이 아프거나 다쳤을 경우 어떻게 할 것입니까?
Let's say in your tour group, one customer suddenly gets injured. What would you do?

10 관광객이 불평을 할 때 어떻게 할 것입니까?
Your customers keep complaining while you are leading the tour. How can you deal with this problem? What's the best way to deal with the customers complaints?

11 교통체증으로 인해 관광지 이동 중 자꾸만 지체되는 경우 어떻게 하시겠습니까?
There are situations on your tour that causes a constant delay of each tour event. Your guests are not happy with this. What would you do to solve this problem?

12 한국의 대중교통 지하철 시스템을 외국인 친구에게 어떻게 설명해 보겠습니까?
How would you explain the Korean public subway system to your ofreign friends?

Lucy's note

관통사 시험문제에서 정말 단골로 나오는 상황별 대처문제 묻기 유형에 대해 본격적으로 들어가기 전에 알려드릴게요.
"이순신 장군에 대해 알려주세요!", "한글의 우수성에 대해 알려주세요." 와 같이 지식과 사실을 묻는 질문이 나오기도 하지만, 관광가이드가 실무현장에서 생기는 일들에 어떻게 대처할 수 있는지를 묻는 유형의 문제들도 꾸준히 출제되고 있습니다.
다양한 질문들이 그동안 출제되어 왔고 이 문제들은 실제로 경험해 본 적이 없기에 어떻게 대답할지 막막할 수 있어요. 이 유형의 문제를 어떻게 답할 수 있는지 팁입니다.

| 상황별 대처문제 말하기 5단계 |

❶ 사전에 예방할 수 있는 방법이 있다면 언급한다.

- 고객이 길을 잃지 않도록 명함을 사진을 찍게 한다. 길을 잃으면 명함을 근처 관광안내소나 경찰서에 보여줄 수 있도록 안내한다.
- 고객에 뱀이나 벌레에 물릴 수 있는 상황이 생길 수 있다. 사전에 관련한 교육을 받고 매뉴얼을 익힌 후 위급 상황에서도 당황하지 않고 대처하도록 미리 교육하겠다.

❷ 정중하게 사과를 한다.

- 사과할 일이 생긴다면 고객의 불만을 해소하기 위해 정중하게 사과한다.
- 관계자도 사과를 하도록 하고 관계사에 알린다.
- 관계자는 레스토랑 주인, 관련 기관, 동료 가이드, 여행객, 주민 등 상황에 따라 바뀐다.

❸ 대안책을 제시하여 고객의 불만을 해소한다.

- 음식에서 벌레가 나왔을 경우, 다른 메뉴를 주문할 수 있는 옵션을 준다.
- 관광지에서 고객을 잃어버린 경우 : 사전에 내 명함을 사진 찍어두게 하여 관광객이 내 명함을 근처 경찰서나 사람들에게 물어본 뒤 연락을 취할 수 있게 미리 알려준다. / 미리 SNS 아이디를 공유해서 항상 연락을 할 수 있게 공지한다.

❹ 다른 고객이 이로 인해 영향 받지 않게 투어 그룹을 잘 이끈다.

- 그룹투어인 경우에 한 사람에게 일어난 사건으로 다른 고객들이 영향을 받을 수 있다. 이를 방지하기 위한 액션을 취한다.

❺ 투어 전/후에도 신경 쓸 부분이 있다면 반복 체크한다.

- 내가 잘못된 설명을 했다고 지적하는 고객에게, 투어 후에 관련 정보를 SNS를 통해 보내주면서 제대로 된 설명을 해준다.
- 투어 도중 황당한 일이 생겨 기분이 상했던 고객에게 투어 후에는 상태가 어떤지 안부를 확인한다.
- 비행기를 놓친 고객에게 주변 숙소 예약 정보를 제공하고, 남은 기간동안 할 수 있는 추가 투어 옵션 정보도 제공해준다.
- 지진과 같은 자연재해가 발생하는 것을 막을 수는 없겠지만, 이러한 상황이 발생했을 때 잘 대처하고 고객들을 안전하게 이끌 수 있도록 관련 매뉴얼과 응급처치 방법들을 교육받고 공부하도록 한다.

그리고 항상 답변의 마무리가 중요하겠죠?

마무리는 보통 "투어 중에는 다양한 예측 불가한 상황들이 펼쳐질 수 있다. 예방하는 것이 가장 중요하다고 생각한다. 문제해결능력을 잘 발휘하여 유연하게 대처하는 가이드가 되겠다."

It is best if no accidents occur on tours, but it is very unpredictable.
I will always try my best to improve my problem-solving ability and be flexible when dealing with many unexpected incidents.

라는 느낌의 나의 포부나 의지 등을 나타낼 수 있는 답변을 준비하면 좋습니다.

Question 01

고향은 어디입니까? 고향에 있는 관광지를 설명해보십시오.
Where is your hometown? Please introduce some tourist areas in your hometown.

1. My hometown is *Pohang*.
2. It's located in the southern part of Korea, close to *Busan*, with beautiful seashores and fresh seafood.
3. If you leave from Seoul, it will take around four and a half hours by bus.
4. A famous seashore in *Pohang* is *Yeongilman Sea*.
   영일만 해수욕장
5. You can see splendid, lustrous, and brilliant sun rises.
6. There is also one huge marine castle built there that is surrounded by the sea.
7. Many people are fascinated by the view from the top of the castle.
8. Moreover, it is very romantic to sit on the sea cafe terrace, overlooking the sun rising with the aroma of your morning coffee.
9. Second, *Jukdo* traditional market is one of my recommendations.
   죽도
10. It is famous for its seafood market, just like the *Noryangjin* fish market in Seoul.
    노량진
11. You can see various kinds of seafood while walking through the market.
12. The last place I recommend is the *Ohuhsa* temple.
    오어사
13. You need to cross the swinging bridge over a big lake to arrive at the entrance of the temple.
14. The bridge is around 90 meters long.
15. Various kinds of trees and flowers grow around the temple so you will feel at peace while crossing the bridge.
16. These are the tourist spots I recommend in *Pohang*!
17. There are a lot of attractive and captivating travel spots not only in Seoul, but in the provincial areas of Korea. As a tour guide, I am planning to develop tour products that will bring a positive impact on Korea's provincial city tourism.

1. 제 고향은 포항입니다.
2. 포항은 부산과 가까운 남쪽 지방에 있고 아름다운 해안과 맛있는 해산물이 있는 곳이죠.
3. 서울에서 출발하면 네 시간 반 정도 버스로 걸립니다.
4. 포항의 유명한 바다는 영일만 해수욕장입니다.
5. 찬란하고, 반짝거리며 멋진 해돋이를 볼 수 있습니다.
6. 바다 안에 지어진 커다란 바다의 성이 있습니다.
7. 큰 성이 있는데, 많은 사람이 이 성 꼭대기에서 보는 전망에 매료되곤 합니다.
8. 게다가, 바다 카페 테라스에 앉아서 모닝 커피의 향을 느끼며 해돋이를 보는 것은 정말 로맨틱합니다.
9. 두 번째로, 죽도 전통시장을 추천합니다.
10. 해산물 시장으로 유명합니다. 서울에 있는 노량진 시장처럼 말이죠.
11. 다양한 종류의 해산물을 시장을 걸어 다니며 볼 수 있습니다.
12. 마지막으로 추천할 장소는 오어사 절입니다.
13. 오어사 절에 들어갈 때 입구에서 큰 호수 위에 떠 있는 흔들리는 다리를 맞이할 거에요.
14. 다리는 90m 정도 됩니다.
15. 주변에 여러 종류의 나무와 꽃이 자라면서 다리를 건너면서 천국 같은 기분을 느낄 것 입니다.
16. 이것들이 제가 포항의 관광지로 추천할 만한 것들입니다.
17. 서울이 아니여도 매력적이고 마음을 사로잡는 여행지가 한국의 지방에 많습니다. 관광가이드로써, 한국 지방관광에 좋은 영향을 가져다 관광 상품 개발을 계획하고 있습니다.

관광영어 용어정리

seashore 해안
entrance of the temple 절의 입구
be fascinated by ~에 매료되다
lustrous 빛나는, 번쩍이는, 윤기가 나는
splendid 정말 좋은, 찬란한

작문 연습

1. 서울에서 출발하면 네 시간 반 정도 버스로 걸립니다.

2. 바다 카페 테라스에 앉아서 모닝 커피의 향을 느끼며 해돋이를 보는 것은 정말 로맨틱합니다.

3. 이것들이 제가 포항의 관광지로 추천할 만한 것들입니다.

나의 면접 답변 flow 키워드

Question 02

위안부 문제에 대한 본인의 생각을 말해주십시오.
What is your opinion in regards to the Japanese military's sexual slavery issues?

1. "Comfort women" are victims who were forced to do sexual slavery by the Japanese army during the colonial period.
2. The exact number of girls who went into slavery is still debated but it is assumed to be at least 400,000.
3. Post war compensation and reparation from Japan to Korea still remains unsolved and evoked severe anger among the Koreans because of Japan's inappropriate attitudes when addressing this issue.
4. Korea and Japan had ministerial talks on the 28th of December 2015 and made an agreement to solve this issue.
5. But it was not enough to compensate the sufferings the victims had to endure.
6. Japan took action to make it up usingfi nancial compensation.
7. Personally, without sincere apology and regretful attitudes to those victims who still suffer from their past, this negative tension between two countries will remain.
8. Like Germany, Japan needs to reflect on what they did in the past and take action to create a friendly relationship in the future.
9. I think in the end we both need look towards the future to do the right thing.
10. Korea and Japan can gain more from cooperation and I believe we can reach the ultimate solution that is good for both sides.

1. "위안부"는 식민지 시대 때 일본의 성 노예로 강제로 끌려간 여성 피해자들을 말합니다.
2. 여전히 피해자의 수는 지금까지도 논쟁 중에 있지만 최대 40만 명 정도로 추정되고 있습니다 .
3. 전후 보상과 배상금 문제가 여전히 해결되지 않은 상태고 이 일을 대할 때 일본의 부적절한 태도는 한국인들을 매우 화나게 하기도 했습니다.
4. 2015년 12월 28일 한국과 일본 외교장관회담에서 이 문제를 해결하자는 조약이 채결 되었습니다.
5. 그러나 피해자들에게 모두 보상하기엔 충분하지 않았습니다.
6. 일본은 재정적 보상으로 이 문제를 해결하려는 조치를 취했습니다.
7. 개인적인 생각으로는, 오랜 과거 시간 동안 힘들어한 피해자를 향한 진실된 사과와 자세가 없다면, 두 나라 간의 부정적인 긴장감은 절대 없어지지 않을 것입니다.
8. 독일처럼 일본은 과거의 일들을 되돌아 볼 필요가 있습니다. 그리고 지금부터 친선 관계를 위해 조치를 취할 필요가 있습니다.
9. 마지막에는 우리 양국 모두 미래에 올바른 일을 하기 위해 나아갈 필요가 있습니다.
10. 한국과 일본은 협력을 통해 더 많은 것을 얻을 수 있고 두 나라의 발전을 위해 궁극적인 해결책에 도달할 수 있다고 믿습니다.

관광영어 용어정리

sexual slavery 성노예
Inappropriate attitudes 부적절한 태도
Japanese army 일본군
ministerial talk 장관급 회담
Post war compensation 전후 보상
financial compensation 재정적 보상
Reparation 보상금
friendly relationship 우호적

작문 연습

1. 여전히 피해자의 수는 지금까지도 논쟁 중에 있지만 최대 40만 명 정도로 추정되고 있습니다.

2. 오랜 과거 시간 동안 힘들어한 피해자를 향한 진실된 사과와 자세가 없다면, 두 나라 간의 부정적인 긴장감은 절대 없어지지 않을 것입니다.

3. 한국과 일본은 협력을 통해 더 많은 것을 얻을 수 있고 두 나라의 발전을 위해 궁극적인 해결책에 도달할 수 있다고 믿습니다.

나의 면접 답변 flow 키워드

Question 03

경복궁 야간 관광이 문화재 보존에 부정적인 영향을 끼친다고 하는데 어떻게 생각하십니까?
It is said that allowing a night tour of Gyeongbokgung palace can possibly negatively affect the preservation of cultural properties. What do you think about this?

1. Gyeongbokgung palace opens for a night tour during certain period of the year.
2. It's so beautiful to see the illuminated palace with colorful lights shining upon it.
3. The night tour session is popular for both locals and foreignesr.
4. We can reserve the tickets online but it gets sold out very quickly because they only allow around 1,500 visitors a day.
5. I heard that this night tour could make it difficult to presevre Gyeongbokgung Palace.
6. This is because large and powerful lights are shining all over the palace buildings.
7. These lights could possibly cause damage and end up changing the color of the buildings.
8. Some people argue that it's not a big issue, but if the buildings are exposed to powerful lights for a long time, it can be a big issue someday.
9. Installing lights around the heritage site also puts risks on preservation.
10. If we only consider the preservation of cultural heritage, then this kind of night tour is not appropriate.
11. But, I think pleasure is also one crucial part of tourism.
12. We should always make sure to balance these two values when maknig tour programs.

1. 경복궁은 특정기간 동안 야간 개장을 합니다.
2. 조명에 반짝 색색의 빛들이 비취는 궁궐들을 보는 것은 정말 아름답습니다.
3. 이 야간 개장 기간은 한국인, 외국인 모두에게 굉장히 인기가 많습니다.

4. 온라인상에서 티켓을 예매할 수 있는데, 하루에 대략 1500명만 받기에 티켓은 굉장히 빨리 매진되곤 합니다.
5. 이런 야간 개장이 경복궁의 보존에 좋지 않은 영향을 미칠 수도 있다는 말을 들었습니다.
6. 강하고 큰 빛을 궁 주변에 사용하기 때문입니다.
7. 이런 빛들이 손상을 입혀서 건물의 색이 변할 수도 있습니다.
8. 어떤 사람들은 이것이 그다지 큰 문제가 아니라고 하는데 만약에 건물이 장시간 강한 빛에 노출되어 있으면, 언젠가는 큰 문제가 일어날 수도 있습니다.
9. 물론, 조명과 빛을 설치하기 위해서 문화재 주변 공사는 피할 수 없는 문제입니다.
10. 문화재 보존만을 생각한다면, 이런 야간개장은 올바르지 않습니다.
11. 하지만 기쁨 역시도 관광의 한 중요한 부분입니다.
12. 그래서 우리는 투어 프로그램을 만들 때 두 가치를 균형 있게 해야 합니다.

관광영어 용어정리

reserve the tickets online 온라인으로 티켓을 예매하다　　heritage site 문화유산
preservation 보존

작문 연습

1. 온라인상에서 티켓을 예매할 수 있는데, 하루에 대략 1500명만 받기에 티켓은 굉장히 빨리 매진되곤 합니다.

2. 문화재 보존만을 생각한다면, 이런 야간개장은 올바르지 않습니다.

3. 우리는 투어 프로그램을 만들 때 두 가치를 균형 있게 해야 합니다.

나의 면접 답변 flow 키워드

Question 04

우리나라 관광의 문제점과 개선 방향은 무엇입니까?
What do you think are problems in Korean tourism? What can we do to make improvements?

1. Tour programs are too focused on shopping.
2. Shopping is an important part of making profits for companies but too much shopping can destroy the quality of the tour and lower the visitor's satisfaction.
3. Moreover, tour packages are identical in every travel agency.
4. Korean language, Hallyu, K-pop, K-beauty, and many Korean cultural apsects are becoming popular worldwide. But, tour programs do not seem to be following these trends.
5. I think if we try to create tour programs with our unique history, people, culture, and society in mind, it would definitely help the growth of the industry.

> 1. 투어프로그램은 쇼핑에 너무 많이 집중되어 있습니다.
> 2. 쇼핑은 회사가 이윤을 만드는 중요한 부분인데, 과도한 쇼핑은 투어의 질을 떨어뜨리고, 관광객의 만족도를 낮추게 됩니다.
> 3. 더군다나, 모든 여행사의 투어패키지가 비슷하게 되어있습니다.
> 4. 한국어, 한류, 케이팝, 케이 뷰티 등 한국의 것들이 전 세계적으로 인기가 많아지고 있는데, 여전히 우리 투어 프로그램은 이 트랜드에 맞춰서 변화하고 있지 않는 것 같습니다.
> 5. 그래서 제 생각에 우리는 독특한 역사, 사람, 문화, 사회 등을 고려한 우리의 투어 프로그램을 만든다면, 산업의 성장을 도울 것입니다.

관광영어 용어정리

tour packages 투어 패키지
travel agency 여행사
growth of the industry 산업의 성장

작문 연습

1. 쇼핑은 회사가 이윤을 만드는 중요한 부분인데, 과도한 쇼핑은 투어의 질을 떨어뜨리고, 관광객의 만족도를 낮추게 됩니다.

2. 우리가 독특한 역사, 사람, 문화, 사회 등을 고려한 우리의 투어 프로그램을 만든다면, 산업의 성장을 도울 것이라고 생각합니다.

3. 모든 여행사의 투어패키지가 비슷하게 되어있습니다.

나의 면접 답변 flow 키워드

Question 05

의료관광이란? 의료관광의 현재 문제점과 개선점은 무엇입니까?
Do you know about medical tourism? What are the current problems and solutions for medical tourism?

1. Medical tourism is about travelling to other countries to get medical treatment.
2. For example, my Australian friend came to Korea to get dental treatment because it is too expensive in Australia.
3. Korea's dental treatment is highly developed and lower-priced compared to his country.
4. A case like this is called medical tourism.
5. But the essence of medical tourism is fading away.
6. Many medical institutes only focus on attracting overseas patients rather than developing tour content.
7. This can result in Korea gaining a bad reputation.
8. Let me tell you several problems that current medical tourism has.
9. There are not enough infrastructures like hotels and rehabilitation centers that are directly connected with hospitals.
10. More infrastructures need to be built.
11. Also, the lack of experts in this field cause a lot of communication problems.
12. Medical tourism coordinators and translators who expertise in medical feats play a very crucial role in this field.
13. VISA issuing for medical treatment is relatively easier to get than other visas and can be misused by illegal immigrants.

1. 의료관광은 의료 시술을 받기 위해 다른 나라로 여행하는 것입니다.
2. 예를 들면, 나의 호주 친구가 한국에 치과를 받으러 옵니다. 호주는 너무 비싸기 때문입니다.
3. 한국의 치과 치료는 잘 발달 되었고, 그의 나라에 비해 가격이 낮습니다.

4. 그래서, 이런 경우는 의료 관광이라고 합니다.
5. 그러나 의료관광의 본질이 무색해지고 있습니다.
6. 많은 의료기관이 콘텐츠를 개발하는 것 보다 환자들을 유치하는 것에만 초첨을 두고 있습니다.
7. 이것은 한국이 좋지 않은 평판을 가지는 결과를 초래하게 됩니다.
8. 현재 의료관광이 가진 몇 가지 문제점들을 말해보겠습니다.
9. 병원과 연결되어 있는 호텔, 재활 센터 같은 충분한 기반시설이 없습니다.
10. 그래서 이런 기반시설이 더 지어져야 합니다.
11. 물론, 이 분야의 전문가가 부족해서 소통 문제를 많이 일으킵니다.
12. 의료관광에 전문성이 있는 코디네이터와 통역가가 중요한 역할을 해야 합니다.
13. 의료시술을 위한 비자 발급은 상대적으로 다른 경우에 비해 쉽고, 이것은 불법 이민자들에게 악용되기도 합니다.

관광영어 용어정리

medical tourism 의료관광
rehabilitation centers 재활 센터
medical tourism coordinators 의료관광 코디네이터
illegal immigrants 불법 이민자들

작문 연습

1. 많은 의료기관이 콘텐츠를 개발하는 것보다 환자들을 유치하는 것에만 초첨을 두고 있습니다.

2. 병원과 연결되어 있는 호텔, 재활 센터 같은 충분한 기반시설이 없습니다.

3. 의료관광에 전문성이 있는 코디네이터와 통역가가 중요한 역할을 해야 합니다.

나의 면접 답변 flow 키워드

Question 06

투어 도중 딜레이가 생겨 스케줄이 자꾸 지연될 때 고객들이 불안해합니다. 문제를 어떻게 해결하실 것입니까?
Let's say your tour is constantly delayed due to various reasons. Your guests become agitated. What would you do to solve this problem?

1. No matter what caused the delay in the tour, I will explain the situation and what caused the constant delay, before politely asking for my customers' understanding.
2. I understand how unpleasant it is for them if that happens.
3. So, as a tour guide, I can make it up for them by telling interesting stories about our lifestyle and cultures or playing simple games.
4. I believe that meaningful conversations create high satisfaction and build happy memories between people.
5. I will always try my best to make my customerf eel at home on my tour.
6. I won't let them waste time being bored and irritated on my tour.

1. 무슨 이유에서든 딜레이가 생겼다면, 직면하고 있는 상황을 설명하고 손님들의 이해를 정중하게 구할 것입니다.
2. 이런 경우가 생기면 손님들이 얼마나 언짢아하실지 이해합니다.
3. 그래서 관광가이드로써, 우리의 생활, 문화 등에 대한 새로운 흥미로운 이야기를 들려주거나, 간단한 게임처럼 함께 할 수 있는 것들을 해야 할 것 입니다.
4. 의미 있는 대화는 높은 만족감을 줄 수 있고 사람들 사이의 행복한 기억을 줄 수 있다고 믿습니다.
5. 투어 하는 동안 고객들이 집처럼 편안함을 느낄 수 있도록 최선을 다할 것입니다.
6. 제 투어에서는 고객들이 지루함과 짜증으로 시간을 낭비하게 하지 않을 것입니다.

관광영어 용어정리

constant delay 거듭되는 지연
high satisfaction 높은 만족감
feel at home 마음이 편안한
irritated 짜증이 난

작문 연습

1. 이런 경우가 생기면 손님들이 얼마나 언짢아하실지 이해합니다.

2. 의미 있는 대화는 높은 만족감을 줄 수 있고 사람들 사이의 행복한 기억을 줄 수 있다고 믿습니다.

3. 제 투어에서는 고객들이 지루함과 짜증으로 시간을 낭비하게 하지 않을 것입니다.

나의 면접 답변 flow 키워드

Question 07

덤핑(dumping)을 근절할 수 있는 방안이 있습니까?
Is there any way of eradicating dumping in tourism?

1. Dumping in the tourism industry is caused by excessive competition among travel agencies.
2. There are too many agencies in Korea and their tour package programs are very similar.
3. Both government and travel companies often put in effort to increase quantitative growth.
4. In the past, Korea was undeveloped and for this reason, focusing on numbers was important in development.
5. But, now I think it is time to focus on quality rather thanq uantity.
6. We need to start thinking about how to create meaningful tour products to attract customers.
7. Our government also needs to enhance and revise the criteria for selecting outstanding travel agencies.
8. They should give incentives or fund travel agencies who have the highest customer satisfaction.
9. I think this kind of structure can gradually eradicate dumping in the tourism industry.

1. 덤핑은 여행사 간의 과도한 경쟁에서 초래됩니다.
2. 한국에는 너무 많은 여행사가 있고 그들의 관광 프로그램은 거의 비슷합니다.
3. 정부와 여행사 둘 다 양적 성장만을 위해 노력하고 있습니다.
4. 과거에는 우리나라가 개발이 덜 되어서 양적 성장에 초점을 두는 것이 발전을 위해서 좋았습니다.
5. 하지만 이제는 양보단 질에 신경을 써야 하는 시기 같습니다.
6. 의미 있는 투어 상품을 개발해서 손님들을 끄는 것에 신경 쓰기 시작해야 합니다.
7. 우리 정부는 우수 여행사를 선발하는 기분을 강화하고 개정할 필요가 있습니다.
8. 그리고 자신들만의 콘텐츠로 가장 높은 고객 만족을 받은 여행사에게 인센티브 지원금을 주는 거죠.
9. 이런 구조가 관광산업의 덤핑을 점점 근절할 수 있다고 생각합니다.

관광영어 용어정리

excessive competition 과도한 경쟁
criteria 기준
attract customers 고객을 끌다
meaningful tour products 의미있는 투어 상품
quantitative growth 양적성장
eradicate 근절하다

작문 연습

1. 덤핑은 여행사 간의 과도한 경쟁에서 초래됩니다.

____

____

2. 정부와 여행사 둘 다 양적 성장만을 위해 노력하고 있습니다.

____

____

3. 우리 정부는 우수 여행사를 선발하는 기분을 강화하고 개정할 필요가 있습니다.

____

____

나의 면접 답변 flow 키워드

Question 08

관광가이드가 되고 싶은 이유, 그리고 어떤 노력을 했습니까?
What are the qualifications needed to be a tour guide? Why did you want to become a tour guide and what steps did you take to become one?

1. I think tour guides play a lot of role in representing ones' nation.
2. First, the tour guide is a civil diplomat for tourists from all over the world.
3. So, a tour guide should know correct information and be knowledgeable while becoming a bridge between foreign travelers and Korean culture.
4. A tour guide always needs to study and learn new things.
5. Those who are passionate about learning and experiencing new things are ready to be a qualified tour guide.
6. Of course, they need to have tour guide certification issued by the government.
7. To become a tour guide, I studied for one year to get a tour guide certification with my study mates.
8. I took my foreign friends to tourist locations in Seoul and explained what I studied about those places in English.
9. I was so glad when they said, "You are an awesome tour guide!"
10. After that, I conducted several mini-tours with them.
11. Also, I participated as a guest on the Palace tour.
12. There was a professional tour guide explaining the history of Gyeongbokgung to foreign travelers for two hours.
13. Observing the tour was such a meaningful experience for me.

1. 관광가이드는 한 나라를 대표하는 역할을 한다고 생각합니다.
2. 우선, 관광가이드는 전 세계의 관광객들에게 민간외교관이라 할 수 있습니다.
3. 그래서 관광가이드는 정확한 정보와 지식을 알고 외국인 관광객과 한국 문화 간의 다리 튼튼한 다리 역할을 해야 합니다.
4. 투어가이드는 항상 새로운 것을 공부하고 배워야 할 필요가 있답니다.
5. 그래서 배움과 새로운 것을 경험하는데 열정이 있는 사람이면 관광가이드가 될 자격이 됩니다.
6. 물론, 정부로부터 발급받은 관광가이드 자격증이 있어야겠죠.

7. 그리고 관광가이드가 되기 위해서, 저는 일 년 정도 스터디 친구들과 함께 자격증 공부를 했습니다.
8. 그리고 서울에 있는 관광지에 외국인 친구들을 데려가서 공부했던 부분을 영어로 설명해주는 시간도 가졌습니다.
9. 친구들이, "너 정말 멋진 가이드다!"라고 했을 때, 정말 기뻤습니다.
10. 그리고 그 친구들과 그 이후에도 몇 번의 미니 투어를 가졌습니다.
11. 그리고 궁 투어에 참가했습니다.
12. 전문적인 관광가이드가 외국인들에게 2시간 가량 경복궁에 대해 설명했습니다.
13. 투어를 관찰하는 것이 저에겐 의미 있는 경험이었습니다.

관광영어 용어정리

plays a lot of roles 많은 역할을 하다
civil diplomat 민간 외교관
foreign travelers 외국 여행객들
tour guide certificate 관광 가이드 자격증

작문 연습

1. 관광가이드는 한 나라를 대표하는 역할을 합니다.

2. 관광가이드가 되기 위해서, 저는 일 년 정도 스터디 친구들과 함께 자격증 공부를 했습니다.

3. 투어를 관찰하는 것이 저에겐 의미 있는 경험이었습니다.

나의 면접 답변 flow 키워드

Question 09

관광객이 아프거나 다쳤을 경우 어떻게 할 것입니까?
Let's say in your tour group, one customer suddenly gets injured. What would you do?

1. Safety is very important when conducting a tour.
2. If someone gets injured, I will immediately contact the consulate or the embassy.
3. We will go to the medical center and get first aid fo rthe wounded.
4. In the hospital, I will help them contact their home country to talk to their family.
5. Prevention is always the best solution.
6. Accidents can happen all the time.
7. To prevent an accident, it is one of the duties that a tour guide must keep in mind.
8. I will always take care of all of my customers.

1. 투어를 진행할 때, 안전이 가장 중요합니다.
2. 누군가가 다치면, 영사관이나 대사관에 즉시 연락할 것입니다.
3. 그리고 의료 기관에 가고, 상처에 응급처치를 할 것입니다.
4. 병원에서 나는 그들의 집에 연락해서 가족들에게 이야기할 수 있게 도와줄 것입니다.
5. 예방이 언제나 최고입니다.
6. 사고는 언제나 일어날 수 있습니다.
7. 이런 사고를 예방하기 위해, 투어 가이드가 명심해야 하는 임무 중 하나입니다.
8. 그래서 저는 항상 제 손님들을 조심히 안내할 것입니다.

관광영어 용어정리

conduct a tour 투어를 진행하다
the wounded 부상자, 피해자
embassy 대사관
consulate 영사관
safety 안전
prevention 방지, 예방

작문 연습

1. 누군가가 다치면, 영사관이나 대사관에 즉시 연락할 것입니다.

2. 병원에서 나는 그들의 집에 연락해서 가족들에게 이야기할 수 있게 도와줄 것입니다.

3. 이런 사고를 예방하기 위해, 투어 가이드가 명심해야 하는 임무 중 하나입니다.

나의 면접 답변 flow 키워드

Question 10

관광객이 불평할 때 어떻게 할 것입니까?
Your customers keep complaining while you are leading the tour. How can you deal with this problem? What's the best way to deal with customers' complaints?

1. Even if it's a tiny complaint from the guests on my tour, I will try my best to listen carefully and politely explain to them how I will fix the issuei f it's within my power.
2. There can be various kinds of complaints, such as hotel rooms, food, transportation, time delays, and etc.
3. Whatever the problem is, I would first focus on putting myself in my customer's shoes and try my best to communicate with them.
4. I believe that communication can solve almost anything betwen people.
5. It helps prevent problems from getting bigger.

1. 제 투어에 온 고객으로부터 작은 불만을 듣게 되더라도, 최선을 다해 경청하고, 제 여력이 닿는다면 그 문제를 어떻게 해결할 지 그들에게 공손히 설명할 것입니다.
2. 호텔 방, 음식, 교통, 시간 지체 등등 다양한 컴플레인이 있을 수 있겠죠.
3. 그것이 무엇이든 간에, 고객의 입장을 먼저 생각하고 소통을 위해 힘쓰겠습니다.
4. 소통은 사람 간 거의 모든 것을 해결할 수 있다고 믿습니다.
5. 최소한 문제가 커지는 것은 방지합니다.

관광영어 용어정리

tiny complaints 사소한 불평사항
put myself in my customer's shoes 고객의 입장

작문 연습

1. 제 투어에 온 고객으로부터 작은 불만을 듣게 되더라도, 최선을 다해 경청하고, 제 여력이 닿는다면 그 문제를 어떻게 해결할 지 그들에게 공손히 설명할 것입니다.

2. 그것이 무엇이든 간에, 고객의 입장을 먼저 생각하고 소통을 위해 힘쓰겠습니다.

3. 최소한 문제가 커지는 것은 방지합니다.

나의 면접 답변 flow 키워드

Question 11

교통체증으로 인해 관광지 이동 중 반복적으로 지체되는 경우 어떻게 하시겠습니까?
There are situations on your tour that causes a constant delay of each tour event. Your guests are not happy with this. What would you do to solve this problem?

1. I think this situation can frequently happen during a tour because Seoul's traffic is jampacked day and night.
2. The first thing I would do is give a sincere apology to my customers and explain what caused this delay.
3. During the time that we spend on the bus to the next destination, I will talk more about culture, history, trends, lifestyle, travel tips, and anything I can say to amuse so that they do not feel bored or irritated.
4. But the most important thing is to not have this happen agani.
5. I will always prepare and check each time schedule before I conduct the tour.

1. 제 생각에는 이런 상황은 밤낮으로 교통체증이 심한 서울에서 자주 일어나는 일입니다.
2. 그래서 이런 경우가 일어났다고 가정을 하고, 처음으로 할 일은 예의 바르고 진심으로 손님들에게 사과하면서 계속 지연이 일어나는 이유를 설명해줄 것입니다.
3. 다음 목적지까지 버스를 타고 가는 시간 동안에, 문화, 역사, 트렌트, 생활방식, 여행 팁 등에 대한 이야기를 더 할 수 있습니다. 손님을 즐겁게 하는 이야기들을 해서 지루하거나 짜증나지 않게 말입니다.
4. 그러나 가장 중요한 것은 이런 일이 일어나지 않아야 한다는 것입니다.
5. 투어를 하기 전에 항상 준비하고 스케줄을 확인할 것입니다.

관광영어 용어정리

jam-packed 매우 붐비는
day and night 밤낮으로, 끊임없이
sincere apology 진지한 사과
destination 목적지, 도착지

작문 연습

1. 처음으로 할 일은 예의 바르고 진심으로 손님들에게 사과하면서 계속 지연이 일어나는 이유를 설명해줄 것입니다.

2. 제 생각에는 이런 상황은 밤낮으로 교통체증이 심한 서울에서 자주 일어나는 일입니다.

3. 투어를 하기 전에 항상 준비하고 스케줄을 확인을 할 것입니다.

나의 면접 답변 flow 키워드

Question 12

한국의 대중교통 지하철 시스템을 외국인 친구에게 어떻게 설명해 보겠습니까?
How would you explain the Korean public subway system to your foreign friends?

1. To take the Seoul Metro, you first need a ticket.
2. The simplest way to buy a ticket is at the automated ticketing machines.
3. There are two types of tickets.
4. These tickets are one-time tickets and pre-paid tickets.
5. When purchasing your ticket, it is important to clearly state your destination.
6. Pre-paid tickets are called T-Money cards in Korea, and it is convenient if you are going to use public transportation many times.
7. If you have a T-Money card, you can recharge the cards at the ticketing machine as much as you want.
8. Subway fares are around 1,200 won and its cost goes up a little bit depending on your destination.
9. You can buy T-Money cards both at the ticket windows and at your local convenience stores, such as GS25, 7-Eleven, or CU.
10. These days, we can use public bikes and scooters easily and it is also useful when going to nearby areas.
11. If the weather is nice, it would be great to use a public bike instead of taking the subway or bus. You can easily use this system by installing an app on your smartphone.

1. 서울 지하철을 타기 위해, 먼저 티켓을 사야 합니다.
2. 가장 간단한 방법은 자동 티켓 기계에서 티켓을 사는 것입니다.
3. 두 가지 종류의 티켓이 있습니다.
4. 일회용 티켓과 선불 티켓이 있습니다.
5. 티켓 구매를 할 때, 목적지를 명확하게 명시하면 됩니다.
6. 선불 티켓은 티머니 카드라고 불리는데, 여러 번 교통을 이용할 것이면 이 방법이 편합니다.
7. 티머니 카드가 있다면, 원하는 만큼 티켓 기계에서 카드를 재충전하면 됩니다.
8. 지하철 요금은 1,200원 정도고 어디를 가느냐에 따라 약간씩 올라가기도 합니다.
9. 티머니 카드는 티켓 기계에서 사도 되고 GS25, 7-eleven, CU 같은 편의점에서 사도 됩니다.
10. 요즘은 공유 자전거나 킥보드를 쉽게 이용할 수 있고, 가까운 거리로 이동할 때도 유용합니다.
11. 날씨가 좋다면, 지하철이나 버스 타는 것 보다 공유 자전거를 이용해보는 것도 좋을 겁니다. 스마트폰에 앱을 설치해서 쉽게 이용할 수 있습니다.

관광영어 용어정리

metro 지하철
automated ticketing machines 자동 티켓 발매기
pre-paid ticket 선불티켓
subway fares 지하철 요금

작문 연습

1. 가장 간단한 방법은 자동 티켓 기계에서 티켓을 사는 것입니다.

2. 티켓 구매를 할 때, 목적지를 명확하게 명시하면 됩니다.

3. 지하철 요금은 1,200원 정도고 어디를 가느냐에 따라 약간씩 올라가기도 합니다.

나의 면접 답변 flow 키워드

Part 03

관광통역안내사 부록

Chapter 01

30일 모의면접 워크북

드디어 시험이 30일 앞으로 다가왔습니다.
지금껏 공부한 내용들을 가지고 매일매일 부단히 모의면접 해보세요.

모의면접 팁 3가지!

1. 실제 면접 상황을 생각하면서 모의면접 하는 것이 효과적입니다.
2. 타이머를 10분 정도로 맞춰 놓고 5~6개의 주어진 문제를 연습하는 것을 추천드립니다. 실제 면접시간과 똑같게 말이죠.
3. 내가 연습하는 내용을 녹음해보세요. 처음에는 녹음 후 자신의 목소리를 듣는 것이 민망할 수 있지만 녹음 후 self-feedback하는 것만큼 좋은 학습법이 없답니다.

음원파일 활용하기

음원파일은 DAY 별로 녹음이 되어 있습니다. 문제를 듣고 일시정지를 누른 후, 답변하고, 다시 재생 버튼을 누르는 식으로 모의면접 훈련을 해보세요. 음원파일을 활용하는 것이 긴장감 조성에 더 도움이 될 것 입니다.
그럼, 남은 30일 꾸준한 실천으로 우리 모두 합격해요!

모의면접 Q & A

왜 제한시간이 10분인가요?

실제 시험 시간과 가장 비슷하게 유지하기 위해서 10분으로 타이머를 맞춰놓고 훈련하는 것을 추천합니다. 실제 면접에서는 5분만에 면접이 끝난 적도 있고 10분 이상 진행됐던 경우도 있지만, 연습 시에는 10분 정도를 평균으로 잡으면 됩니다. 그리고 실제 면접에서는 평균 4~6개 사이의 질문을 받게 됩니다. 그럼 한 문제당 1분 30초정도의 답변을 준비하면 된다는 결론이 나오지요? 물론, 문제의 종류에 따라 더 짧아 지거나 길어질 수 있겠지만요. 그리고 그 중에 한두가지 문제는 한국어로 출제가 되어 왔습니다.

self-feedback이란 무엇이고, 어떻게 하는 것인가요?

모의면접은 단순히 말하기 연습을 해보는 것으로 끝나는 것이 아니라 내가 말한 답변을 여러 번 피드백 하면서 더 나은 답변으로 만드는 것에 목적을 두셔야 합니다. 이를 위해서 내 답변을 살펴보는 작업을 해야겠지요? 녹음을 하는 것도 좋지만, 가장 좋은 것은 비디오로 내 모습을 촬영해보는 것입니다. 영어 문장도 correction을 하고, 제스쳐, 눈빛, 표정 모두 피드백 하여 더 나은 모습으로 발전할 수 있도록 모의면접 해보세요.

30일 모의면접 문제 데이터의 출처는 어디인가요?

최근 5년간의 기출문제들과 스터디원들의 시험 후기들을 재가공해서 배치한 문제들입니다. 그리고 교재에 수록되어 있는 문제들도 마찬가지이고요. 이제는 관통사 면접시험이 더 이상 일반 지식을 나열하는 질문들만 묻기 보다는 관광산업과 트렌드에 대한 전반적인 견해나 문제점을 도출해내는 사고력을 묻는 문제들도 꽤 출제되는 경향입니다. 이 분야에서 일을 하려는 사람들에게는 꼭 요구되는 자질이기도 하겠죠. 그래서 단순 시험 지식만을 공부하는 것이 아닌 '관광' 자체에 관심을 가지고 트렌드를 분석하는 것도 함께 공부하면 도움이 될 것 같습니다. 이 부분들을 영어로 이야기 할 수 있도록 영어공부도 꾸준히 하셔야겠지요?

녹음을 해야 하는 이유는 무엇인가요?

녹음을 해야 하는 이유는 간단합니다. 녹음이 곧 기록이기 때문이죠. 수업 시간에 선생님의 판서를 보고 note-taking을 한 후, 그것을 보고 암기하면서 공부하는 것과 같은 원리입니다. 나의 영어 스피킹을 기록하고 그 기록물을 보고 공부를 다시 하는 방식이죠. 내가 자주 하는 영어표현 실수는 어떤지, 내 발음은 어떤지, 목소리 톤은 어떤지 등을 스스로 self-feedback을 하기 위해서 녹음은 매우 효과적인 학습법입니다. 면접시험 공부는 녹음 보다는 녹화를 하는 것이 더 효과적입니다. 꼭 녹음, 녹화하면서 공부하세요!

D-30

오늘의 문제들(제한시간 10분)

1. 관광가이드가 매력적인 점은 무엇인가요?
2. 중국, 일본, 서양 등 나라별 관광객 특징을 말해보세요.
3. 유네스코 인류문화재 5개 이야기 해보세요.
4. 백제문화역사지구에 대해 설명해보세요.
5. 외국인들에게 써야 할 바디랭귀지와 쓰지 말아야할 바디랭귀지 혹시 아시나요?
6. (한국어 질문) 시대의 변화에 따라 관광가이드로서 어떻게 행동해야 되는지 말해보세요.

자기점검 피드백

- 답변 시간 : _____ 분 _____ 초
- 답변의 논리성 : ☆☆☆☆☆
- 답변의 유창성 : ☆☆☆☆☆
- 점수 : /100
- 추가해야 할 표현/단어들 :

D-29

오늘의 문제들(제한시간 10분)

1. 훈민정음과 세종대왕에 대해 이야기 해보세요.
2. 수원화성과 행궁에 대해 설명해 보세요.
3. 관광특구가 무엇인가요? 대략의 지정 기준들도 이야기 해주세요.
4. 괸광통역안내사가 필요한 이유가 무엇일까요?
5. 관광통역안내사가 되기 위해 어떤 노력을 했나요?

자기점검 피드백

- 답변 시간 : _____ 분 _____ 초
- 답변의 논리성 : ☆☆☆☆☆
- 답변의 유창성 : ☆☆☆☆☆
- 점수 : /100
- 추가해야 할 표현/단어들 :

D-28

오늘의 문제들(제한시간 10분)

1. 종묘에 가보셨나요? 종묘에 대해서 알려주세요.
2. 조선왕릉에 대해 설명해보세요.
3. 관광 도중에 관광버스가 교통 상황에 의해 지체되고 있는 상황입니다. 어떻게 대처하실 것인가요?
4. 관광가이드로서 자신의 강점을 어필해보세요.
5. 가이드로서의 중요한 자질 3가지를 이야기해 보세요.
6. (한국어 질문) 마지막으로 짧게 자신의 국가관을 이야기해 보세요.

자기점검 피드백

- 답변 시간 : _____ 분 _____ 초
- 답변의 논리성 : ☆☆☆☆☆
- 답변의 유창성 : ☆☆☆☆☆
- 점수 : /100
- 추가해야 할 표현/단어들 :

D-27

오늘의 문제들(제한시간 10분)

1. 투어리스트 관점에서 한국에서 어떤 점들이 불편할 것 같나요?
2. 투어리스티피케이션의 정의를 알려주세요. 그리고 한가지 예를 들어주세요.
3. (한국어 질문) 외국인이 투어 도중에 여권을 잃어버렸다면 어떻게 대처하실 것인가요?
4. 한글에 대해 알려주고 싶을 시, 한글 관련 투어를 할 수 있는 장소들을 아시나요?
5. 20대 관광객과, 50대 관광객에게 각각 소개해주고 싶은 관광지를 말해보세요.

자기점검 피드백

- 답변 시간 : _____ 분 _____ 초
- 답변의 논리성 : ☆☆☆☆☆
- 답변의 유창성 : ☆☆☆☆☆
- 점수 :   /100
- 추가해야 할 표현/단어들 :

D-26

오늘의 문제들(제한시간 10분)

1. 경복궁에서 외국인들이 즐길 수 있는 행사가 어떤 것들이 있나요?
2. 서울에서 한류체험을 할 수 있는 곳에 대해 알려주세요.
3. 외국인에게 추천해주고 싶은 한국 역사 관련 영화와 그 이유는 무엇인가요?
4. 이순신 장군에 대해 이야기해 보세요.
5. 자격증을 따고 난 뒤의 단기, 장기 계획이 있나요?

자기점검 피드백

- 답변 시간 : _____ 분 _____ 초
- 답변의 논리성 : ☆☆☆☆☆
- 답변의 유창성 : ☆☆☆☆☆
- 점수 : /100
- 추가해야 할 표현/단어들 :

D-25

오늘의 문제들(제한시간 10분)

1. 생태관광에 대해 아는 대로 설명해보세요.
2. 다양한 연령대가 즐길 수 있는 관광지는 어떤 곳들이 있을까요?
3. 다른 직업들도 많은 와중에 왜 가이드가 되고 싶으세요?
4. 인바운드 투어, 아웃바운드 투어의 정의를 말해보세요.

자기점검 피드백

- 답변 시간 : _____ 분 _____ 초
- 답변의 논리성 : ☆☆☆☆☆
- 답변의 유창성 : ☆☆☆☆☆
- 점수 :   /100
- 추가해야 할 표현/단어들 :

D-24

오늘의 문제들 (제한시간 10분)

1. 안보관광을 떠난다고 가정했을 때, 하루 투어 코스를 이야기해 보세요.
2. 버스가 밀려서 손님들의 비행기 시간에 맞추는 것이 아슬아슬한 상황입니다. 어떻게 대처하시겠어요?
3. 한류라는 단어를 모르는 외국인에게 한류를 설명해보세요.
4. (한국어 질문) 관광객 중 한 사람이 일정에 없는 다른 관광을 하고 싶다면 어떻게 대처하실건가요?

자기점검 피드백

- 답변 시간 : _____ 분 _____ 초
- 답변의 논리성 : ☆☆☆☆☆
- 답변의 유창성 : ☆☆☆☆☆
- 점수 :   /100
- 추가해야 할 표현/단어들 :

D-23

오늘의 문제들(제한시간 10분)

1. 관광 도중 한 관광객이 불법체류자인 것이 밝혀진 경우 어떻게 대처하실 것인가요?
2. 30명 단체 투어를 하고 있는데 2~3명의 사람이 따로 개인적인 행동을 합니다. 어떻게 대처하실 것인가요?
3. 투어 중 날씨가 안 좋을 경우 대안책은 어떤 것들이 있나요?
4. (한국어 질문) 조선왕조실록에 대해 한국어로 이야기해 보세요.
5. 세종대왕의 발명품들은 어떤 것들이 있나요?

자기점검 피드백

- 답변 시간 : _____ 분 _____ 초
- 답변의 논리성 : ☆☆☆☆☆
- 답변의 유창성 : ☆☆☆☆☆
- 점수 :   /100
- 추가해야 할 표현/단어들 :

D-22

오늘의 문제들(제한시간 10분)

1. FIT가 요즘 늘었는데 어떤 문제점과 방안이 있나요?
2. FIT와 SIT의 차이점에 대해서 알려주세요. 그리고 실제 사례를 본 적이 있나요?
3. 조선의 왕들을 외국인들에게 소개한다면?
4. 유네스코 기록유산 5가지 말해주세요.

자기점검 피드백

- 답변 시간 : _____ 분 _____ 초
- 답변의 논리성 : ☆☆☆☆☆
- 답변의 유창성 : ☆☆☆☆☆
- 점수 :   /100
- 추가해야 할 표현/단어들 :

D-21

오늘의 문제들 (제한시간 10분)

1. 통일이 된다면 북한관광코스는 어떤 것이 있나요? 기획해 보세요.
2. 스키장 말고 겨울에 한국 관광을 위한 코스를 만든다면 어떻게 만들 수 있을까요?
3. 인류무형문화재 3가지 말해보세요.
4. 고구려, 백제, 신라의 문화가 어떻게 달랐는지 설명해주세요.

자기점검 피드백

- 답변 시간 : ______ 분 ______ 초
- 답변의 논리성 : ☆☆☆☆☆
- 답변의 유창성 : ☆☆☆☆☆
- 점수 : /100
- 추가해야 할 표현/단어들 :

D-20

오늘의 문제들(제한시간 10분)

1. 한류 문화를 증진시키기 위한 방안은 무엇인가요?
2. 최근에 한국에서 열리는 전시회에 가본 적이 있나요? 외국인들에게 관광상품화 할 만 한가요?
3. voluntourism에 대해 들어본적이 있나요? 있다면 설명해주세요.
4. (한국어 질문) 지금 관광객이 중국에서 많이 오는데 이런 편중 현상을 줄이기 위해 어떤 방안을 내세울 수 있나요?

자기점검 피드백

- 답변 시간 : _____ 분 _____ 초
- 답변의 논리성 : ☆☆☆☆☆
- 답변의 유창성 : ☆☆☆☆☆
- 점수 : /100
- 추가해야 할 표현/단어들 :

D-19

오늘의 문제들(제한시간 10분)

1. 왜 가이드를 civil ambassador 이라고 하나요?
2. 최근에 추가된 UNESCO 세계유산이 무엇인지 아나요?
3. 웰니스 관광에 대해 들어본 적이 있으신가요? 웰니스 관광 코스 사례 알려주세요.
4. 우리나라 전통 디저트 중 외국인에게 추천할만한 것들이 있나요?
5. 인사동 주변 관광지는 어떤 곳들이 있나요?

자기점검 피드백

- 답변 시간 : _____ 분 _____ 초
- 답변의 논리성 : ☆☆☆☆☆
- 답변의 유창성 : ☆☆☆☆☆
- 점수 : /100
- 추가해야 할 표현/단어들 :

D-18

오늘의 문제들 (제한시간 10분)

1. 템플스테이를 외국인 관광객과 간다면 어떤 절에 가실 건가요? 그 이유는요?
2. 우리나라는 여름에 아주 덥고, 겨울에 아주 추워서 관광 비수기인데 이를 해결하기 위한 관광상품은 무엇이 있을까요?
3. 북촌 말고 우리나라 한옥을 볼 수 있는 관광지는 어떤 곳들이 있나요?
4. 우리나라의 세계문화유산을 관광상품화 시킬 방안이 뭐가 있을까요?

자기점검 피드백

- 답변 시간 : _____ 분 _____ 초
- 답변의 논리성 : ☆☆☆☆☆
- 답변의 유창성 : ☆☆☆☆☆
- 점수 :   /100
- 추가해야 할 표현/단어들 :

D-17

오늘의 문제들(제한시간 10분)

1. 사물놀이와 풍물놀이는 어떻게 다른가요?
2. 서울 나이트 투어 코스를 설명해주세요.
3. 최근 관광 트렌드는 어떤가요? 미래에는 어떨까요?
4. 석굴암에 대해서 설명해보세요.
5. 한국 길거리 음식에 대해 설명해보세요.

자기점검 피드백

- 답변 시간 : _____ 분 _____ 초
- 답변의 논리성 : ☆☆☆☆☆
- 답변의 유창성 : ☆☆☆☆☆
- 점수 : /100
- 추가해야 할 표현/단어들 :

D-16

오늘의 문제들(제한시간 10분)

1. 한국이 관광국가가 되기 위해 앞으로 갖춰야 할 것이 무엇일까요?
2. 한국의 절에 들어갈 때 거치는 3개의 문과 사천왕에 대해 설명해보세요.
3. 관광지 중에 과거와 현재를 비교했을 때, 의미나 용도가 달라진 곳들이 있나요?
4. 경상도/전라도/강원도에 위치한 도시 한 곳을 관광한다면, 어느 도시를 선택하겠으며, 그 이유는 무엇인가요?

자기점검 피드백

- 답변 시간 : _____ 분 _____ 초
- 답변의 논리성 : ☆☆☆☆☆
- 답변의 유창성 : ☆☆☆☆☆
- 점수 :   /100
- 추가해야 할 표현/단어들 :

D-15

오늘의 문제들(제한시간 10분)

1. 우리나라에는 산이 많기로 유명한데, 외국인에게 추천할만한 등산 코스는 어떤 것이 있을까요?
2. 제주도 2박 3일 외국인 투어 코스를 대략적으로 설명해주세요.
3. 레포츠를 즐길 수 있는 관광지는 어디 있을까요?
4. 서양인 가족 4인의 2박 3일 일정엔 어떤 것들이 들어가면 좋을까요?
5. 아직은 잘 알려지지 않은 관광지라고 생각하는 장소가 있나요?

자기점검 피드백

- 답변 시간 : _____ 분 _____ 초
- 답변의 논리성 : ☆☆☆☆☆
- 답변의 유창성 : ☆☆☆☆☆
- 점수 :   /100
- 추가해야 할 표현/단어들 :

D-14

오늘의 문제들(제한시간 10분)

1. 판문점이란 무엇인가요? JSA의 의미는?
2. 한국에 있는 슬로시티는 어떤 곳들이 있나요? 그리고 슬로시티가 무엇인가요?
3. 우리나라에서 국제회의, 행사가 많이 열리는데 어떻게 홍보하면 좋을까요?
4. 잡채 만드는 방법에 대해 설명해주세요.

자기점검 피드백

- 답변 시간 : _____ 분 _____ 초
- 답변의 논리성 : ☆☆☆☆☆
- 답변의 유창성 : ☆☆☆☆☆
- 점수 : /100
- 추가해야 할 표현/단어들 :

D-13

오늘의 문제들(제한시간 10분)

1. 다크 투어리즘 투어 코스 알려주세요. 그렇게 선정한 이유는 무엇인가요?
2. 독도가 우리나라 영토라는 증거가 무엇이 있을까요?
3. 한국의 역사에 대해 간략하게 설명해보세요.
4. 우리나라의 유명한 온천들과 그 주변 관광지는 어떤 것들이 있을까요?
5. 앞으로 미래에 한류산업을 더욱 더 증진시키기 위한 방안은 무엇이 있을까요?

자기점검 피드백

- 답변 시간 : ______ 분 ______ 초
- 답변의 논리성 : ☆☆☆☆☆
- 답변의 유창성 : ☆☆☆☆☆
- 점수 :   /100
- 추가해야 할 표현/단어들 :

D-12

오늘의 문제들(제한시간 10분)

1. 조선통신사에 대해 알고 계신가요?
2. 무슬림 할랄 관광 코스 만들어보세요.
3. 서울 도보관광투어 코스는 어떤 것들이 있는지 설명해주세요.
4. 관광산업의 종류와 특징을 알려주세요.
5. 관광객을 데리고 관광지에 갔는데 문을 닫았습니다. 어떻게 대처하시겠습니까?

자기점검 피드백

- 답변 시간 : _____ 분 _____ 초
- 답변의 논리성 : ☆☆☆☆☆
- 답변의 유창성 : ☆☆☆☆☆
- 점수 :   /100
- 추가해야 할 표현/단어들 :

D-11

오늘의 문제들(제한시간 10분)

1. 존경하는 우리나라 위인이 있나요? 설명해주세요.
2. 서울에서 의료관광을 체험할 수 있는 곳이 있나요?
3. 우리나라 지폐, 동전에 어떤 것들이 그려져 있는지 각각 설명해보세요.
4. 알고 있는 전통공연 한가지 설명해주세요.
5. 우리나라 전통악기 한 가지를 설명해주세요.

자기점검 피드백

- 답변 시간 : _____ 분 _____ 초
- 답변의 논리성 : ☆☆☆☆☆
- 답변의 유창성 : ☆☆☆☆☆
- 점수 : /100
- 추가해야 할 표현/단어들 :

D-10

오늘의 문제들(제한시간 10분)

서울의 5대 궁에 대해서 각각 1분 30초~2분 사이로 말할 수 있도록 정리 및 연습하기

자기점검 피드백

• 답변 시간 : _____ 분 _____ 초
• 답변의 논리성 : ☆☆☆☆☆
• 답변의 유창성 : ☆☆☆☆☆
• 점수 :   /100
• 추가해야 할 표현/단어들 :

D-09

오늘의 문제들 (제한시간 10분)

1. 현재 화재가 되고있는 관광이슈는 무엇인가요? 올해 본 관광 관련 기사가 있다면 말해주세요.
2. 한국의 대표 축제, 계절별로 하나씩 말해보세요.
3. 경주에 있는 보물들 몇 가지 골라서 설명해주세요.
4. 남한산성에 가보셨나요? 남한산성에 대해 설명해주세요.
5. 외국인에게 소개할 지역 특산품이 무엇이 있을까요? (인삼 제외)
6. 투어 도중 지진 같은 자연재해가 일어나면 어떻게 할 것인가요?

자기점검 피드백

- 답변 시간 : _____ 분 _____ 초
- 답변의 논리성 : ☆☆☆☆☆
- 답변의 유창성 : ☆☆☆☆☆
- 점수 :   /100
- 추가해야 할 표현/단어들 :

D-08

오늘의 문제들 (제한시간 10분)

1. 유네스코 등재 기준 간단히 설명해주세요.
2. 난중일기에 대하여 설명해주세요.
3. 4차 산업혁명시대에 새로 도래할 관광산업 아이템은 어떤 것들이 있나요?
4. 아리랑에 대해서 설명해주세요. 지역마다 아리랑이 다른 이유는 무엇일까요?
5. 다른 나라의 관광사업 모델 중 하나를 우리나라에 벤치마킹한다면?

자기점검 피드백

- 답변 시간 : _____ 분 _____ 초
- 답변의 논리성 : ☆☆☆☆☆
- 답변의 유창성 : ☆☆☆☆☆
- 점수 : /100
- 추가해야 할 표현/단어들 :

D-07

오늘의 문제들(제한시간 10분)

1. 서울의 역사에 대해 간략하게 알려주세요.
2. 옵션투어가 무엇인가요? 옵션 투어를 경험해본 적이 있나요?
3. 서울의 대중교통 시스템에 대해 간략하게 외국인에게 설명해보세요.
4. 북촌 한옥마을에서 관광객과 거주민들 사이에 문제가 발생하면 어떻게 대처하시겠어요?
5. (한국어 질문) 유네스코 유산이 가지는 의미는 무엇인가요?

자기점검 피드백

- 답변 시간 : _____ 분 _____ 초
- 답변의 논리성 : ☆☆☆☆☆
- 답변의 유창성 : ☆☆☆☆☆
- 점수 :   /100
- 추가해야 할 표현/단어들 :

D-06

오늘의 문제들 (제한시간 10분)

1. 인천공항에 여행객들을 위한 편의시설이 어떤 것들이 있는지 아시나요?
2. LCC란 무엇인가요? 우리나라 LCC항공사들을 아시나요?
3. 공항에서 도심으로 나오는 방법, 도심에서 공항으로 가는 방법을 설명해 주세요.
4. 크루즈 여행에 대해 설명해 주세요. 우리나라의 모항, 기항도 알려주세요.
5. 무장애 여행에 대해 알려주세요. 무장애 여행 코스에 대해 말해주세요.

자기점검 피드백

- 답변 시간 : _____ 분 _____ 초
- 답변의 논리성 : ☆☆☆☆☆
- 답변의 유창성 : ☆☆☆☆☆
- 점수 : /100
- 추가해야 할 표현/단어들 :

D-05

오늘의 문제들 (제한시간 10분)

1. 단오축제에 대해 알려주세요. 또한 우리나라의 4대 명절에 대해 말해주세요.
2. 최근에 지정된 국립공원이 무엇인지 알고 있나요? 국립공원 관광에 대해 설명해 보세요.
3. 한국에 대한 외국인의 부정적인 이미지가 어떤 것들이 있을까요? 답변을 어떻게 할 수 있을까요?
4. 손님이 투어 중에 쇼핑을 하다가 가게 주인과 싸웁니다. 어떻게 대처하실 것인가요?
5. 한국 관광 산업의 가장 큰 문제점 두 가지만 말해보세요.

자기점검 피드백

- 답변 시간 : _____ 분 _____ 초
- 답변의 논리성 : ☆☆☆☆☆
- 답변의 유창성 : ☆☆☆☆☆
- 점수 :   /100
- 추가해야 할 표현/단어들 :

D-04

오늘의 문제들 (제한시간 10분)

1. 인바운드 관광을 활성화 하기 위한 방안은 어떤 것들이 있나요?
2. 경복궁에서 외국인들이 즐길 수 있는 행사가 있다면 어떤 것들이 있나요?
3. 동남아 관광객들을 위한 관광상품을 기획한다면 어떤 아이디어가 있으세요?
4. 외국인들이 쇼핑하기 좋은 서울의 쇼핑몰들 설명해주세요.
5. 한복에 대해 설명해 보세요.

자기점검 피드백

- 답변 시간 : _____ 분 _____ 초
- 답변의 논리성 : ☆☆☆☆☆
- 답변의 유창성 : ☆☆☆☆☆
- 점수 :   /100
- 추가해야 할 표현/단어들 :

D-03

오늘의 문제들(제한시간 10분)

1. 농촌 관광을 증진시킬 방안은?
2. 한류관광을 테마로 한 상품을 만든다고 하면 어떻게 기획하실 건가요?
3. 한국의 전통 가면극, 탈춤을 소개해주세요.
4. 요즘은 플랫폼, 커뮤니티를 통해 투어 정보를 얻는 경우가 많은데 실제로 사용해 본 적이 있는가요? 경험을 이야기해주세요.
5. 한국에서 사가면 좋은 대표적인 기념품 3가지 알려주세요.

자기점검 피드백

- 답변 시간 : _____ 분 _____ 초
- 답변의 논리성 : ☆☆☆☆☆
- 답변의 유창성 : ☆☆☆☆☆
- 점수 :   /100
- 추가해야 할 표현/단어들 :

D-02

오늘의 문제들(제한시간 10분)

1. 관광가이드의 직업으로써 장점과 단점이 무엇이라고 생각하시나요?
2. 무형유산 몇 가지 설명해보세요.
3. 자신 있는 한국요리 있나요? 어떻게 만드는지 외국인에게 설명해보세요.
4. 에코투어리즘이 무엇인가요?
5. 가이드가 하지 말아야 할 행동은 어떤 것이 있을까요?

자기점검 피드백

- 답변 시간 : ______ 분 ______ 초
- 답변의 논리성 : ☆☆☆☆☆
- 답변의 유창성 : ☆☆☆☆☆
- 점수 : /100
- 추가해야 할 표현/단어들 :

D-01

오늘의 문제들(제한시간 10분)

1. 한국 경제가 이렇게 빨리 성장할 수 있었던 이유는 무엇인가요?
2. 한정식에 대해 설명해주세요.
3. 한글의 장점들을 외국인에게 자랑해보세요.
4. 겨울에 해운대에 관광객을 유치하기 위한 방안은?
5. 김치를 만드는 방법을 아시죠? 김치를 세계화 하기 위한 방안이 있나요?

자기점검 피드백

- 답변 시간 : _____ 분 _____ 초
- 답변의 논리성 : ☆☆☆☆☆
- 답변의 유창성 : ☆☆☆☆☆
- 점수 :   /100
- 추가해야 할 표현/단어들 :

Chapter 02

관광영어 필수 영작 100문장

우리가 영어로 문장을 말하고자 할 때, 머릿속에 한글 문장을 먼저 떠올린 후 영어로 바꿔서 말하는 과정이 진행되곤 합니다. 영어가 모국어가 아니기 때문에 자연스레 한글 문장부터 떠올리게 되는 것인데요. 이 과정이 빠르게 진행될수록 영어의 유창성이 높아지겠죠? 그래서 관광통역 분야에서 자주 사용되는 용어들을 가지고 영작해보는 코너를 준비했습니다. 교재 본문과는 별개의 문장들로 구성되어 있어서 추가 학습을 하시는데 도움이 되실 겁니다. 주제 단어와 한글 해석을 보고 영작해보세요. 주어진 키워드를 사용해서 영작해보셔도 좋습니다.

001 주제단어 ancestral rites

해　석 한국인들은 추석, 설날 같은 명절 때 차례를 지냅니다.

키 워 드 perform, ancestral rites

002 주제단어 accessible

해　석 요즘은 언제든지 온라인에서 실록을 볼 수 있습니다.

키 워 드 accessible, 24/7

003 주제단어 abundant content

해　석 외국인들에게 우리 문화를 소개할 풍부한 컨텐츠를 만드는 것이 중요합니다.

키 워 드 abundunce

004 주제단어 anatural wonder

해　석 제주도는 한국의 경이로운 자연경관이 있는 곳 중 하나입니다.

키 워 드 natural wonders

005 주제단어 abbreviation

해 석 DMZ는 "비무장지대"의 약어입니다.

키 워 드 abbreviation

006 주제단어 aesthetic

해 석 이 옥 색깔과 아름답게 발라둔 유약 때문에 고려자기가 더 고급지게 보입니다.

키 워 드 asthetic, valuable

007 주제단어 annexation

해 석 한일협약조약은 1910년에 체결되었습니다./ 일본은 1910년에 공식적으로 한국을 합병했습니다.

키 워 드 annexation

008 주제단어 aristocrat

해 석 한옥을 체험하면서, '양반'이라 불리는 조선왕조 귀족의 삶도 경험해볼 수 있습니다.

키 워 드 aristocrat

009 주제단어 armistice agreement

해 석 휴전 협정은 1953년에 체결되었고 공식적으로 한국전쟁을 종식시켰습니다. 남한과 북한은 38선을 기점으로 분리되었습니다.

키 워 드 armistic agreement, 38th pararell

010 주제단어 articulator

해 석 한글의 자음은 조음 음성학을 바탕으로 만들어졌고, 모음은 음과 양의 원리에 따라 만들어졌습니다.

키 워 드 articulary phonetics, consonant

011 주제단어 artifact

해 석 그 박물관에서는 한국 선사시대의 다양한 유물들을 볼 수 있습니다.

키 워 드 artifacts, relics

012 주제단어 banknote

해 석 각각의 한국 지폐에는 한국의 역사상 존경받는 사람들이 있습니다.

키 워 드 banknote

013 주제단어 be accustomed to

해 석 한국인들은 먹고, 공부하고, 잘 때 바닥에 앉고 눕는 것에 익숙합니다.

키 워 드 be accustomed to

014 주제단어 be composed of

해 석 태극기는 흰색 바탕에 중앙의 빨강 파랑 태극무늬, 검정색 4 괘로 이루어져 있습니다.

키 워 드 be composed of

015 주제단어 be held for

해 석 강릉단오제는 신들에게 풍년을 기원하기 위해 열립니다. 사람들은 그네, 씨름, 줄다리기, 윷놀이 등과 같은 전통 민속놀이를 합니다.

키 워 드 traditional folk game, good harvest

016 주제단어 breathtaking

해 석 지리산은 한국에서 처음으로 지정된 국립공원으로 기가막히게 멋진 경치가 많은 산으로 유명합니다.

키 워 드 breathtaking scenic view

017 주제단어 buffer zone

해 석 DMZ는 수평으로 쭉 그어지게 세워졌고, 완충지대 역할을 하면서 한반도를 분리시켰습니다.

키 워 드 establish, split apart

018 주제단어 calligraphy

해 석 한국의 전통 예술적 글쓰기인 서예는 관광객들에게 한글을 가르치고 문화를 체험할 수 있게 하는 좋은 방법입니다.

키 워 드 artistic writing, calligraphy

019 주제단어 attract customers

해 석 농촌 지역에서 독특한 지역 특산물을 개발하는 것은 새로운 관광객을 유치할 수 있는 훌륭한 전략이 될 수 있습니다.

키 워 드 local specialties, attract

020 주제단어 artificial islet

해 석 2층으로 된 육각모양 정자인 향원정은 경복궁 연못에 있는 인공섬에 있습니다.

키 워 드 hexagonal pavilion, artificial islet

021 주제단어 confucian

해 석 전통 혼례는 유교적 가치에 뿌리를 두어 두 집안이 합쳐지는 것을 의미했습니다.

키 워 드 be rooted in, represent

022 주제단어 catalyst

해 석 히로시마와 나가사키에 원자폭탄을 투하한 것은 한국 독립의 기폭제가 되었습니다.

키 워 드 atomic bomb, catalyst

023 주제단어 catch tourists' heart

해 석 석굴암은 토함산 중턱에 있고 부처상은 동쪽을 바라보고 있습니다. 그 곳에서 바라보는 아름다운 일출은 관광객들의 마음을 사로잡습니다.

키 워 드 mid-slope, catch one's heart

024 주제단어 civil service exam

해 석 왕실의 신하들은 조선 왕조의 과거시험을 통해서 선발되었습니다.

키 워 드 civil service examination

025 주제단어 closed-door policy

해 석 조선 후기의 쇄국정책은 근대화를 지연시켰고, 일본 식민지화가 되는 원인이 되기도 했습니다.

키 워 드 closed-door policy, modernization

026 주제단어 colonial rule

해　석 일제 강점기 시대에 많은 독립운동가들이 체포되어 고문당하고 처형되었습니다.

키 워 드 independence activists

027 주제단어 commemorate

해　석 한글날은 한글 창제를 기념하기 위한 국경일로 지정되었습니다.

키 워 드 proclaim, commemorate

028 주제단어 commoner

해　석 판소리의 가사를 통해 당시 평민과 귀족의 삶과 감정을 살펴볼 수 있습니다.

키 워 드 commoners, aristocrats

029 주제단어 complementary

해　석 태극기의 가운데 원은 동양 철학에서 말하는 균형인 음과 양을 상징합니다. 음은 어두운 면이고 양은 밝은 면을 뜻합니다. 이 둘은 상호보완적입니다.

키 워 드 complementary, original philosophy

030 주제단어 conscription

해　석 일제강점기 시대에 조선 청년들은 강제징병에 내몰렸습니다. 일본군들의 총알받이 역할을 했습니다.

키 워 드 conscription, ongduringung Koreans and they

031 주제단어 conserve

해 석 자연유산 보존을 위한 생태관광 관련 상품을 개발하는 것이 미래관광의 트랜드가 될 수 있습니다.

키 워 드 ecotourism, conserve

032 주제단어 contribute to

해 석 중화학, 철강, 조선, 전자, 반도체 산업은 한국 경제의 성장에 크게 기여했습니다.

키 워 드 heavy chemical industries, semiconductor

033 주제단어 constant delay

해 석 서울의 교통 체증으로 인해 관광 할 때 스케줄이 지연될 수 있습니다.

키 워 드 constantly

034 주제단어 criteria

해 석 슬로 시티로 지정되려면 몇 가지 기준이 충족되어야 합니다.

키 워 드 designate

035 주제단어 deceased kings and queens

해 석 종묘는 돌아가신 왕과 왕비를 기리기 위해 위패를 두는 곳입니다.

키 워 드 deseased

036 주제단어 defensive

해 석 한국의 무술인 태권도를 배우면, 손과 발을 사용한 방어와 공격 기술 둘 다를 배울 수 있습니다.

키 워 드 defensive, offensive

037 주제단어 develop food content

해 석 한식을 세계화 시키기 위해 다양한 지역에서 현지화될 수 있는 음식 콘텐츠를 개발하는 것이 필수적입니다.

키 워 드 imperative, locolize

038 주제단어 developing country

해 석 지역사회 주도하에 운영된 프로그램이었던 새마을운동은 한국의 빠른 경제 성장의 초석입니다. 이 기록들은 개발도상국의 경제 발전의 훌륭한 벤치마크 모델이 되는 귀중한 자산입니다.

키 워 드 conerstone, valuable resource

039 주제단어 dignity

해 석 사당을 존중하는 마음은 독특한 건축 양식을 통해 볼 수 있습니다. 한 나라의 중심부였던 이 사당에서는 위엄과 고상함이 느껴집니다.

키 워 드 architectural style, spiritual heart

040 주제단어 disabled

해 석 무장애여행은 장애인들처럼 관광 활동에 어려움을 겪을 수 있는 사람들을 위한 여행입니다.

키 워 드 barrier-free trip

041 주제단어 asymmetrical beauty

해　석 경복궁과 달리 창덕궁은 주변 자연환경과 비대칭되게끔 지어졌습니다.

키 워 드 asymmetrical, natural surroundings

042 주제단어 endangered species

해　석 순천만은 멸종 위기에 처한 종들의 커다란 서식지입니다. 또한, 국제 정원 박람회가 2023년에 다시 그곳에서 열릴 예정입니다.

키 워 드 endangered species, wildlife

043 주제단어 engage with

해　석 요즘 한산 지역에는 모시 짜기에 종사하는 사람들이 500여 명정도 됩니다.

키 워 드 weave ramie, engage in

044 주제단어 enlightment

해　석 5세기에 이 절을 지은 스님이 "화엄경"이라는 경전을 가지고 왔습니다. 그래서 이 절을 "화엄사"라고 부릅니다. 그 경전에는 부처의 깨달음 영역에 대해 쓰여져있습니다.

키 워 드 sutra, enlightment

045 주제단어 enrage

해　석 일제의 폭압적인 식민지 지배로 격분한 한국인들은 결국 1919년 3.1운동을 일으켰습니다.

키 워 드 tyrannical, enrage

046 주제단어 eradicate

해　　석 덤핑은 매우 저렴한 관광 상품으로 관광객들을 끌어들인 뒤, 그 손실을 과도한 쇼핑으로 매우려 하는 행태입니다. 관광시장에서 많은 부작용이 일어나기도 합니다. 근절되어야 할 제도라고 생각합니다.

키 워 드 shop excessively, side effect

047 주제단어 entrance of the temple, evil spirit

해　　석 왕릉 입구에 있는 문은 성지를 지키고 악령을 쫓아내기 위해 세워졌습니다.

키 워 드 sacred place, expel evil spirits

048 주제단어 evocative

해　　석 아리랑은 한국의 전통 민요인데, 중독성 있는 리듬으로 외국인들도 쉽게 따라부르고 흥얼거립니다.

키 워 드 folk song, addictive and evocative

049 주제단어 geomantic princleple

해　　석 풍수지리 원리에 입각하여 지금의 서울인 '한양'이 새로운 조선왕조의 수도로 선정되었습니다.

키 워 드 geomantic principle

050 주제단어 get addicted to

해　　석 김치는 기름진 음식과 잘 어울리고 매운 맛은 중독성이 있습니다. 비타민, 유산균, 칼슘이 풍부하며 면역력을 증진시키는데 도움이 됩니다.

키 워 드 go well with, immune system

051 주제단어 fortress / fortification

해　　석 청나라의 침입이 있었던 때, 인조는 이 요새를 피난처로 사용했습니다.

키 워 드 break out, refuge

052 주제단어 foreign envoy

해　　석 1905년 한일협약이 중명전에서 체결되었는데, 이 건물은 외국사신을 위한 접견장으로도 사용이 되었습니다.

키 워 드 pretectorate treaty, foreign envoy

053 주제단어 foresight

해　　석 가장 과학적이고 쉬운 글자인 한글을 배울 수 있는 것은 세종대왕의 위대한 선견지명과 애민정신 덕분입니다.

키 워 드 forsight, compassion

054 주제단어 harvest

해　　석 단오는 모내기를 한 후 풍년을 기원하는 한국의 전통 명절입니다. 사람들은 그네뛰기, 씨름, 활쏘기와 같은 다양한 민속놀이를 합니다.

키 워 드 good harvest, folk game

055 주제단어 household refuse

해　　석 과거에 청계천은 생활 하수로 오염이 많이 된 상태였습니다. 청계천 복원 공사 이후, 서울의 주요 관광지로 변모하였습니다.

키 워 드 hosehold refuse, tourist destination

056 주제단어 for decades

해　　석 1919년에 열린 3.1운동은 그 이후 십여년 간의 독립투쟁을 위한 동기부여가 되었습니다.

키 워 드 hold, for decades

057 주제단어 is responsible for

해　　석 문화재청은 한국의 문화유산을 훌륭한 관광자원으로 지원하는 역할을 합니다.

키 워 드 responsible for, tourism resource

058 주제단어 industrilization

해　　석 한복은 단아한 곡선미와 생기 넘치는 색깔이 특징입니다. 오늘날, 한국인들은 결혼식, 제사와 같은 특별한 날에 한복을 주로 입습니다.

키 워 드 characterized by, special occasion

059 주제단어 inscribe

해　　석 발굴 과정에서, "달빛을 비추는 연못"이라는 뜻의 한자 "월지"가 새겨진 토기가 발견되었습니다.

키 워 드 excavation, inscribe

060 주제단어 acobatic movement

해　　석 줄타기 재주꾼은 다양한 줄타기 동작들을 선보이면서 노래와 스토리텔링도 함께 선보입니다.

키 워 드 acrobatic movement, along with

061 주제단어 investiture

해　　석 수여식, 취임식, 세자 책봉 등과 같은 특별한 행사를 기념할 때, 왕과 왕비들에게 국, 취임, 왕위 계승자와 같은 특별한 행사를 기념하기 위해, 왕과 왕비들에게 어보와 어책을 수여했습니다.

키 워 드 investiture, inauguration, heir

062 주제단어 irritated

해　　석 북촌한옥마을은 꼭 가봐야 할 관광명소이지만 주민들도 살고 있는 장소입니다. 관광객들이 몰려들고, 문을 두드리면 주민들이 불쾌해 하고 스트레스를 받습니다.

키 워 드 must vist spot

063 주제단어 increase

해　　석 패키지 여행보다 개별자유여행이 증가하고 있습니다. 다양한 형태의 여행이 많이 생겼습니다.

키 워 드 FIT, package tours

064 주제단어 localization

해　　석 이 요새는 도시를 보호하기 위해 정교하게 설계되었고 '거중기'라는 새로운 기계를 사용하여 돌을 옮겨 축조했습니다.

키 워 드 fortification, crane

065 주제단어 monsoon

해　　석 해인사 팔만대장경판은 극심한 장마철에도 통풍과 습도를 조절할 수 있게 과학적으로 설계되어 있어서 높은 평가를 받고 있습니다. 이로 인해 오래된 목판도 손상되지 않고 유지되고 있습니다.

키 워 드 tripitaka depositories, monsoon season, ventilation

066 주제단어 mourning garment

해　석 모시는 예복에서 상복에 이르기까지 다양한 직조술과 디자인, 가격에 따라 달라질 수 있습니다.

키 워 드 mourning garmet, vary from

067 주제단어 monument

해　석 신라 진흥왕 기념비는 북한산의 '비봉' 봉우리에 있었습니다. 오래되고 훼손되어 국립중앙박물관으로 옮겨졌고, 현재 있는 것은 모조품입니다.

키 워 드 monument, replica

068 주제단어 national affairs

해　석 아리랑을 부르는 목적은 일하는 동안 지루함을 줄이는 것과 더 나은 삶을 기원하는 것, 그리고 마을 주민들 간의 결속력을 다지기 위함이었습니다. 정선 아리랑은 3000종류가 넘는 것으로 추정되는 곡들 중 원조 버전으로 여겨지고 있습니다.

키 워 드 boredome, build unity

069 주제단어 overthrow

해　석 이성계 장군은 고려 왕조를 무너뜨리고 새로운 왕조인 조선을 세우면서 첫 번째 왕이 되었습니다.

키 워 드 overthrow

070 주제단어 oriental philosophy / meditaion

해　석 샤머니즘, 불교, 도교, 성리학은 모두 한국의 철학과 삶에 영향을 끼쳤습니다. 20세기 이후에는 서양 철학도 한국의 학계, 생활, 정치에 영향을 미쳤습니다.

키 워 드 influence, Taoism, Neo-Confucianism

071 주제단어 pass down

해 석 전통적으로 김치를 만드는 방법은 시어머니에서 며느리로 전수됩니다.

키 워 드 pass down, mother-in-law

072 주제단어 perseverance

해 석 일제강점기에 무궁화 대신 벚꽃이 많이 생겨났습니다. 일본인들이 무궁화를 없애고 벚꽃나무를 심었습니다. 무궁화에 대한 한국인들의 애정이 점점 더 강해져 독립 후 국화로 채택되었습니다. 무궁화 꽃은 부도덕과 인내의 의미를 반영하고 있습니다.

키 워 드 immortality, perseverence

073 주제단어 play a lot of roles

해 석 관광통역안내사는 국가를 대표하는 중요한 역할을 하고, 민간 외교관이라고도 말합니다.

키 워 드 civil diplomat, pivotal role

074 주제단어 privilege

해 석 중국의 글자인 한자를 배우는 것은 복잡하고 시간 소모도 많이 되었기에 조선시대 지배계층의 특권으로 여겨졌습니다.

키 워 드 time-consuming, previlege

075 주제단어 procedure

해 석 영산재는 고인을 위한 불교의식으로 그 절차가 매우 복잡해서 거의 4일이 걸리는 행사입니다.

키 워 드 the deceased, complicate

076 주제단어 pretectorate

해 석 한국은 일본의 보호국이 되었습니다.

키 워 드 protectorate

077 주제단어 put myself in one's shoes

해 석 투어 도중 어떠한 상황에서든 관광객이 불편해한다면, 우선 그들의 입장에서 먼저 생각하는 것이 가장 중요합니다.

키 워 드 irritate, put in one's shoes

078 주제단어 religious and cultural conflict

해 석 우리는 할랄 관광 콘텐츠를 만들 때 생길 수 있는 종교적, 문화적 갈등을 모두 염두해두어야 합니다.

키 워 드 bear in mind, religious and cultural conflict

079 주제단어 remnant

해 석 반일 운동가들이 수감되어 있던 서대문형무소 역사관에서 식민지 시대의 잔재를 느낄 수 있습니다.

키 워 드 remnant, anti-japanese activist

080 주제단어 reflect

해 석 사회를 풍자하는 희극을 통해 조선 후기의 현실을 볼 수 있고, 더 나은 세상을 꿈꾸는 서민들의 희망도 볼 수 있습니다.

키 워 드 satrical comedy

081 주제단어 remnowned for

해 석 인사동은 수많은 작은 골목 안에 오래되고 현대적인 골동품 가게, 박물관, 미술관, 카페들이 줄지어 있는 관광지로 유명합니다.

키 워 드 renowned for, an array of, numerous alleys

082 주제단어 rich history

해 석 탈춤은 귀족층, 타락한 승려들, 그리고 하층민의 절망적인 삶에 대한 풍자가 담긴 이야기 서술과 탈 착용으로 행해지는 한국 가면 춤입니다.

키 워 드 renowned for, deprave, satire

083 주제단어 royal cuisine

해 석 궁중요리는 말 그대로 조선 궁중에서 먹었던 음식입니다. 유기그릇에 밥, 국, 12가지 반찬이 나오는 것이 전형적인 궁중요리입니다.

키 워 드 comsume, bronzeware

084 주제단어 solidarity

해 석 한국의 전통놀이는 공동체 의식과 팀 결속력을 다지는 역할을 합니다.

키 워 드 strengthen unity, solidarity

085 주제단어 slaughter

해 석 이슬람 율법에 따라 도축된 육류는 할랄 음식으로 먹을 수 있게 허용이 됩니다.

키 워 드 slaughter, be allowed to

086 주제단어 souvenir

해　　석 지역 특산물을 이용해 독창적이고 독특한 기념품을 개발하는 것은 관광객들을 농촌으로 끌어들이는 좋은 방법이 될 수 있습니다.

키 워 드 local specialties, rural areas

087 주제단어 stand for

해　　석 MICE는 미팅, 인센티브, 컨벤션 및 전시회를 의미합니다.

키 워 드 stands for

088 주제단어 surviving book

해　　석 이 책은 고려시대에 현존하는 가장 오래된 금속활자로 찍어낸 책입니다.

키 워 드 surviving book, movable metal type

089 주제단어 tactic

해　　석 이순신 장군은 매우 불확실한 전세에도 불구하고 현명한 전략과 통찰력으로 일본 군함을 물리쳤습니다.

키 워 드 defeat, tactic and insight, circumstance

090 주제단어 thoroughly

해　　석 불고기를 만들 때, 절인 고기와 얇게 썰어준 야채는 잘 버무려 섞어주어야 합니다.

키 워 드 marinated mealt, thorougly

091 주제단어 **topography**

해　　석　한국은 대부분 산과 언덕으로 지형이 형성되어 있습니다. 우리 땅의 약 30%정도만 저지대와 평야로 이루어져 있습니다.

키 워 드　topography, consist of, be comprised of

092 주제단어 **truce agreement**

해　　석　판문점은 1953년 휴전협정이 체결된 곳이기도 하고, 2018년 두 남북의 정상이 만나 비핵화 선언을 한 곳이기도 합니다.

키 워 드　truce agreement, denuclearization talks

093 주제단어 **underfloor**

해　　석　한국의 난방 시스템인 온돌은 실내의 공기와 바닥을 따뜻하게 해줍니다. 방바닥에 앉아 식사하고, 일하기도 하는 한국인의 생활방식은 온돌문화와 함께 자연스럽게 만들어졌습니다.

키 워 드　floor heating system, lifestyle

094 주제단어 **under construction**

해　　석　이 비석은 공주에서 도로 공사를 하던 중 어떤 시민이 우연히 발견한 것입니다.

키 워 드　monument, under construction

095 주제단어 **undergo**

해　　석　한국은 1960년대까지 가난한 나라였지만 그 이후 수십년 간 급속한 경제 산업화를 겪으며 성장했습니다.

키 워 드　impoverished country, industrialization

096 주제단어 undermine

해 석 일본 식민지 시대에 한국의 권위를 깎아내리기 위해 궁궐을 식물원, 동물원으로 사용했습니다.

키 워 드 undermine authority, Japanese occupation era

097 주제단어 unification

해 석 남과 북이 통일된다면 통일과 관련된 많은 관광 명소가 생기는 것을 기대할 수 있습니다.

키 워 드 unification

098 주제단어 unprecedented

해 석 한국의 이례적인 경제성장률은 1960년대 초 본격적으로 수출위주의 정책을 실시하면서 시작되었습니다.

키 워 드 unprecedented economic growth, export-oriented

099 주제단어 volcanic landform

해 석 한라산, 기생화산, 용암동굴 등을 돌아다니면서 제주도의 화산지형을 탐구할 수 있습니다.

키 워 드 volcanic landform, parasitic cone

100 주제단어 versatile

해 석 그는 예술, 역사, 문화, 지리에 관한 다양한 정보를 줄 수 있는 다재다능한 투어가이드 입니다.

키 워 드 a wide range of

관광영어 필수 영작 100문장 - 영어 예시 정답

001 Many Koreans perform ancestral rites for ancestors on national holidays like Chuseok and Seollnal.

002 Nowadays, the annals are accessible to the public 24/7.

003 It is important to create an abundance of content to promote this culture to foreigners.

004 One of the natural wonders of Korea is Jeju Island.

005 DMZ is an abbreviation for "demilitarized zone".

006 This jade green color and aesthetic glaze make goryeo porcelain more valuable.

007 The Korea-Japan annexation treaty was made in 1910. / Japan officially annexed Korea in 1910.

008 By experiencing hanok stay, you can explore the life of an aristocrat, called yangban, of the Joseon dynasty.

009 The armistice agreement was signed in 1953 which formally ended the Korean war. South and North Korea remained separated on 38th parallel.

010 Hangeul's consonant letters were created based on articulatory phonetics and its vowels were made based on the principles of yin and yang.

011 In that museum, we can observe various artifacts and relics from the prehistoric times of Korea.

012 Each Korean banknote shows respected and honored people in Korean history.

013 Koreans are accustomed to sitting and lying down on the floor when they eat, study, and sleep.

014 The taegeukgi is composed of a white background, a red and blue taegeuk (Yin and yang) shape in the center, and four black trigrams.

015 Gangneung Danoje festival is held to pray for a good harvest to the Gods. People enjoy traditional folk games such as Korean swing, wrestling, tug-of-war, Yut-nori, and etc.

016 Jirisan is the first designated national park in Korea and is known for as having lots of breathtaking scenic views.

017 The DMZ was established horizontally and split the peninsula apart as a buffer zone.

018 Korean calligraphy, tradition artistic writing, is a good way to teach tourist hangeul and experience cultures.

019 Developing unique local specialties in rural areas can be a great strategy for attracting new customers.

020 Hyangwonjeong, a two-story hexagonal pavilion, is located on an artificial islet on the pond of Gyeongbokgung palace.

021 Traditional weddings represented the joining of two families, which is deeply rooted in confucian values.

022 Dropping the atomic bomb on Hiroshima and Nagasaki was the catalyst for Korean independence.

023 Seokguram is located on the mid-slope of Tohamsan Mountain, and buddha's statue faces east. The sunrise from there is so stunning that it catches tourists' heart.

024 Court officials were selected through the civil service examination in the Joseon Dynasty.

025 Through the closed-door policy in the late Joseon period, it delayed modernization and led to colonization by Japan.

026 During the colonial rule of Japan, many independence activists were arrested, tortured, and killed.

027 Hangeul day is proclaimed as a national holiday to commemorate the creation of the Korean alphabet.

028 In pansori's lyrics, we can see what commoners and aristocrasts' life and emotions were like at that time.

029 The middle circle in the national flag represents the oriental philosophy of balance which is yin and yang. Yin is the darker side, and yang is the brighter side. They are complementary.

030 Conscription was enforced during Japanese colonization on young Koreans and they were used as cannon fodder by the Japanese military.

031 Developing ecotourism-related tour packages to conserve natural heritage can be a trend for future tourism.

032 Heavy chemical industries, steel, shipbuilding, electronics, and the semiconductor industry contributed greatly to the growth of Korea's economy.

033 Due to heavy traffic in Seoul, the schedule may be constantly delayed during the tour.

034 Several criteria need to be met to be designated as a Slow City.

035 Jongmyo Shrine holds memorial tablets to honor deceased kings and queens.

036 By learning Taekwondo, a Korean martial art, you can learn both defensive and offensive techniques using the hands and feet.

037 To globalize hansik, it is imperative to develop various food content that can be localized in various regions.

038 The Saemaul Undong Movement which was a community-driven program is the conerstone of Korea's rapid economic growth. The Archives are valuable resources for developing countries and became a great benchmark model for economic progress.

039 The respect of the ancestral shrine can be seen through its unique architectural style. This shrine is the spiritual heart of the country, showing dignity and elegance.

040 A barrier-free trip is a trip for those who have difficulties with tourism activities such as the disabled.

041 Unlike Gyeongbokgung Palace, Changdeokgung Palace is asymmetrical with its natural surroundings.

042 Suncheonman Bay is a huge habitat for endangered species and wildlife. Also, the international garden expo will be held there again in 2023.

043 These days, there are around 500 people who engage in weaving ramie in the community of Hansan.

044 The monk who built this temple in the 5th century had brought the Sutra called "Hwa Eom Gyung". That's why we call this temple "Hwa Eom Sa". The Sutra talks about the realm of the Buddha's enlightenment.

045 The tyrannical colonial rule of Japan enraged Koreans which eventually caused the March 1st Independence Movement in 1919.

046 "Dumping" is attracting tourists with very cheap tour products and forcing them to shop excessively to make up the losses. This is causing a lot of side effects in the tourism market and it needs to be eradicated.

047 The gate at the entrance of the royal tomb was set up to protect the sacred place and expel evil spirits.

048 Arirang is a Korean traditional folk song and its rhythm is so addictive and evocative that it can be easily sung and hummed by foreigners.

049 According to the geomantic principle, Hanyang which is now Seoul was selected as the capital of the new dynasty, Joseon.

050 Kimchi goes well with greasy food and its spicy taste is addictive. It is rich in vitamins, probiotics, and calcuim which help boost our immune system.

051 When the invasion of Manchu-Qing broke out, King Injo used this fortress as refuge.

052 Jungmyeongjeon, where the Japan Protectorate Treaty was signed in 1905, was also used as a reception hall for foreign envoys.

053 King Sejong's great foresight and compassion for his people led him to develop one of the easiest and most scientific writing systems.

054 Dano is Korea's traditional holiday to pray for a good harvest after planting rice. People play various folk games such as swing, wrestling, and archery.

055 In the past, Cheonggyecheon was polluted by household refuse. After the restoration of Cheonggyecheon Stream, it developed into a major tourist destination in Seoul.

056 The March 1st Movement held in 1919 motivated Koreans to continuously fight for independence for decades.

057 The Cultural Heritage Administration is responsible for supporting Korea's cultural heritage as an excellent tourism resource.

058 Hanbok is characterized by its graceful curve shape and vibrant color. Nowadays, Koreans wear it on special occassions like weddings, ancestral rites, and Lunar New year.

059 During the excavation, pottery was discovered with the Chinese Characters "Wolji" inscribed which in English means "the pond reflecting the moon."

060 A tightrope walker performs diverse acrobatic movements along with singing and storytelling.

061 To commemorate special occasions such as investitures, inauguration, and crown heir, the seals and books were bestowed to the kings and queens.

062 Bukchon Hanok village is a must-visit tour spot but residents actually live there as well. When tourists flock, make noises, and knock on their doors, they get very irritated and stressed.

063 FIT tours are increasing more than package tours, and now there are many different types of tours in the market.

064 The fortification is elaborately designed to protect the city and it was constructed using a new crane machine 'Geojunggi' to move and pile up stones.

065 Tripitaka depositories are highly valued because of its scientific method of controlling ventilation and humidity even during extreme monsoon seasons. It ensures that the age-old woodblocks stay intact.

066 Usage of ramie can vary from dress suit to mourning garment with different weaving skills, design, and price.

067 Silla's King Jinheung monument was on Bibong peak of Bukhansan. As it's worn out and damaged, it was moved to the National Central Museum, and we can see the replica on the peak now.

068 The purposes of singing arirang were to reduce boredom while working, pray for a better life, and to build unity among villagers. Jeongsun arirang is considered to be the original version of the estimated 300+ songs.

069 General Lee Seong-gye overthrew the Goryeo Dynasty and established a new dynasty, Joseon, and became the first king.

070 Shamanism, Buddhism, Taoism, and Neo-Confucianism all influenced Korean philosophy and life. After the 20th century, Western philosophy also influenced Korean academia, daily life, and politics.

071 Traditionally, the method of making kimchi and its recipe is passed down from mother-in law to daughter-in-law.

072 During the Japanese colonial era, lots of mugunghwa was replaced with cherry blossom instead. The Japanese removed mugunghwa and planted cherry blossom trees instead. People's affection for Mugunghwa grew stronger and it was adopted as the national flower after getting independence. The flower reflects the meaning of immortality and perseverance.

073 Tour guide play a pivotal roles in representing one's nation and even we can even call them civil diplomats.

074 Learning Chinese characters called Hanja was so complicated and time-consuming that it was considered to be a privilege of the upper class in the Joseon Dynasty.

075 Yeongsanjae which is a Buddhist ceremony for the deceased, has such complicated procedures that it takes almost four days to finish.

076 Korea became a protectorate of Japan. Korea was a protectorate of Japan.

077 It is best to first put myself in my customer's shoes if they are irritated in any situation during a tour.

078 We should bear in mind both religious and cultural conflicts when creating halal tourism content.

079 At the Seodaemun Prison History Hall where anti-Japanese activists were locked up, we can feel the remnants of colonialism.

080 This social satirical comedy reflects the realities of the late Joseon period and commoners' hope to meet a better world to come.

081 Insadong is renowned for an array of old and modern antique shops, museums, art galleries, and cafes in numerous tiny alleys.

082 Talchum is a Korean mask dance performed wearing a mask and telling a story which includes satire about the noble society, depraved monks, and frustrating life of the lower-class people.

083 Royal cuisine is literally the food consumed in Joseon's court. Typically, it was served in bronzeware with twleve dishes along with rice and soup.

084 Korean traditional plays bond communities, strengthen team unity, and creating solidarity.

085 Meat that is slaughtered properly under Islamic law is allowed to be eaten as halal food.

086 Developing creative and unique sovenirs using local specialties can be a great way to attract tourists to rural areas.

087 MICE stands for meeting, incentive, convention, and exhibition.

088 This book is the oldest surviving book printed using movable metal type during the Goryeo Dynasty.

089 Admiral Lee Sun Sin defeated Japanese warships with his wise tactics and insight even though it was a severely unfair circumstance.

090 When making bulgogi, the marinated meat and all sliced vegetables should be mixed thoroughly before grilling.

091 Korea's topography is comprised of mostly hills and mountains. Only about 30% of Korea consists of lowlands and plains.

092 Panmunjeom is where the truce agreement was signed in 1953 and two south and north Korean leaders met and established denuclearization talks in 2018.

093 Korean floor heating system, Ondol, warms the air and floor of the room. Koreans lifstyle of eating and working on the floor has formed naturally with ondol culture.

094 The monument was accidentally discovered by a citizen when the road was under construction in Gongju.

095 Korea was an impoverished country until the 1960's and underwent a rapid economic industrialization period decades after.

096 During the Japanese occupation era, this palace was used as a botanical garden and zoo which was intended to undermine Korea's authority.

097 If the South and the North are unified, we can expect many tourist attractions related to unification.

098 Korea's unprecedented economic growth rate started in the early 1960s when it began export-oriented policy in earnest.

099 By exploring Mt. Halla, parasitic cones, and lava tubes, we can learn the topography of volcanic land formation on Jeju island.

100 He is a very versatile tour guide who can give a wide range of information regarding arts, history, culture, and geography.

Chapter 03

스터디 후기

영어면접 그룹스터디 합격 후기 10가지를 모았습니다. 다양한 연령대, 직업군이 응시하는 자격증인 만큼 참고할 사항이 많을 것이라 생각합니다. 면접 스터디가 어떻게 진행되는지, 어떤 학습법을 활용하는지 참고해서 이 책으로 공부하는 모든 분들이 합격의 영광을 누리시길 바랍니다. 더 많은 후기는 블로그와 사이트에서 확인 할 수 있습니다. www.lifetourschool.com

30대 직장인 (남)

면접 그룹스터디를 하면서 좋았던 점은 크게 2가지로 말할 수 있습니다.

첫째, **'정보 교류를 통한 시간 절약'**이었습니다.

시험에 관한 카페, 블로그 그리고 책을 보면 면접 기출문제, 예상문제의 범위가 얼마나 방대한지 알 수 있습니다. 혼자서 준비하기엔 분명 역부족이었을 것입니다.

저희 스터디 방식이 굉장히 효율적이었습니다.

1. 먼저 자주 나오는 문제의 범위를 리스트업하고 그 안에서 매주 각자 다른 주제를 맡아 5개씩 예상질문을 만들어 와 한 주에 벌써 5개의 주제를 접했고 30개의 질문에 대비할 수 있게 되면서 시간이 굉장히 절약되었습니다.
2. 그리고 무엇보다 많은 양을 다 기억해야 했기 때문에 최대한 쉬운 영단어를 사용하면서 최대한 짧게 (최대 5줄 정도) 정리하고 키워드, 중요한 문장들을 언급 및 정리를 했던 점이 합격의 비결이 아닐까 싶습니다

둘째, **'모의면접 연습'** 이었습니다.

이것이 가장 좋았던 점이기도 합니다. 정보가 모이고 아무리 내용을 이해하고 외웠다 해도 혼자 연습해서는 말이 나오지 않습니다.

진짜 말을 직접 해보는 것과 안하는 것은 천지차이입니다. 그래서 저희는 매주 질문 만들기 및 그 전주에 했던 30개의 질문을 연습해온 뒤 진짜 면접 시험에서와 같은 시간으로 한 사람당 10분 동안 질문하고 대답하면서 답변의 내용, 시간(질문당1분~2분)및 면접 태도(목소리, 시선처리)에 대해서까지 서로 조언해주며 매주 연습하였습니다.

이렇게 매주 연습하다 보니 정말 기계적으로 바로바로 답이 나왔습니다.

덕분에 확실히 면접 당시 크게 긴장하지 않았던 것 같습니다.

20대 대학생 (여)

혼자서 준비한 1차 시험을 끝낸 후 2차 시험을 준비하기 위해 2차 교재를 참고했습니다.
전체적으로 한번 읽어본 후 문제의 흐름을 먼저 이해했고, 자주 나오는 유형의 기출문제들을 파악했습니다. 책의 스크립트를 참고하여 나만의 인터뷰 답변들을 만들어 나갔습니다. 더 필요한 부분은 자료 서칭을 통해 보완해 나갔습니다. **나의 영어 스피킹 실력에 맞는 표현 스크립트를 만드는 과정이 중요**했는데, 스터디를 통해 많은 도움을 받았습니다.
스터디 커리큘럼을 통해 주제를 각각 나누어서 공부할 수 있었고, 큰 틀부터 작은 부분까지 차곡차곡 정리해나갈 수 있어서 좋았습니다. 그리고 매주 과제를 하면서 자연스럽게 반복해서 복습할 수 있었습니다.
한 달여 정도 이 패턴을 유지하면서 키워드를 중심으로 내용을 기억할 수 있도록 했으며 가끔 관광뉴스를 공유하기도 했습니다.
면접 한두 달 전부터는 실전 인터뷰 연습을 집중적으로 했습니다. 우리가 공부했던 문제뿐 아니라 **기출문제, 대처 능력을 위한 새로운 문제, 유사 문제를 묻고 답하는 연습도 했습니다.**
1차 시험은 문제지를 보고 답하는 것이지만 2차 시험은 면접 방식이므로 실제로 말로 연습하는 그룹 스터디가 상당히 도움이 되었습니다.
머릿속으로는 말할 수 있는 것 같지만 실제로 질문에 조리 있게 말하는 것이 쉽지 않았습니다. 계속된 인터뷰 연습을 통해서 내가 어떤 분야에 취약한지 알 수 있고, 미처 생각할 수 없었던 정보도 함께 나눌 수 있는 것이 큰 장점이라 생각합니다.
실제로 출제되었던 2차 문제를 보니 스터디에서 한번쯤 언급했던 내용과 다루었던 주제에서 상당 부분의 문제가 출제되었습니다.
특히, **2차 면접 문제는 한국의 역사나 문화재의 지식보다 관광 전반에 대한 견해나 의견을 물어보는 문제가 많아서** 계속 다양한 시각으로 실전 연습한 그룹스터디가 효과를 발휘했습니다. 좋은 인연으로 만난 팀원들의 노력과 서로 간의 배려로 모두 좋은 결과를 낼 수 있었습니다.

30대 직장인 (여)

관광통역안내사 1차 필기시험을 통과한 뒤, 면접 준비를 해야겠다는 생각이 들었습니다.

처음 1:1 면접 코칭을 위한 과제를 받아보고 아무래도 만만하지 않구나라고 생각했습니다. 1분 30초라는 시간 안에 내가 말하고 싶은 내용을 조리 있게 정리하는 게 어려웠습니다. 또 억지로 외운 내용을 말하려다 보니 시선 처리나 손짓도 미숙했습니다.

매주 제공되는 과제를 자료들과 강의를 바탕으로 준비해나갔고, 공부량이 쌓이면서 모의면접 답변도 매끄러워졌습니다.

기본 질문지를 바탕으로 예상 문제들의 경우의 수를 늘려가는 연상학습법이 큰 도움이 되었습니다.

무엇보다 이 시험을 공부하면서 영어 말하기, 쓰기 실력이 정말 많이 향상되었습니다.

한 주제에 대해서 나의 레벨과 어휘력에 맞게 스크립트를 작성해보고, 더 필요한 부분은 피드백을 받아서 보완했으며 스터디에서는 돌아가면서 한 사람당 3개~5개 정도 질문에 답하는 식으로 모의면접을 진행했습니다. 스터디를 하면서 외워야 할 것들은 미리 영어로 외워두는 것이 마음이 편합니다.

국보, 보물, 사적, 명승 1호~3호, 최근에 등재된 유네스코 세계유산, 무형문화유산, 기록유산 영어명, 5대 궁궐의 정전과 정문 정도는 외워두는 것이 편합니다. 사실 그 항목 하나하나는 나름대로 본 적이 있었고 들어본 적도 있던 장소들이었습니다.

그런데 이 항목을 영어로 질문을 들으면 알던 것도 기억이 잘 나지 않습니다. 특히 유네스코 유산 등재목록은 평소에 잘 쓰는 영어단어가 아니라서 익숙해지는 것이 필요해요. 저는 달달 외우는 것 좋아하는 편이 아닌데, 이런 저도 필요하다고 느낄 정도면 진짜 중요한 것입니다.

가이드의 태도나 대처 방식을 묻는 질문은 스터디 멤버들과 함께 이야기하면서 벤치마킹 하는 것이 정말로 중요합니다. 예를 들면, 북핵 문제가 있는 한국이 왜 여행에 안전하다고 설득할 수 있을까, 내가 투어를 진행할 때 한 사람이 다치거나 길을 잃어버린 상황이 생기면 어떻게 대처할 것인가? 등의 질문은 다른 사람들이랑 같이 브레인스토밍을 하면서 처음 제가 준비한 것보다 더 깔끔한 답안을 준비할 수 있었습니다.

이 자격증을 준비하는 사람이라면 나름대로 한국에 대해 애정이 있고 각 지방의 여행지에 대해 어느 정도 지식이 있는 편이 아닐까 생각이 듭니다.

하지만 면접시험에서는 지식만 중요한 것이 아닙니다. **외국인을 상대로 면접을 보는 것이 아니라 같은 한국인이 면접을 보기 때문에 답변하는 태도나 인성 등도 꽤 중요한 채점 포인트가 됩니다.** 그리고 **그 태도는 혼자서 준비할 때는 알아채기가 쉽지 않습니다.** 그런 만큼 스터디를 통해서 자신의 장단점을 정확히 파악하고 한층 준비된 상태로 면접시험에 응하시길 바랍니다.

다양한 상황에서 피드백을 받아보며 꾸준히 성장하는 기쁨을 꼭 느껴보세요.

40대 직장인 (남)

2차 면접 준비는 스터디를 통한 올바른 정보 습득 및 모의면접 훈련, 피드백 받기가 핵심이라고 생각합니다. 저는 관광통역안내사 2차 시험에 최종 합격한 40대 직장인이고 스터디 활동이 많은 도움이 되었기에 경험을 공유드리고자 합니다.
직장인인 관계로 학원에 다니거나 공부에 올인하지 못했던 상황이지만 1차 시험은 인강과 교재로 독학하여 합격하였습니다. 개인차가 있을 수 있으나, 각자 자기에게 맞는 방법으로 시간 투자만 하면 1차 시험 합격은 무난하다고 생각합니다. 문제는 2차 면접시험입니다. 영어 실력이 어느 정도 받쳐준다고 하여도 예상하지 못한 질문을 받았거나, 미리 준비한 답변도 달달 외울 정도로 연습하지 않았다면 면접 실전에서 답변하기 어렵다는 점입니다. **즉, 한국어로 질문을 받아도 모르는 부분이거나 확실하게 공부한 부분이 아니면 헷갈리기도 하고, 영어는 도저히 입에서 말이 떨어지지가 않습니다.** 따라서 면접의 승패는 준비한 예상문제가 얼마나 적중하였느냐와 **얼마나 확실히 영어로 내 컨텐츠를 이야기하는 훈련을 했느냐**에 따라 당락이 결정된다고 생각합니다.
이렇게 공부한 방법은 앞으로의 저의 **영어 공부 습관에도 큰 도움**이 되었습니다. 면접공부 막바지에 가서는 막힘없이 주제 스피킹이 술술 입에서 나오더군요. 저는 면접시험에 두 번 연속으로 떨어졌는데 그 원인은 바로 책으로만 보고 읽는 반복학습으로만 준비를 했었고, 실제 면접에서는 답변을 거의 못 했습니다. 이에 세 번째 도전에서는 1차 시험을 다시 보고, 합격자 발표가 나기도 전에 방법을 바꿔봐야겠다는 생각으로 스터디 클래스를 찾았습니다. 2차 시험 날까지 주어진 길지도 짧지도 않은 시간 동안 정말 보람차고 알차게 공부했습니다. 강의와 자료들을 바탕으로 input output 학습을 반복해 나가며 실력을 다져나갔습니다. 어느 정도 공부량이 쌓인 시점부터는 예상문제 리스트를 바탕으로 논리적 말하기 연습에 훈련 시간을 더 집중했습니다. 이때 말하기 실력이 많이 늘고 영어로 말하는 것이 편해지기 시작했습니다.
스피킹 답안은 핵심적인 키워드를 사용하여 간결하고 외우기 쉬운 구어체 중심으로 만들었습니다. 그리고 실전 연습을 끊임없이 했습니다. 함께 공부하는 사람들이 있어서 동기부여가 잘 되었습니다. 이러한 실전과 같은 모의면접이 스터디의 강점이라고 생각합니다. 처음에는 영어로 사람들 앞에서 말하는 것이 떨리고 쑥스러웠지만, 회를 거듭할수록 더 자신감이 상승하고 서툴고 하나도 생각나지 않았던 답변들도 반복연습을 하면서 자신감이 생겼습니다. 돌아가면서 면접관이 되어 예상문제에도 없던 돌발질문도 던지고, 최근 관광 관련 뉴스 및 이슈들도 공유하면서 어떤 예상치 못한 질문이 나와도 당황하지 않고 자신감 있게 답변할 수 있도록 지식뿐만이 아니라 눈빛, 자세까지 연습하고 서로 바로잡아 주면서 연습한 결과 멤버 전원이 한 번에 합격하는 영광을 얻었습니다.
스터디 활동에 열정을 쏟은 멤버 모두에게 합격의 기쁨과 고마움을 전합니다.

20대 취업준비생 (여)

1차 시험 가채점이 끝나고 합격 점수가 넘은 것을 알게 되었을 때 기쁜 마음과 함께 걱정도 앞서기 시작했습니다. 얼마 남지 않은 관통사 2차 영어면접을 어떻게 준비해야 할지 막막했기 때문입니다. 인터넷에도 마땅한 자료나 정보가 대부분이 업체들의 광고성 블로그 글이였습니다. 그러던 도중, 그룹 스터디를 알게 되었고 운이 좋게도 멤버로 참여할 수 있었습니다. 스터디 운영 경력이 많으신 루씨 선생님께서 계획에 맞춰서 진행했습니다.

가장 좋았던 점 몇 가지를 후기에 남기려 합니다. 첫 번째로, 적지도 많지도 않은 스터디 인원은 수많은 기출문제를 단기간에 알차게 대비할 수 있게 도와줬습니다. 기출예상문제를 선생님께서 주제 카테고리별로 나누어 매주 한 사람당 6~8문제씩 과제를 내주셨습니다. 할당된 과제를 완료하고 팀원들과 공유하고 연습하는 것이 정말 큰 도움이 되었습니다. 혼자였다면 절대 끝낼 수 없는 양을 함께였기에 가능했다고 생각합니다. 두 번째로는 효과적인 커리큘럼과 분위기입니다. 우선 사람들과 함께 시간과 장소를 정해서 공부를 하고 각자의 과제를 매주 나눠야 하는 구조이기에 절대 게을러 질 수 없는 환경이 형성됩니다. 자연스럽게 분위기 또한 학습에 집중할 수 있게 잡힙니다. 관통사 공부 내용 자체가 재밌는 컨텐츠가 많아서 자연스럽게 흥미를 가지고 면접 준비에 몰입할 수 있었습니다. 중간에 나태해질 뻔 한적에도 스터디 팀원들과 시험 후 취업이나 진로 이야기를 하며 동기를 다시 한번 다지곤 했습니다. 그리고 매주 마다 랜덤 질문 뽑기를 통한 모의면접 커리큘럼도 매우 도움이 되었습니다. 관통사 면접 자체가 말하기 훈련을 많이 해야 하는 과정이기도 하고 방대한 지식컨텐츠를 머릿속에 넣고 있어야 하기도 합니다. 이런 점에서 그룹스터디는 탁월한 선택이였다고 생각합니다. 스터디 구성원들의 화합과 단결에 항상 힘써주신 루씨 선생님께도 감사하다고 전하고 싶습니다.

40대 주부 (여)

저는 관광통역안내사 학원을 다녔지만 부수적으로 2차 면접을 위한 주말 스터디를 병행하였습니다. 면접 스터디를 하면서 다른 스터디보다 참신했던 것은 카테고리를 역사, 상식, 문화유산 등으로 정해 그것에 관한 답변내용을 한 사람당 몇 문제씩 조사하는 것이었습니다. 덕분에 맡은 카테고리에 대한 내용은 전반적으로 더 깊게 공부할 수 있었습니다. 서로 자신이 조사한 내용을 알려 주면서 듣는 사람뿐 아니라 알려 주는 사람도 내용 숙지에 많은 도움이 되었습니다.

아무래도 2차 면접 준비는 내용보다는 직접 체험해보게 훨씬 도움이 되는데, 한 사람당 5-10분씩 혹은 6문제씩 랜덤으로 모의면접체험을 진행했습니다. 면접관이 물어볼 만한 꼬리 질문들을 준비하여 묻고 답한 것도 도움이 되었습니다. 또 기본적으로 알아야 할 문제들은 막히지 않도록 연습했습니다. 아무리 스터디의 내용이 좋아도 스터디원들 간에 화합이 잘 맞아야 하는데, 우리 스터디원들은 모두 다 시간도 엄수하고 열심히 임해서 전원이 합격하는 결실을 맺었습니다. 모의면접을 제대로 하지 않아서 합격하지 못한 사람들도 다수 봤기 때문에 면접 스터디에 참여하는 것을 강력하게 추천합니다.

20대 직장인 (남)

안녕하세요. 저는 관광통역안내사를 합격한 xxx이라고 합니다.
우선 저는 회사를 다니면서 시험에 도전하였고, 운이 좋아 합격하게 되었습니다. 간략하게 합격한 스토리를 설명하자면, 우선 영어점수(토익)은 기본으로 가지고 있었기에, 필기시험 2달 전부터 시험공부를 시작하였습니다. 따로 인강을 챙겨 듣지는 않았지만, 독서실에서 책을 두 세번 정도 정독하고 계속 문제를 풀었던 것 같습니다.
국사로 예를 들어 팁을 드리자면 문제를 많이 풀다보면 출제 유형이 익숙해지고 어느정도 우리나라 역사의 시대관이 쭉 그려지는 것 같습니다. 꼭 필기시험 한달 전부터는 문제풀이 하시면 많은 도움이 될 것 같습니다. 국사가 배점이 가장 높다보니 많은 시간을 할애하는 것이 제 주관적인 생각에는 좋은 방법이라 생각됩니다.
그리고 가장 중요한 면접준비! 사실 이 시기에 회사 일이 겹치면서 백근영 선생님의 스터디에 참가한건 2주 후부터였습니다. 우선, 스터디 처음에 진행되는 스터디원들과 관광에 대한 기사를 나누는게 가장 좋았습니다. (모르는 것을 많이 배웠고, 실제로 면접 문제에 연관되기도 하였습니다.) 또한, 백근영 선생님이 준비해주신 질문에 대한 대답을 모의 면접식으로 계속 반복하였는데, 이 부분도 엄청난 도움이 됩니다. 질문에 대한 대답을 하는 것도 중요하지만 같은 스터디원분들이 어떻게 대답하는지를 들으면서 질문의 주제에 대한 내용을 다시 한번 정리하고 좋은 표현들을 나눌 수 있었습니다.
많이 궁금하신 면접에 대한 이야기를 살짝 해드리면, 면접장에 들어가면 3분의 면접관분들이 계십니다. 제 경우는 여자 면접관 3분이 있으셨고, 처음에 질문 주신 면접관분이 시작 전에 긴장을 푸고 각 면접관분들이 영어로 1개의 질문씩, 그리고 한국어로 마지막 1개의 질문을 하신다고 하였습니다. 질문은 관광에 대한 지식이 50%, 관광통역안내사의 자질과 지원동기가 50%였습니다. 질문들이 한 번씩은 다 공부하셨던 내용이실겁니다. 다만, 너무 긴장하여서 대답을 제대로 못 하거나 말할 수 있는 부분에 50%도 말하지 못하는 경우가 있는 것 같습니다. 사실 면접을 준비하면서, 일과 병행하기 힘들어 중간에 내년에 도전하려고 많이 생각했습니다. 근데 이왕 볼 수 있는 시험이니 끝까지 포기만 하지말자고 생각한 마음가짐이 합격으로 연결되었던 것 같습니다. 제가 스터디를 하지 않았다면 정말 이번에 포기했을지도 모릅니다. 다시 한 번 이 글을 빌어 선생님께 감사하다는 말씀 드립니다. 마지막으로, 시험 120일 전부터 핸드폰에 머리말로 써놓았는데 같이 나누고 싶습니다. Dream comes true! 감사합니다.

40대 직장인 (남)

면접에 합격하는 나만의 방법

필기시험에 합격하고 나서 2차 면접시험이 막연했습니다. 백근영 선생님으로부터 면접에 관한 가이드를 받으며 준비했습니다. 어떻게 해야 할지 막연했던 시험 준비는 선생님의 조언으로 방향을 잡게 되었습니다. 아마도 각기 사람마다 영어의 능력이나 성품 그리고 관광지식이 다를 것 입니다. 그래서 제가 했던 방식이 꼭 도움이 된다고는 할 수 없으나 필요하신 분이 있을거라 생각하고 글을 씁니다.

첫 번째, 자신이 시험장에서 면접관에게 어떻게 보일지에 관해서 조언을 받았습니다. 모의 면접을 통해 자신도 모르게 하는 특이한 제스처에 대해 면접관의 시각으로 지적을 해주셨습니다.

두 번째는 어떤 문제가 나올지 모르기 때문에 완전히 암기하는 방식보다는 키워드로 지니고 있다가 순발력 있게 답변하는 법이 도움이 되었습니다. 또한, 다양한 질문의 답변으로 사용할 수 있는 특정 유형의 문장들은 시험장에서의 마음의 안도감을 주기에 충분했습니다.

세 번째, 선생님과 모의 훈련을 하면서 알게된 것은 면접장에서 답변을 하면서 자신의 능력 이상의 영어 설명을 하려고 해서는 안 된다는 것입니다.

가끔 더 잘하려고 어려운 어휘나 복잡한 문장을 구사하여 답변을 시작하다가 실수를 하게 되면 중간에 답변을 완성하지 못하고 끝내는 경우가 있습니다.

결론은 오버하지 말고 쉬운 단어로 주어진 시간을 넘기지 않고 답변을 완성하는 게 오히려 합격에 도움이 될 수 있었습니다. 마지막으로 여러분들도 2차 면접시험을 전략적이고 효율적으로 준비하는 게 필요합니다. 그러기 위해서는 선생님의 조언을 받으며 자신에게 맞는 방식을 찾아내어 합격의 기쁨을 누리기를 바랍니다. 감사합니다.

40대 직장인 (여)

필기시험 커트라인을 간당간당하게 넘겨서 합격한 후 부랴부랴 면접 준비를 하려 하니, 막상 학원은 너무 비싸고 정보는 너무 없어서, 필기 학원을 함께 다니고 같이 다녔던 분 소개로 스터디 모임에 들어가게 되었습니다. 보아하니 관통사 교재 저자가 직접 리드하는 스터디에 비록 주말이긴 하지만 가격도 저렴하고 선생님도 너무 젊어서 처음에는 정말 반신반의 했습니다. 정말 무섭게 관통사 스터디가 진행되었어요. 평일에도 계속 과제가 있었고, 특별히 기억에 남는건 다들 성인인지라 스스로 공부할 수 있게끔 선생님이 과하지도 부족하지도 않게 적절하게 역할을 참 잘해주셨던 것이에요. 스터디 리더 경험이 많아서인지 그런 부분에 있어서 노하우가 많으신 것 같아요. 암튼, 리더로써 스터디 그룹원들이 평일에는 개인별로 과제를 하고, 주말에는 그룹으로 모여 함께 스터디 할 수 있도록 앞에서 잘 이끌어 주셨습니다. 그리고 거의 마지막 주에는 외국인을 모셔서 고궁 투어 실습시간도 있었어요. 관통사 면접준비는 정보력과 스터디를 함께 하면서 서로서로 많이 연습해보고 다른 사람이 하는 것도 많이 보고 듣는게 참 중요한 것 같아요. 저렴한 비용으로 아주 훌륭한 스터디 모임에 참여할 수 있어서 이번 시험에 합격할 수 있었던 것 같습니다. 암튼, 저는 그렇게 한달 남짓 면접 준비를 하고 커트라인에 간당간당했던 필기 성적보다 더 높은 면접 성적을 얻어서 너무나 좋았습니다.

50대 직장인 (여)

선생님 덕분에 한 번에 영어면접시험 붙게 되어 매우 감사합니다.
저는 글을 매우 못 써서 부끄럽지만, 혹 저랑 비슷한 후배님들이 직장을 다니면서 면접시험 준비하는 데 도움이 될까 해서 적어보았습니다.

처음에는 퇴근 후 관통사 준비학원을 다니면서 시험 준비를 하면 다 될 줄 알았습니다. 그런데 갑자기 근무가 바빠지면서 학원 수업이 있는 시간에 맞추어 퇴근하기가 어려워졌습니다. 필기시험과는 달리 혼자서 준비하기에는 막막한 면접시험. 차일피일 미루다 어느새 시간이 많이 지나고, 면접시험일까지 몇 달 남지 않게 되는 상황에 처했습니다. 이젠 시험을 포기하든지 정말 뭐라도 해야 하는 상황. 코칭 클래스를 들으며 도움을 받기로 했습니다. 소규모로 진행되는 공부 모임이여서 더 집중할 수 있겠다고 생각했습니다. 선생님은 관통사 시험에 합격하고 실제로 관통사로 활동한 경력도 있는 관통사 선배님으로, 영어교육전공인 분이었습니다. '관통사 한 번에 합격하기'라는 따끈따끈한 면접준비서가 막 출판된 시점이었는데, 코칭 선생님이 바로 이 책의 저자였습니다. 첫 수업 시에 면접시험 준비에 대한 전체적 가이드를 해주셨고 학습법을 구체적으로 알려주셨습니다. 일주일간 준비해야 하는 예상면접시험자료를 숙제로 내주셔서, 수업이 없는 날도 어느 정도 긴장감을 가지고 시험을 준비할 수 있었습니다. 선생님이 직접 쓴 영어관통사 준비서를 기본으로 해서, 각 질문별로 키워드를 뽑고, 키워드 위주로 내용을 구성하고 암기하는 연습을 하니, 시험 직전에는 키워드만 봐도 내용이 떠올라서 정리에 많은 도움이 되었다. 시험을 준비하면서 내주신 예상문제 답 달기 숙제는 대략 총 250개 남짓으로, 실제 면접시험도 예상질문의 큰 틀에서 벗어나지 않아, 어느 정도만 응용하면 답변을 할 수 있는 범위 내에 있었습니다. 숙제는 예상질문에 답 달기 뿐만 아니라 직접 답변을 말하면서 녹음하는 것도 있었는데, **영어로 직접 말해보고 녹음하고 다시 듣고 하는 것이 발음 교정, 내용 기억, 발표력 향상에 매우 도움**이 되었다고 생각합니다. 단순 지식 말하기부터 상황별 의견 말하기, 관광 이슈에 대한 내 생각 전달하기 유형까지 모두 연습할 수 있었습니다. 나중에는 **이 많은 주제들로 몇 분간 영어 말하기를 할 수 있게 된 나 자신이 신기했고**, 보람찬 공부라는 생각이 들었습니다.
시험 3일 전에 마지막 코칭수업을 듣고, 시험 직전일에는 질문 시 어느 정도 상식을 동원해서 응용력으로 말을 할 수 있는지, 관광에 대한 전반적인 상식과 달리, 정확하게 지식을 알고 있어야 말할 수 있는 유네스코문화유산 위주로 복습했습니다. 추석 전후 가을에만 해도 내년에 시간이 되면 준비해서 다시 시험 봐야겠다고 생각하고 있었는데, 이렇게 선배 가이드를 만나 알차게 준비할 수 있어서 매우 행운이었고 감사하게 생각합니다. 나와 같은 직장을 병행하면서 관통사 준비를 하는 시간에 쫓기는 후배들이 있다면, 면접시험 튜터링 방법을 추천하고 싶습니다.

Chapter 04 관광통역안내사 2차 면접을 위한 꿀팁들

나만의 면접 키워드를 만들어 놓기

답변 스크립트를 열심히 적는 것보다 중요한 키워드들을 정리해 두는 것이 더 효과적입니다. 가령 "세종대왕은 조선의 4번째 왕이고 유교 정치의 기틀을 마련했다. 그리고 집현전을 통해 많은 학자를 양성했고, 훈민정음 창제와 ……" 라는 긴 문장과 많은 내용이 담긴 글이 있다면,

세종대왕 : (4, 유교, 집현전, 훈민정음)

이렇게 키워드로만 정리를 해놓고 키워드만 보고 연상해서 말하기 연습을 반복해서 하는 것입니다. 면접 준비를 위해 손으로 스크립트를 따라서 적고 그 스크립트를 외우는 형식으로 공부하시는 분들도 많이 보았는데요. 내 안의 컨텐츠를 말하는데, 어떻게 똑같은 문장을 외워서 말할 수 있을까요? 처음엔 어색하더라도 제가 추천하는 키워드 연상 말하기 방법을 시도해 보세요. 연상 말하기 근육이 생겨서 면접장에서 당황스러운 질문을 받더라도 순발력 있게 대답할 수 있는 여러분의 모습을 발견하시게 될 거예요.

꼬리질문에 대응하는 연습 하기

우선, 모든 질문에 꼬리 질문이 나올 수 있다고 (최악의) 가정을 하고 공부해봅시다.
예를 들면, 세종대왕에 대해 설명해보세요 – 라고 면접관이 물었습니다.
쏼라쏼라 대답을 잘했습니다. 뿌듯! 합니다. 그. 런. 데.

세종이 과학기술에 이바지했다고 했는데, 정확히 어떤 것이죠? 한글 창제를 했다고 하는데 서울에서 한글 관련 투어를 하고 싶으면 어떤 장소를 추천하실 건가요? 세종대왕이 창제한 한글의 과학적 원리는요?

등등의 꼬리 질문들이 당연히 나올 수 있습니다. 교재의 한 문제를 공부했을 때, 나올 수 있는 꼬리 질문들이 무엇이 있을지 스스로 생각해보고 답변을 달아보는 연습을 하면서 이런 유형에 대비할 수 있습니다. 다소 귀찮게 느껴지는 여정이더라도 꼬리 질문들이 쌓이면 어마어마한 양이 될 테니 그 모든 양은 여러분의 내공으로 고스란히 남게 되겠죠. 그것이 바로 진정한 관광통역안내사가 되는 지름길!

당황 할 때 쓸 수 있는 나만의 문장들을 준비해두기

면접은 실전입니다. 아무리 내가 공부를 많이 하고 철저하게 준비했다고 하더라도 실전에서는 여러 가지 변수가 생길 수 있습니다. 어떠한 질문이 나와도 당황하지 않고 말을 이어나갈 수 있는 문장들을 숙지해 두면 좋겠죠? 가령, 모르는 질문, 공부하지 않은 질문이 나왔을 때를 대비해서, "그 부분에 대해서는 짧게 이야기했지만, 좀 더 덧붙여서 사례를 이야기하자면~" 등의 "비상상황 답변"들을 준비해 보세요. 실전 순발력에 도움이 되실 거예요.

머릿속으로 시뮬레이션 돌려보기

면접하는 모습을 머릿속에 계속 상상해 보는 것인데요. 혹시 상상하는 대로 이루어진다! 라는 말 들어 보셨나요? 면접장에 들어가는 모습부터 면접을 끝내고 나와서 친구들, 가족들에게 면접 후기를 들려주는 모습까지 상상해보세요. 어떤 질문을 받게 될지, 그리고 그 질문엔 내가 어떤 답변을 할지도 상상해 보세요. 상상 속의 내 모습은 어떤가요? 자신 있게, 조리 있게 답변을 잘했나요? 공부한 만큼 역량을 발휘한 것 같나요? 그렇다면, 그 상상은 현실이 됩니다.

조금이라도 매일 연습 하기

티끌 모아 태산이라는 말이 있지요? 영어로는 이렇게 표현이 되기도 해요. Many drops make a shower. 면접 준비를 벼락치기로 준비하기보다 매일 매일 한 문제씩이라도 스크립트를 만들고 스피킹 연습을 하는 것이 효율적이랍니다. 벼락치기로 공부하기에는 양도 많고, 외워야 할 것들도 많기에 매일 시간을 정해놓고 연습하는 것을 추천드려요. 녹음 기능이나 타이머 어플 등을 활용해서 매일의 연습량을 스스로 체크해 보는 것도 좋고, 스터디원들의 도움을 받는 것도 좋겠지요.

밝은 표정과 목소리 만들기

관광통역안내사에게 중요한 자질 중 하나를 꼽으라면 저는 당연히 "친절한 미소" 라고 대답할 것입니다. 여러 사람을 만나야 하고, 서비스를 제공해야 하는 직업인 만큼 친절함과 웃는 얼굴은 필수로 갖춰야 한다는 것이죠. 만약 면접관이 여러분의 긴장된, 피곤해하는, 성의 없어 보이는 표정을 보게되다면 어떤 생각을 할까요? 면접관의 마음마저 불편해지겠죠. 그리고 호감이 생기기는 힘들 것 같아요. 표정과 목소리가 첫인상의 90%를 결정한다는 말이 있습니다.

"면접시간은 단 10분 이내!" 그 시간안에 나의 인상을 최대한 좋게 심어주고 나오는 것이 정말 중요합니다. 당연한 말이고 누구나 알고 있는 사실이지만, 실제 면접에서 가장 어려운 부분이기도 합니다.

모의면접을 통해 이미지 개선 및 밝은 목소리 톤 만들어 나가기를 연습하세요!

이미 나는 합격했다고 믿기

내가 합격할 수 있을까? 면접장에서 당황해서 공부했던 내용 생각이 나지 않으면 어떡하지? 내가 모르는 질문을 면접에서 받게 된다면 어떡하지? 등의 생각이 들 수 있습니다. 걱정하는 마음이 들 때마다 "나는 이미 합격했다. 나는 곧 투어를 진행하는 멋진 리더가 될 운명이다!" 라고 스스로 계속 주문을 걸어보세요. 혼잣말, 자기암시의 위력은 정말 대단합니다. 이런 행동은 긴장을 없애고 온전히 자신의 실력을 100% 이상 끌어낼 수 있는 원동력을 만들어 냅니다. 이 글을 읽는 지금 이 순간부터, 긍정적인 주문을 외워 보는 거죠. "난 할 수 있어. 난 꼭 합격할거야. 난 꼭 잘될거야" 이렇게요.

인상적인 답변 구조 만드는 방법

관계사, because, 예를 들면

한 문장을 말했을 때 그 문장으로 이야기를 이어 나가고 싶으면 3가지를 기억하시면 돼요. 관계사(which, that)를 써서 문장에 추가적인 정보를 더한다거나, because를 써서 내가 말한 문장의 이유를 이야기한다든지를, for example을 써서 내가 말한 문장에 관련된 사례를 더하는 식이에요. 세 가지를 기억하시면 글을 쓸 때도 좀 더 풍부하게 쓸 수 있고, 말하기 실력도 함께 는다는 점을 기억하세요.

주제문장 + 서론 결론 + 예시

모든 답변을 세 부분, 머리-몸통-꼬리로 나누어서 답변하기 연습을 하면 수월해요. 예를 들면 "서울의 랜드마크들을 소개해 주세요" 란 질문이 나왔으면

- 머리 : 서울의 랜드마크들을 소개하겠습니다. 제가 소개할 랜드마크는 3가지 입니다.
- 몸통 : 첫째, 둘째, 셋째는 이렇습니다.
- 꼬리 : 이것 외에도 다양한 랜드마크가 있지만 제가 이렇게 세 가지를 고른 이유는 ____입니다. 이런 식으로 구조를 가진 답변을 하는 것이 좀 더 듣는 사람에게도 정리가 잘 되고, 신뢰감, 자신감을 줄 수 있는 답변이 되겠죠?

단답형으로 말하기 하지 않기

어떤 질문에 대한 답을 하더라도 단답형보다는 전체 문장, 전체 문장보다는 스토리텔링 기법으로 말하는 것에 초점을 맞추고 연습해보세요. 관광가이드의 역할 자체가 기존에 있는 지식, 정보를 관광객들의 관점에 맞추어 흥미롭게 전달하는 것이고 또 투어의 목적 자체가 entertainment가 있어야 하기에 스토리텔링 기법으로 즐겁게 이야기하는 것이 좋겠죠?

관광통역안내사
영어면접 한번에 합격하기

발 행 일	2021년 6월 5일 개정2판 1쇄 인쇄 2021년 6월 10일 개정2판 1쇄 발행
저 자	백근영
발 행 처	크라운출판사 http://www.crownbook.com
발 행 인	이상원
신고번호	제 300-2007-143호
주 소	서울시 종로구 율곡로13길 21
공 급 처	(02) 765-4787, 1566-5937, (080) 850~5937
전 화	(02) 745-0311~3
팩 스	(02) 743-2688, 02) 741-3231
홈페이지	www.crownbook.co.kr
I S B N	978-89-406-4400-3 / 13320

저자협의 인지생략

특별판매정가 25,000원

이 도서의 문의를 편집부(02-6430-7027)로 연락주시면 친절하게 응답해 드립니다.